民航旅客群体性事件
应急决策方法研究

邵荃 等 著

科学出版社

北京

内 容 简 介

本书在充分调研和总结现有研究工作的基础上，针对不正常航班及其引发的旅客群体性事件的起因、演化和防控，从理论与应用层面进行深入研究。内容包括航班延误波及和不正常航班次生衍生链式效应研究，不正常航班引发旅客群体性事件行为演化分析和不正常航班引发旅客群体性事件预警与延误处置策略研究。具体分为：建立单机场和航空网络的航班延误波及模型、建立不正常航班次生衍生事件链式效应模型；基于情绪感染模型、改进谣言传播模型及民航机场旅客群体性事件仿真原型系统进行旅客群体性事件行为演化分析；在旅客群体性事件预警和航班延误处置应用领域，提出基于视频数据挖掘的群体性事件预警方法和基于旅客满意度分析的航班延误处置策略等。

本书可供高校和科研院所民航安全管理学科或其他相关学科的师生和研究人员，以及各级政府和民航行业应急机构、机场、航空公司的工作人员阅读参考。

图书在版编目（CIP）数据

民航旅客群体性事件应急决策方法研究/邵荃等著. —北京：科学出版社，2018.9

ISBN 978-7-03-058802-9

Ⅰ. ①民… Ⅱ. ①邵… Ⅲ. ①民用航空-旅客-群体性-突发事件-公共管理-研究 Ⅳ. ①F560.83

中国版本图书馆 CIP 数据核字（2018）第 212387 号

责任编辑：余 江 刘 博/责任校对：郭瑞芝
责任印制：吴兆东/封面设计：迷底书装

科 学 出 版 社 出版
北京东黄城根北街 16 号
邮政编码：100717
http://www.sciencep.com

北京建宏印刷有限公司 印刷
科学出版社发行 各地新华书店经销

*

2018 年 9 月第 一 版 开本：787×1092 1/16
2019 年 2 月第二次印刷 印张：14
字数：329 000
定价：88.00 元
（如有印装质量问题，我社负责调换）

前　言

2016年3月21日，深圳机场受持续雷雨天气的影响导致大面积航班延误，大量旅客滞留机场，发生多起旅客打砸公共设施、打伤地服人员、围堵登机口等恶劣事件。这是一起典型的不正常航班引发旅客群体性事件问题。类似事件还发生过多起，如2018年1月27日，约240名中国旅客因暴雪滞留在德黑兰伊玛目·霍梅尼国际机场，信息沟通不畅和对应的服务缺失导致旅客不满情绪上升，爆发群体性事件。不正常航班引发的此类旅客群体性事件已经成为民航安全运行的重要隐患。

近年来，我国民航空域资源紧缺与航班数量激增之间的矛盾加剧，并伴随着恶劣天气等不可控因素的影响，航班延误率居高不下。正常情况下旅客会在进入航站楼后经过值机、行李托运、安全检查、候机、登机等一系列离港流程后离开航站楼，航站楼内人群流动处于稳定有序的状态。然而由于航班延误的发生，航站楼在短时间内聚集了大量滞留旅客，航站楼人群密度骤增。快速增长的人群压力会使个体失去自我控制能力，进而引发旅客群体性事件，如旅客聚众闹事、打砸值机柜台、围堵登机口等，不仅会对工作人员和旅客的人身安全造成严重威胁，而且会对机场和航空公司乃至整个民航业的形象产生极其恶劣的影响。因此，深入研究航班延误特征和旅客群体性事件的演化机理，实现针对不正常航班引发的旅客群体性事件预警，采取科学合理的群体性事件防控和应急处置措施，是民航业安全运行和持续发展的重大问题。

目前，航班延误引发的旅客群体性事件问题已引起国内外研究学者的广泛关注，如部分学者从群体情绪演化和感染的角度揭示群体性事件规律，以直观地呈现群体情绪演化和感染过程。在这些方法的基础上，本书通过对不正常航班波及和次生衍生链式效应等本质特征进行分析，揭示不正常航班引发旅客群体性事件的演化机理，并试图通过监控视频特征提取和旅客满意度建模等手段，提出针对不正常航班引发旅客群体性事件的有效预警和防控方法。经过长期的思考与研究，在国家自然科学基金（编号：71573122、71303110）及江苏省自然科学基金等项目的支持下，终于形成了本书的核心内容。首先，本书剖析不确定性因素在机场内和航空网络中对航班延误波及的影响作用，研究航班延误次生衍生事件链式效应，对不正常航班的产生和延误传播特征进行深入解析；基于情绪感染模型及改进的谣言传播模型，探究不正常航班引发旅客群体性事件的演化机理；在此基础上，基于视频数据挖掘提出针对不正常航班引发旅客群体性事件的预警方法；最后，基于旅客满意度提出航班延误处置策略，旨在实现对不正常航班及其引发的旅客群体性事件的有效防控。

在航班延误情境中，旅客群体行为受到大量不确定性因素和突发事件的影响，还存在服务公平性不足、情绪感染蔓延等现象，任何想有效防控和妥善处置旅客群体性事件的方法的效果都是极为有限的，本书希望能为解决这些难题提供有益的思路和方法。

本书撰写工作由邵荃、蔡中长、贾萌、唐志星、许晨晨、梁斌斌、罗雄、史妙恬、董鸿吉、陈伟玲协力完成。感谢我们的同事、学生对本书内容的贡献，以及同行们以不同形式给予的支持，使本书终于能够成稿出版。本书若能够给本领域感兴趣的读者带来收获或启迪，或者在实际群体性事件防控中有所借鉴，将是我们最大的心愿和满足。

作　者

2018 年 5 月

目　　录

第1章 绪 论

1.1 航班延误相关研究基础

近年来，航班延误已成为困扰民航正常运行的一个现实性难题，不仅扰乱航班日常计划，造成旅客出行不便，更威胁着航空运输安全。针对日益凸显的航班延误形势，国内外学者进行了大量的研究，因此，本节从航班延误相关规定、航班延误原因、航班延误波及模型构造和航班延误恢复策略等方面进行阐述，在此基础上，试图对航班延误波及模型进行改进，以明确航班运行过程中各阶段延误对后序航班运行的影响。

1.1.1 航班延误概述

1. 航班延误的相关规定

国际上第一个航空运输公约为 1929 年制定的《关于统一国际航空运输某些规则的公约》，简称《华沙公约》，"航班延误"一词最早出现在该公约中。该公约主要内容包括航空运输的业务范围、航空公司的经营权利和义务、旅客赔偿标准等，形成国家航空运输上的"华沙体系"[1]。其中第 19 条规定了延误问题：在航空运输途中，承运人应该负责赔偿旅客、货物或行李由于未按时到达产生的损失。然而，该条规定只对延误进行了概括性限制。1955 年通过的《海牙议定书》也对延误问题进行了类似限制，1999 年的《蒙特利尔公约》也没有明确规定该问题。

我国已于 1958 年正式加入《华沙公约》，1975 年加入《海牙议定书》，1980 年加入《蒙特利尔公约》。我国航空运输界对航班延误问题的理解和认识受到《华沙公约》的影响。1996 年 3 月 1 日起，我国实行了《中华人民共和国民用航空法》，其中第 126 条规定：航空运输中，航空公司应当对旅客由于航班晚点发生的损失进行适当补偿；如果为了防止出现损失，航空公司能够证实其代理人、受雇人已实施所有必需手段或者不可能采取这种手段的，可以不承担责任[2]。1996 年 2 月 28 日修订的《中国民用航空旅客、行李国内运输规则》关于不正常航班的服务中规定：如果航班在其始发机场发生延误或取消，且其致因是航班调配、机务维修、机组、商务等，承运人需要为旅客供应相应服务，如餐食或住宿等；如果航班在其始发机场发生延误或取消，且是非承运人原因导致，如天气、空管、旅客、安检或突发事件等，承运人需要帮助旅客安排膳宿，旅客可以自付费用；如果航班延误或取消发生在经停地，不管致因何在，承运人都要为经停乘客安排食宿[3]。

纵观世界民航运输立法发展，这些国际公约都存在对"延误"界定不清的问题，基本没有给出"航班延误"的明确定义和标准，机场、航空公司、空管及旅客对该问题的理解也存在差异。对大多数旅客来说，如果实际的离港时间没有按照机票标注的时间执行，也就是常说的"误点"或"晚点"，那么航空公司就该承担全布责任，其实是对航班延误极其不全面的认识。一些条款中仅包含"航班延误"责任，并未对其做出清晰的法律说明。在旅客因航班延误造成的损失赔偿方面,这些规定倾向于保护航空公司的利益,旅客利益处于弱势地位,旅客遭受航班延误且利益受到侵害时,往往难以用法律武器保护自身合法权益。

2. 航班延误的业内标准

中国民用航空局 2008 年 3 月 30 日起实行的《民航航班正常统计办法》规定:凡是存在图 1.1 情形中的一种,都将判定为不正常航班[4]。

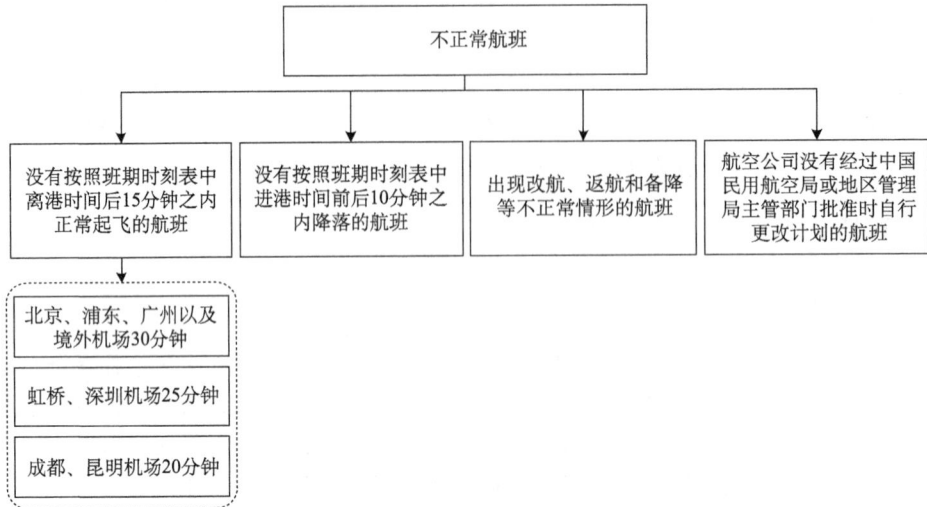

图 1.1　不正常航班判定图

该规定说明不能将旅客手持客票所标明的起飞时间看作航班延误的判定准则,飞机进行关舱门、推出停机位、滑行至跑道要经历一定时间,因此旅客手持客票显示的时间为关舱门时间,并不能当作真正的离港时间。这些规定阐述了"不正常航班"的相关准则,尽管其还未明确指出"不正常航班"就是"延误航班",但从描述中可以看出,其涵盖了航班延误以及出现改航、返航、备降、取消等一切正常情形之外的航班,延误航班是"不正常航班"的情形之一。因此,虽然不能将航班时刻表看作判定延误的直接准则,但其仍具有重要的参考价值。

3. 航班延误现状及原因分析

航空运输是一个极其复杂与特殊的过程,在满足相应的空中交通管制、机场设施标准、飞机正常运转情况、机组人员准备就绪、天气等多个条件后才能进行起飞和降落。由于航班正常运行受到多个因素的相互制约,如果其中任一环节出现问题,就会导致航班延误的发生,因此,航班延误成为制约民航运输健康发展的世界性的难题。

美国运输部的数据显示,1995~2011 年,美国平均每年正常航班数占航班总数的比例在 62.67%~83.12%[5]。在欧盟,每年由于航班延误、取消或拒载等原因,在机场停留的旅客人数超过 25 万[5]。相比国外而言,我国航班正常率处于较低水平。伴随民航运输量的逐年攀升，航班正常率水平却表现出下降趋势。在 2014 年到 2016 年，通过一系列航班正常性保障办法的实施，航班正常率水平有了较明显的提高，但在 2017 年，全国客运航空公司的航班正常率又出现下降趋势，国内主要航空公司的航班正常率仅为 71.25%，如表 1.1 所示。由于流量控制、航空公司运力不足、机场服务效率低下、天气等因素导致的航班延误问题越发严重，航班延误数量以及受影响的旅客数量在迅速增加，也使得航班延误成为政府、空管、机场、航空公司等多个部门共同关心的焦点。

表 1.1　2014~2017 年中国民航航班正常率统计表

年份	全国客运航空公司				主要航空公司			
	航班总数/万架次	正常航班数/万架次	不正常航班数/万架次	航班正常率/%	航班总数/万架次	正常航班数/万架次	不正常航班数/万架次	航班正常率/%
2014	312.6	213.7	98.9	68.37	258.9	178.9	80	69.09
2015	337.3	230.5	106.8	68.33	270.7	186.5	84.2	68.9
2016	367.9	282.4	85.5	76.76	284.6	217.8	66.8	76.54
2017	403.9	289.5	114.4	71.67	298.8	212.9	85.9	71.25

根据中国民航统计数据，导致不正常航班的主要因素有流量控制、航空公司、天气等原因，具体数据如表 1.2 所示，平均比例如图 1.2 所示。

表 1.2　2014~2017 年中国民航不正常航班原因统计表

不正常航班原因		2014 年		2015 年		2016 年		2017 年	
		不正常原因比例/%	与去年同期相比/%	不正常原因比例/%	与去年同期相比/%	不正常原因比例/%	与去年同期相比/%	不正常原因比例/%	与去年同期相比/%
全国客运航空公司	天气原因	24.3	2.5	29.53	5.19	56.52	26.99	51.28	−5.24
	航空公司	26.4	−11.0	19.1	−7.31	9.54	−9.56	8.62	−0.92
	空管原因	25.3	—	30.68	5.35	8.24	−22.44	7.72	−0.51
	其他	24.0	—	20.69	−3.23	25.70	5.01	32.38	6.67
主要航空公司	天气原因	24.8	2.7	30.16	5.37	56.46	26.30	51.47	−4.99
	航空公司	25.9	−11.2	18.05	−7.82	9.63	−8.42	9.26	−0.37
	空管原因	24.0	—	30.09	6.07	8.30	−21.30	8.12	−0.17
	其他	25.3	—	21.7	−3.62	25.61	3.91	31.15	5.53

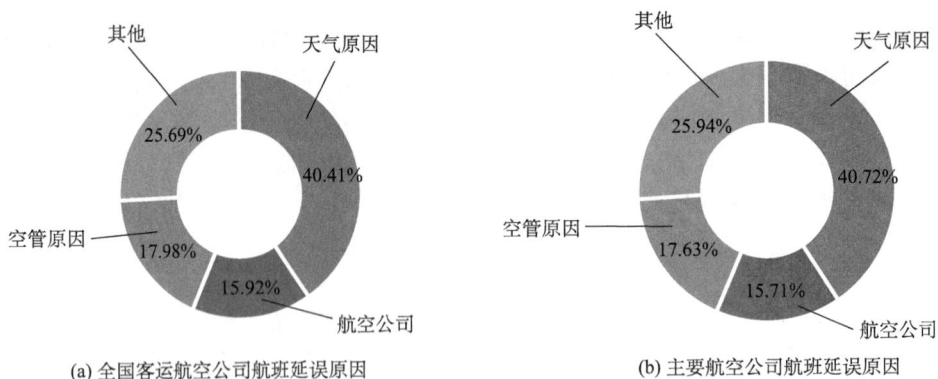

(a) 全国客运航空公司航班延误原因　　　　　　(b) 主要航空公司航班延误原因

图 1.2　2014~2017 年中国民航不正常航班原因平均比例图

航班延误原因分析如下：

1) 快速增加的航空业务规模

随着改革开放的不断深入，我国市场经济飞速发展，各个航空公司开始逐步扩大经营规模，使得我国航空运输事业取得了巨大的成就。在"十二五"期间，2015 我国年航空运输总周转量达到 852 亿吨公里、旅客运输量达到 4.4 亿人、货邮运输量达到 629 万吨，分别是 2010 年的 1.6、1.6 和 1.1 倍。在综合交通运输体系中，航空运输旅客周转量的比重升高 1.5 个百分点，2015 年民航旅客运输周转量在综合交通体系中所占比重接近 1/4。运输机队总量为 2750 架，与 2010 年相比增长了 72.2%。到"十二五"末，我国航空公司通航全球 55 个国家和地区的 137 个城市，国际航线达到 660 条，国际客运市场份额达到 49%。运输机场数量达到 207 个（不含 3 个通勤机场），87.2% 的地级城市 100 公里范围都有运输机场，通用机场 310 个，运输飞机 2650 架，不重复航线里程达 531.7 万公里。根据民航"十三五"时期主要发展指标（如表 1.3），航空运输在综合交通中的比重将进一步提升，旅客周转量比重达到 28%。运输总周转量达到 1420 亿吨公里，旅客运输量 7.2 亿人次，货邮运输量 850 万吨，年均分别增长 10.8%、10.4% 和 6.2%。保障能力全面提升，运输机场数量达到 260 个左右，年起降架次保障能力达到 1300 万架次。可见，随着人们对民航事业认可度的增加，更多的旅客将出行方式定为飞机，使得快速增长的航空运输需求与有限的资源供给存在着巨大的矛盾，在航空运输供给不平衡时，就会出行航班非正常运行状态，极易产生航班延误问题。

表 1.3　"十三五"时期民航发展主要指标[6]

类别	指标	2015 年	2020 年	年均增长
业务规模	航空运输总周转量/亿吨公里	852	1420	10.8%
	旅客运输量/亿人	4.4	7.2	10.4%
	货邮运输量/万吨	629	850	6.2%
	通用航空飞行量/万小时	77.8	200	20.8%
	客运周转量在综合交通中的比重/%	24.2	28	—
发展质量	运输飞行百万小时重大及以上事故率	[0.00]	<[0.15]	—
	航班正常率/%	67	80	—
	平均延误时间/分钟	23	20	—
	我国承运人占国际市场份额/%	49	>52	—

类别	指标	2015 年	2020 年	年均增长
保障能力	保障起降架次/万	857	1300	8.7%
	民用运输机场/个	207*	≥260	—
	运输机场直线 100km 半径范围内覆盖地级市/%	87.2	93.2	—
绿色发展	吨公里燃油消耗/千克	[0.293]	[0.281]	—
	吨公里二氧化碳排放/千克	[0.926]	[0.889]	—

注：带[ ]的数据为 5 年累计数；*不含 3 个通勤机场

2) 空中交通管制

空中交通管制(ATC)是基于技术手段对飞机进行监视及控制，我国将管制空域划分成A、B、C、D 四类，分别为高空管制空域、中低空管制空域、进近管制空域、塔台管制空域，并根据不同空域的航路结构及通信导航气象监视能力对飞机进行管制[7]，从而保证飞行秩序及飞行安全。飞机在起飞、降落、飞行过程中必须接受地面管制员的指挥在限定的空域内飞行，在繁忙机场和繁忙航路经常会发生拥堵，需要进行及时的流量控制。空域结构能够对空域流量产生影响，目前我国空域结构呈现出不合理态势，在管理上以空军为主，在协调上以军航为主导，在程序上实行民航申请、军方审批[8]，民航可用空域是空军活动范围之外的有限空间，仅占我国全部空域的 20%左右，大部分空域是军航空域及飞行禁区，极大地限制了民航自由使用空域的程度。此外，军方的空中演习等活动使民航航班不能按照计划执行。可见，民航飞机只能在特定的空域范围内飞行，其对空域只能是受限使用，束缚了民航航班调节的余地。因此，民航可利用的空域资源严重不足，导致空管部门不得不采取流量控制措施，民航运输"车多路窄"的现状是实行空中交通流量管制的主要原因，而流量管制表面上会进一步导致航班延误，实质上却由空域资源极其紧缺造成。空域接近饱和、飞行流量超出保障能力、扇区和航路超负荷运行制约着民用航空的全面协调可持续发展，释放更多的民航可利用空域是缓解航班延误问题的关键举措之一。

3) 航空公司

从 2010~2013 年中国民航不正常航班原因统计数据可以看出，无论是主要航空公司还是中小航空公司，由航空公司自身原因造成的不正常航班占大多数，而且中小航空公司自身原因造成的不正常航班比例要略高于主要航空公司。但从 2010 年以来，航空公司自身原因占不正常航班原因的比例在逐年下降，尽管如此，航空公司自身因素仍然是导致航班不正常运行的主要原因。究其缘由主要有：一是航班计划，即由于航班计划部门航班编排衔接不当导致的航班延误，其中包括前一航班由于其他原因延误进而造成后序航班延误的情况，后序航班一般将其延误归结为计划原因；二是航班运力调配，即航空公司临时调用某航班执行其他航线任务，造成本航班任务无法按时执行的情况；三是机票超售，即航空公司想要给更多的乘客提供座位，在经常发生座位浪费的航班上采取适宜的机票超售，旅客因购买了超售机票而无法正常登机导致的航班延误情况；四是机械故障，即飞机在准备起飞或起飞后出现故障，需要一段时间来进行维修检测排除故障，由此导致航班延误事件发生的情况；五是机组原因，即执行某航班的机组人员由于某些原因无法按照规定时间执行该航班任务而发生的航班延误。由此可以看出，由航空公司造成的航班延误包括许多错综复杂的因素，航空公司作为航空运输承运人，有义务在能够保障安全的前提下，积极采取措施保证航班正常运行。

4）天气原因

恶劣天气是影响航班正常运行的重要因素之一，历年来由此产生的不正常航班比例较高，仅次于航空公司、流量控制等原因。威胁航班正常运行的天气状况包括台风、强降水（强降雨、强降雪）、强对流（大风、雷雨、冰雹）、大雾和飓风。根据不同的飞行阶段，天气原因有很多种情况，包括始发地机场的天气条件不适宜起飞（能见度低、低空云、雷雨区、强侧风）、飞行航路上的天气条件不适宜飞越（高空雷雨区）、目的地机场的天气条件不适宜降落（能见度低、低空云、雷雨区、强侧风）等[9]。另外，天气情况对航班飞行的影响还包括：机组状况，即机组人员的技术等级、针对当前气象及趋势做出准确专业决策的能力；飞机状况，即该机型对气象条件的安全标准、飞机当前机载设备状态是否适宜在该天气条件下飞行；因恶劣天气引起的后续情况，即天气导致机场导航设施被破坏、跑道被污染（如结冰、积雪、严重积水等）[9]。天气条件是影响航班正常运行的不可抗力因素，只有在符合航班起飞、飞行、降落的天气标准时，飞机才能正常放行。在飞机拟经过的任何飞行阶段出现极端异常天气，都可能引发航班延误。对于天气条件造成的航班延误，任何部门都不能完全克服，只能依靠准确预测气象，及时高效地采取减灾恢复策略，以减缓航班延误的程度。

5）其他原因

航空运输的复杂性使其受到很多客观因素的影响，因而导致航班延误的因素更是多种多样，除了以上几种重要因素，还有旅客自身原因，如旅客晚到、携带违禁物品、不注意听广播信息而误机、旅客拒绝登机、霸占飞机等；军事活动原因，如军方航班训练、演习等禁止或限制航班运行；机场保障原因，如安全检查、场面运行秩序等因素引发的航班延误；油料保障原因，如没有按照计划提供航油、加油设施设备故障、加油时损坏飞机等；食品供应，如餐食供给不及时等；飞机例行检查，如在检查时发现毒品等；地面事故处理，如飞机之间或与地面车辆撞击等；意外情况原因，如机场活动区有异物、跑道入侵、发生威胁飞行安全的事件等原因导致的航班延误[10]。

4. 航班延误统计指标

航班延误会给相关管理部门调配带来很大的困难，因此，有必要系统科学地归纳出延误指标，满足民航各管理部门对航班延误统计的需要，进而据此了解延误状况。航空发达国家具有比较全面的航班延误统计系统，涉及法律法规、组织管理、统计流程等[11]，例如，美国对航班延误进行归总时，涵盖了航班执行的各个流程，也就是从飞机开始滑跑、起飞到降落的整个流程；相比国外而言，我国航班延误统计方法相对简单，仅集中在统计航班离港正常性方面，在实际应用时存在一定的不足，不能满足民航各部门的实际需要[12]。事实上，航班运行的整个流程是：起飞前准备、滑行、起飞、爬升、巡航、进近和着陆，并且其间要求各个部门的配合协调，因此航班延误统计需要分别考虑各部门的职责，具体如图1.3所示[13]。在航班运行过程中，各部门需要根据自身关注的工作重点，严格把握好各阶段任务时间，提高工作效率，尽量减少因各延误而产生的累加效应。

```
                                              ┌─→ 货物装载延误
                                              ├─→ 安全检查延误
                          ┌─→ 机场延误统计指标 ─┼─→ 联合检查延误
                          │                    ├─→ 地面事故延误
                          │                    ├─→ 机场设施故障延误
                          │                    └─→ 油料保障延误
                          │
                          │                    ┌─→ 飞机故障维护延误
                          │                    ├─→ 常规飞机维护延误
    航班             ┌─→ 航空公司延误统计指标 ─┼─→ 飞机清洁延误
    延误                  │                    ├─→ 空勤人员延误
    统计 ─────────────┤                    └─→ 食品供应延误
    指标                  │
                          │                    ┌─→ 撤轮挡延误
                          │                    ├─→ 推出延误
                          ├─→ 空管延误统计指标 ─┼─→ 滑行延误
                          │                    ├─→ 航路飞行延误
                          │                    └─→ 着陆延误
                          │
                          │                    ┌─→ 天气状况延误
                          └─→ 其他延误统计指标 ─┼─→ 旅客延误
                                               └─→ 处理突发事件延误
```

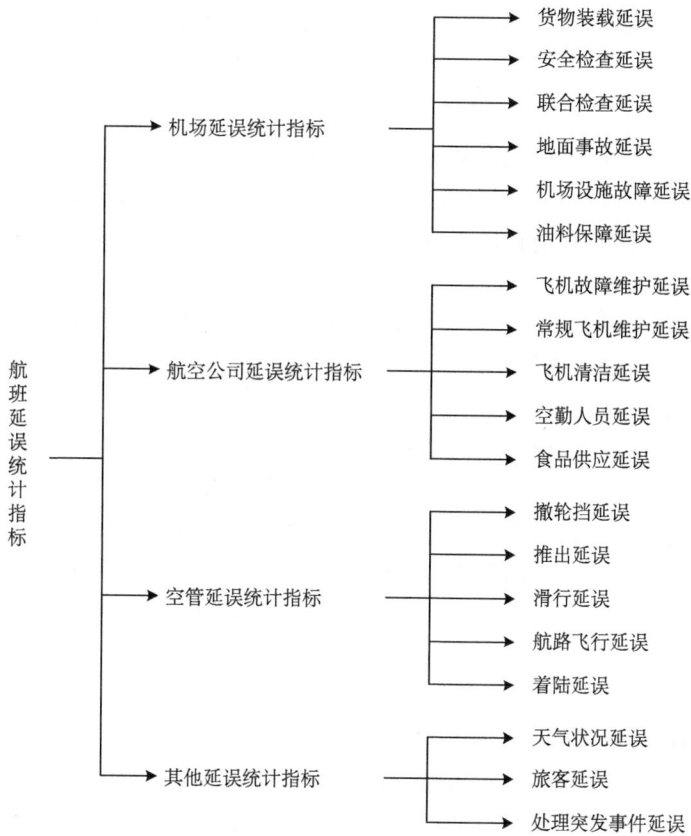

图 1.3　航班延误统计指标体系图

1.1.2　航班延误波及效应

1. 航班延误波及问题分析

尽管各个航空公司竭尽全力地提升航班正常率，可是航班延误依然是民航运行中无法规避的问题。在航班量较少并且间隙较大的情况下，出现的往往是单一航班延误的情形，波及范围较小。然而伴随着航空运输需求的不断扩大，各航空公司竞相增加航班运力，使航班计划安排过于紧密。同一架飞机往往被指派接连执行多个航班任务，使众多航班之间存在着一定的关联关系(如链式关系、网状关系等)，即所谓的连续航班。由于航班计划的紧凑性，大范围航班延误事件层出不穷，其中航班链作为延误传播的媒介，将先前航班的延误影响向后序航班传播，使航班延误的波及范围在航班链中迅速扩大，后序航班及其目的地机场的相关航班都将受其干扰发生晚点，即航班延误波及。例如，某一航空公司指派相同飞机接连执行飞行任务：成都—南京、南京—沈阳、沈阳—西安、西安—成都。若成都双流机场因为发生流量控制，导致成都到南京的航班延误 2 小时，再加上当时航班计划紧密，航班之间的过站时间没有余量，即使该飞机的后序航班任务不再受到任何延误因素的影响，也同样会因为第一个航班的晚点受到较长的延误波及作用。可想而知，一些大型枢纽机场，因为其航班运量大且衔接情况复杂，容易造成空域和机场资源紧张，成为航班延误的频发区域。此外，这些机场中的航班大部分都是具有连接性的航班，当其中某一航班由于某些原因发生延误时，往往会因为延误波及造成整个机场甚至整个航空网络的航班延误。

在航班运行过程中，航班延误是不可避免或无法彻底消除的，一旦时间轴上的某一航班发生延误，其会因为延误的传播性产生连锁反应，危及后序航班发生延误波及，由此可见，两架相关航班之间具有潜在的关联性，分别将两架航班设为甲航班和乙航班，其关联性体现为下列三种[14]。

（1）航空器关联，即乙与甲共用一架航空器，航空器注册号相同，只是航班号不同。即相同的飞机先后接连执行飞行任务。

（2）机组人员关联，即甲与乙共用一组飞行员或乘务员执行飞行任务。

（3）旅客关联，即乙内有从甲转乘的旅客。

此外，航班之间的关联性也具有传递性，即甲航班和乙航班关联，乙航班和丙航班关联，则甲航班和丙航班关联。于是，由于航班延误的波及作用，某一关联航班出现延误，将使多架关联航班在多个机场出现更大范围的延误事件。在这三种关联航班中，由于（2）、（3）两种关联可以通过采取必要的措施人为避免，所以应重点关注航空器之间的关联。

2. 航班延误及其波及模型

本节在原有航班延误波及模型的基础上进行改进，将航班运行的各个阶段分别进行细分，准确定位航班延误的阶段。假设用相同飞机连续执行多个航班任务，如果时间轴上的先行航班发生进离港延误，其对后序航班的波及影响如图1.4所示，注释表如表1.4所示。

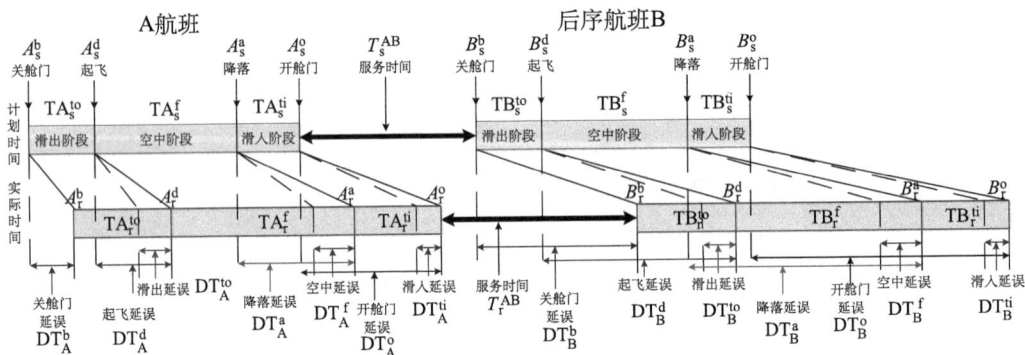

图1.4　连续航班延误波及过程示意图

表1.4　连续航班延误波及注释表

航班	计划时间					实际时间					延误时间	
	关舱	起飞	降落	开舱	过站	关舱	起飞	降落	开舱	过站	离港延误	进港延误
A	A_s^b	A_s^d	A_s^a	A_s^o	T_s^{AB}	A_r^b	A_r^d	A_r^a	A_r^o	T_r^{AB}	DT_A^d	DT_A^a
B	B_s^b	B_s^d	B_s^a	B_s^o		B_r^b	B_r^d	B_r^a	B_r^o		DT_B^d	DT_B^a

航班计划内，A航班和B航班共用相同的飞机接连执行任务，当A航班实际关舱门时

间 A_r^b 晚于计划关舱门时间 A_s^b 时，即 A 航班发生了关舱门延误 DT_A^b，进而 A 航班经过滑出阶段后起飞时间 A_r^d 也会发生延误。如果 A 从停机位推出至滑行到跑道头起飞的实际滑出时间 TA_r^{to} 长于计划滑出时间 TA_s^{to}，即 A 发生滑出延误 DT_A^{to}，则 A 的起飞延误时间 DT_A^d 将进一步延长。A 航班关舱门延误时间 DT_A^b、起飞延误时间 DT_A^d 及滑出延误时间 DT_A^{to} 如式 (1-1)～式 (1-3) 所示：

$$DT_A^b = A_r^b - A_s^b \tag{1-1}$$

$$DT_A^d = A_r^d - A_s^d \tag{1-2}$$

$$\begin{aligned} DT_A^{to} &= (A_r^d - A_r^b) - (A_s^d - A_s^b) \\ &= (A_r^d - A_s^d) - (A_r^b - A_s^b) \\ &= DT_A^d - DT_A^b \end{aligned} \tag{1-3}$$

由于 A 航班发生了起飞延误，经过一定的空中飞行阶段后，其降落时间 A_r^a 必然会发生延误。若其实际空中飞行时间 TA_r^f 长于计划飞行时间 TA_s^f，则会产生空中延误 DT_A^f，从而进一步影响其实际降落时间 A_r^a。A 航班降落后，会经过滑入时间从跑道滑行至停机位，如果实际滑入时间 TA_r^{ti} 发生延误，又会进一步延长实际开舱门时间 A_r^o。因此，A 航班降落延误时间 DT_A^a、空中延误时间 DT_A^f、滑入延误时间 DT_A^{ti} 和开舱门延误时间 DT_A^o 如式 (1-4)～式 (1-7) 所示：

$$DT_A^a = A_r^a - A_s^a \tag{1-4}$$

$$DT_A^o = A_r^o - A_s^o \tag{1-5}$$

$$\begin{aligned} DT_A^f &= (A_r^a - A_r^d) - (A_s^a - A_s^d) \\ &= (A_r^a - A_s^a) - (A_r^d - A_s^d) \\ &= DT_A^a - DT_A^d \end{aligned} \tag{1-6}$$

$$\begin{aligned} DT_A^{ti} &= (A_r^o - A_r^a) - (A_s^o - A_s^a) \\ &= (A_r^o - A_s^o) - (A_r^a - A_s^a) \\ &= DT_A^o - DT_A^a \end{aligned} \tag{1-7}$$

由于 A 和 B 为关联航班，因此若 A 发生延误，如果 B 能够压缩实际服务保障时间用于吸收 A 延误的影响，则 B 航班就不会发生延误，但现实中，因为航班计划编制密集及资源紧张，先前航班造成的延误影响难以被抵消，往往将传播至后序航班产生延误。因此，A 的进港延误将传播到 B，使 B 实际关舱门时间 B_r^b 晚于计划起飞时间 B_s^b，进而，B 航班又会如同 A 航班在航班运行的全过程中发生延误，B 航班发生的各种延误时间如式 (1-8)～式 (1-14) 所示。以此类推，A 航班延误将引发一连串航班的晚点。

$$DT_B^b = B_r^b - B_s^d \tag{1-8}$$

$$DT_B^d = B_r^d - B_s^d \tag{1-9}$$

$$DT_B^{to} = (B_r^d - B_r^b) - (B_s^d - B_s^b)$$
$$= (B_r^d - B_s^d) - (B_r^b - B_s^b) \tag{1-10}$$
$$= DT_B^d - DT_B^b$$

$$DT_B^a = B_r^a - B_s^a \tag{1-11}$$

$$DT_B^o = B_r^o - B_s^o \tag{1-12}$$

$$DT_B^f = (B_r^a - B_r^d) - (B_s^a - B_s^d)$$
$$= (B_r^a - B_s^a) - (B_r^d - B_s^d) \tag{1-13}$$
$$= DT_B^a - DT_B^d$$

$$DT_B^{ti} = (B_r^o - B_r^a) - (B_s^o - B_s^a)$$
$$= (B_r^o - B_s^o) - (B_r^a - B_s^a) \tag{1-14}$$
$$= DT_B^o - DT_B^a$$

B 的计划关舱门时间 B_s^b 与 A 的计划开舱门时间 A_s^o 的时间差称为航班保障时间,这段时间主要涉及地面保障及冗余时间,航班服务保障时间定义如式(1-15)和式(1-16)。其中,t_{gs} 代表进行地面保障的时间,Δt 代表提前预估的预留时间。

$$T_s^{AB} = B_s^b - A_s^o = t_{gs} + \Delta t \tag{1-15}$$

$$T_r^{AB} = B_r^b - A_r^o = t_{gs} + \Delta t \tag{1-16}$$

由式(1-15)和式(1-16)可推出

$$B_s^b = T_s^{AB} + A_s^o \tag{1-17}$$

$$B_r^b = T_r^{AB} + A_r^o \tag{1-18}$$

把式(1-17)、式(1-18)代入式(1-8),能够获得航班延误(一次波及)的数学形式:

$$DT_B^b = B_r^b - B_s^d$$
$$= (T_r^{AB} + A_r^o) - (T_s^{AB} + A_s^o)$$
$$= (A_r^o - A_s^o) - (T_s^{AB} - T_r^{AB}) \tag{1-19}$$
$$= DT_A^o - (T_s^{AB} - T_r^{AB})$$

同理,可得航班延误二次波及的数学形式:

$$DT_C^b = DT_B^o - (T_s^{BC} - T_r^{BC}) \tag{1-20}$$

若引发航班延误波及,通常 $T_r \neq T_s$,且

$$\begin{cases} DT_B^b \leqslant DT_A^o, & T_r \leqslant T_s \\ DT_B^b > DT_A^o, & T_r > T_s \end{cases} \tag{1-21}$$

$$DT_A^o - DT_A^b = (A_r^o - A_s^o) - (A_r^b - A_s^b)$$
$$= (A_r^o - A_r^b) - (A_s^o - A_s^b)$$
$$= (TA_r^{to} + TA_r^f + TA_r^{ti}) - (TA_s^{to} + TA_s^f + TA_s^{ti}) \tag{1-22}$$
$$= (TA_r^{to} - TA_s^{to}) + (TA_r^f - TA_s^f) + (TA_r^{ti} - TA_s^{ti})$$
$$= DT_A^{to} + DT_A^f + DT_A^{ti}$$

由式(1-22)可推出

$$DT_A^o = DT_A^b + DT_A^{to} + DT_A^f + DT_A^{ti} \tag{1-23}$$

同理可得

$$DT_B^o = DT_B^b + DT_B^{to} + DT_B^f + DT_B^{ti} \tag{1-24}$$

将式(1-19)和式(1-24)代入式(1-20)：

$$
\begin{aligned}
DT_C^b &= DT_B^o - (T_s^{BC} - T_r^{BC}) \\
&= DT_B^b + DT_B^{to} + DT_B^f + DT_B^{ti} - (T_s^{BC} - T_r^{BC}) \\
&= DT_A^o - (T_s^{AB} - T_r^{AB}) - (T_s^{BC} - T_r^{BC}) + (DT_B^{to} + DT_B^f + DT_B^{ti})
\end{aligned} \tag{1-25}
$$

由此可以推导出整条航班链中最后一个航班的关舱门延误时间 NT_N^b，根据国内航班运行规定，一架飞机一天内执行的航班任务数量不得超过 10 个，因此可得

$$DT_N^b = DT_A^o - \left(\sum_{i=1}^{N} T_s^i - \sum_{i=1}^{N} T_r^i \right) + \sum_{i=2}^{N} DT_i^{to} + \sum_{i=2}^{N} DT_i^f + \sum_{i=2}^{N} DT_i^{ti}, \quad 2 \leqslant N \leqslant 10 \tag{1-26}$$

从式(1-26)可以发现，如果航班链中实际服务保障时间的总和小于计划服务保障时间的总和，如式(1-21)中第一式所示，这样 A 航班产生的延误波及就有可能被航班之间的服务保障时间所吸收，进而可以确保后序航班受到前一航班延误传播所出现的延误时间缩短。但这种情况在实际运行中恰恰相反，如图 1.4 所示，由于 A 航班延误，后序航班 B 的实际服务保障时间长于计划服务保障时间，如式(1-21)中第二个式子，这将意味着航班链中前一航班延误向后传播的影响程度逐渐加重。

1.1.3　航班延误恢复策略

1. 航班延误恢复问题概述

面对日益突出的航班延误问题，社会各界都呼吁有关部门能够及时采取有效的解决措施，为此中国民用航空局出台了一系列的政策和措施，例如，加强航班运行时刻管理、及时汇报不正常情况、将航班正常性关联至航线经营权、最大力度施展社会和舆论监督效用、强化旅客投诉和举报的办理工作等[15]。尽管中国民用航空局的这些举措对航班延误问题产生了一定的制约作用，但要从根本上消除航班延误几乎是不可能的事情。由于航班计划的执行环境处于动态变化之中，一旦航班延误发生，运控指挥者需要按照飞机保障计划、航线、航班计划和机组排班等信息进行实时调整，除了考虑本场跑道条件、相关航班计划等因素，还要充分考虑整个航空网络的航线限制、相关机场航班运行情况等因素，在此基础上分配飞机资源，得出航班计划调节措施，令延误航班在尽可能短的时间内得到还原。一般情况下，航班延误恢复是分阶段进行的[16]，第一阶段实施飞机计划恢复：以延误和取消的航班数量最少为宗旨进行飞机计划恢复；第二阶段实施机组恢复：将机组计划进行重新排列并利用备份机组，满足航班任务执行规定以及机组人员不超过工作时间的规定；第三阶段恢复旅客路线：为使旅客抵达终点，把其安排到相应的航班上。采取这样的航班延误恢复顺序是由于飞机是航空公司极其贵重的物资，而且数量比较固定，但机组人员与飞机相比更加方便得到，因此尽量通过利用备份机组和加机组的方式，重新安排机组计划。然而国内航空公司机队规模较小，飞机相对稀缺，航班恢复时主要实施延误政策，很少采取

措施取消航班，并且尽量将原计划的机队配置在飞行日结束前恢复，不影响次日航班计划的正常运行，减少因为航班计划变更造成的旅客不便。

2. 航班延误计划恢复业务流程

从前面的分析可以看出，引起航班延误的原因有很多，航空公司、流量控制和恶劣天气是造成航班延误的三个主要原因，其中航空公司的航班计划紧凑和机械故障是导致其航班延误的主要因素。发生航班延误时，签派员会根据不同的延误状态进行调整，下面介绍机械故障、流量控制和机场关闭这三种原因导致的航班延误恢复流程。

1) 机械故障导致航班延误恢复流程

根据飞机发生机械故障的原因和程度，其产生的航班延误时间有长有短，如有些简单的更换零件的故障在很短时间内就能排除；有些故障原因不明，会耗费一些时间检查故障；有些故障虽然知道原因，但程序比较复杂，也会耗费很长时间解决。机务人员会根据故障的复杂程度，预测出所需的排除故障时间。由于航班延误产生的后果和处置措施并不相同，因此并非任何机械故障都会造成飞机停飞，如果发生了机械故障，但仍符合航空器最低放行标准，则允许飞机携带故障执行飞行任务。

当机械故障导致航班延误事件发生时，运控指挥中心的处置步骤如下。

(1) 机务工程部向运控指挥中心报告机械故障；

(2) 运控指挥中心向维修部门咨询该机械故障的具体情况，并预测航班延误时间；

(3) 运控指挥中心对产生机械故障的航班给出延误或取消的策略，并对受其干扰的相关航班采取相应的策略；

(4) 运控指挥中心根据排除故障的实时情况，做出决策变化。

2) 流量控制导致航班延误恢复流程

随着我国空中交通流量的急剧增长，空域资源紧张和航路交通拥挤现象日渐明显，在实际运行中，恶劣天气或军事演习等突发事件会使航路上的交通流量暂时减少，同时空管部门会控制进入航路的飞机数量，进一步造成机场积压航班，即流控引发航班延误。流量控制分为航路流量控制和机场终端流量控制，其中航路流量控制更为普遍，但航路流量控制能够产生起飞机场航班堆积现象，导致机场资源紧张，同时会导致在机场终端进行流量控制。由于流量控制的具体时间无法准确预测，而且由流量控制造成的大量航班积压又会进一步延长流控时间，因此只能给出一个大概的航班延误时间。

对流量控制引发的航班延误恢复流程如下。

(1) 空管部门向运控指挥中心报告流量控制；

(2) 运控指挥中心向空管部门了解流控的具体情况，预测航班延误时间；

(3) 运控指挥中心对受到流控干扰的航班给出延误或取消的策略，并对相关航班采取相应的策略；

(4) 运控指挥中心根据流控的实时情况，做出决策变化。

3) 由机场关闭引发的航班延误恢复流程

发生严重流量控制、极其恶劣天气和军事演习会使机场长时间处于关闭状态，造成连接该机场的航路终端流量减少为零，禁止该终端有飞机通行，因此机场关闭成为航空网络中大面积航班延误的重要原因。由于机场关闭引发延误的航班大体呈现为：需要关闭的机场内即将起飞的航班、需要关闭的机场内即将降落的航班、受到机场关闭影响的后序航班。解决由机场关闭导致的航班延误需要评估各航班受到延误干扰的旅客数量，选取此刻可以利用的飞机，若机型能够匹配航线上的旅客数量，则可以考虑合并或者取消航班；判断乘客是否可以顺利安置，如可以，那么首先选择合并航班，并听取商务部门决策该取消的航班；如不可以，那么考虑改签本公司后序航班或其他公司航班，甚至选择取消后转天补班的策略。

1.2 不正常航班引发群体性事件成因和演化分析

1.2.1 群体性事件成因和预警研究

1. 群体性事件成因

在群体性事件成因方面，Semelser 的"价值累加理论"在研究集群行为形成原因及条件时独具特色，他认为，集群行为实质上是人们在受到威胁、紧张等压力的情况下，为改变自身的处境而进行的努力[17]。美国学者 Gurr 提出群体性事件产生的原因在于对"相对剥夺感"的回应，相对剥夺感的产生为群体性事件发生的集体行为提供了潜在的可能[18]。Tilly 认为，集合行为参与者的利益驱动是集合行为发生的前提条件[19]。目前国内学者普遍将群体性事件定性为人民内部矛盾，众多国内学者和相关研究人员普遍认为，信息公开程度不够是造成群体性事件的一个至关重要的原因[20]。王大伟利用 2006 年"中国综合社会调查"数据，分别从人口学特征、经济状况和社会环境三个层面，对人们参与群体性事件的影响因素进行 Logistic 回归分析，结果显示：女性、农业户口、有无直接利益关系、想到当地政府投诉等因素对参与群体性事件有显著影响；而受教育程度、目前工作状况和个人月收入对其没有显著影响[21]。

着眼民航领域，目前的研究还停留在群体性事件定义和成因分析上，对群体性事件预警方法鲜有涉及。陈娴将机场群体性事件定义为在机场民用航空运输环境中，因航空承运人、机场或天气等产生的航班延误或服务不当，引发的 10 人以上旅客聚众滋事，危害公共安全、扰乱公共秩序、扰乱机场营运秩序的行为[22]。杨磊认为不正常航班引发旅客群体性事件是航空公司方面原因或者其他客观方面原因造成航班不能准时出发或者抵达，而相关部门又不能做出合理解释的情况下引发乘坐该航班的旅客共同实施没有合法依据的规模性聚集、对社会造成负面影响的群体活动、发生多数人间语言行为或肢体行为上的冲突等群体行为[23]。杨磊着重研究了事件处置环节不力导致旅客与航空公司进一步矛盾升级的原因，包括缺乏协调单位；航空公司人员责任意识、法律意识不强；法制宣传力度不够；各航空公司补偿标准不统一，操作性不强。许红也对航班延误引发纠纷的原因进行了探讨，主要有立法与政策原因、航空公司与机场原因、旅客自身原因、媒体推波助澜四方面[24]。赵斌应用社会燃烧理论分析航班延误引发的群体性事件的原因，认为民航法制建设滞后、服务不到位、信息不畅通是群体性事件的燃烧材料，谣言传播形成事件的助燃条件，延误后的群体冲突是事件导火索[25]。刘小平基于突变论分析旅客突发事件的致因原理，认为外部因素(民航环境、天气环境等)和内部环境(组织管理因素、运营因素等)共同作用达到阈值时，民航系统状态发生突变，引发旅客群体性事件[26]。

2. 群体性事件预警

在群体性事件预警方面，法国经济学家福利里最早提出预警思想，在《社会和经济的气象研究》中，他首次提出运用气象学中的预报方法来预报社会、经济可能发生的各种危机和风险。目前，对群体性事件的成因和预警研究主要侧重于从宏观背景下的社会因素着手，利用相关指标体系来反映群体情绪的变化，而不正常航班引发的群体性事件与社会上其他的群体性事件有着本质的不同。社会群体性事件是社会矛盾的激化所导致的带有政治目的的群体性活动的事件。而在民航业，群体性事件的发生大多是因为航班不正常、服务不到位，旅客认为自身权益受到侵害，旅客与航空运输企业产生了严重的利益对立，旅客群体以"闹事"的形式宣泄不满情绪。但针对这种现场情境下的枢纽机场旅客群体性事件的非正常聚集行为，目前的研究缺乏有效的识别和预警方法。

1.2.2 群体性事件群体成员的心理和行为研究

群体性事件中人群行为的演化过程是一种极为复杂的过程，具体表现为成员的心理、行为、角色以及群体的集聚等多个方面。在心理上，群体性事件中的成员心理主要有三种，分别为去个性化心理、从众心理和造势心理。于建嵘[27]认为在群体性事件发生的过程中表现出的社会心理特征主要有盲目从众心理、借机发泄心理、逆反心理、法不责众心理、表现欲和英雄情结。这些心理特征都在一定程度上影响群体性事件的发展。还有学者认为除上述心理之外还存在一种观众效应，即当事人因为关心他人的评价，而产生的一种行为内驱力[28]。全凤英和罗毅华[29]认为由谣言产生的诱导心理也是群体性事件中不可忽视的心理因素，谣言的传播会扭曲事实，这将激起群众的情绪反应，进而促使事态的扩大。另外，认同心理也是群体性事件发生过程中一个不容忽视的心理特征。认同并不是简单的模仿，主要是对相同的文化背景、价值观念、利益追求的互相认可和肯定，根据认同的程度，可以将群体分为同质群体、异质群体，正确把握群体的分类对于正确判断群体的内聚力和整合性具有重要的借鉴意义，也有利于有针对性地处理群体性事件[30]。因此，根据群体性事件参与者的心理表现，可以将群体主体分成核心层、附和层与围观层等不同的类型。

在群体的行为过程上，可以分成四个阶段，即成员间的接触和聚集、动员或暗示、情绪感染和行为模仿[31,32]。任延涛[33]对群体性事件中人群的集群行为进行研究发现，群体的集群行为主要包括群体结构雏形、群体扩大和群体凝聚力增强等阶段，并且在群体性事件发生过程中会形成群体结构的分化，群体成员的角色也会发生变化，由最初的发起者、鼓动者、投机者、追随者和观望者等逐渐发生相互转化，产生潜在领导者等新的角色。张书维和王二平[34]则提出集群行为应从动员机制和组织机制两个方面进行研究，其中集群行为的动力主要来自于群体认同、群体愤怒、群体效能，而组织机制包括紧急规范、谣言和去个性化等方面的因素。而缪世玲[35]的研究表明，参与群体性事件的人们，其有意识的人格逐渐丧失，无意识的人格将占据主导地位，在面临突发性事件时，群体中最先出现的行为将迅速被他人模仿，成为紧急规范。紧急规范一旦形成将会对他人造成规范压力，促使其效仿与遵从，从而形成群体行为。

目前，针对群体心理行为的研究主要偏重于分析群体性事件演化过程中的典型心理行为，但对导致这些心理行为的关键因素缺乏研究。此外，对群体心理引发群体性异常行为的特征和产生机理等方面缺乏深入研究。

1.2.3 基于系统仿真方法的群体行为模拟研究

群体运动研究经历了观察法、实验法，目前集中在模型研究与仿真研究方面。原因在于观察或实验并不适用于对大规模人群运动进行预测，同时，观察数据也不能适用于人群在紧急疏散时的极端情况。由于事故灾难的不可再现性、影响行人运动的因素的复杂性，有些数据是不能通过实验获得的。于是，研究者提出了一些模型来模拟人群运动特性及人群流动的安全性。

建模方法主要分为三类。

(1) 基于物理学粒子系统和动力学系统的建模方法；

(2) 基于生物学基本行为的建模方法；

(3) 基于高级智能行为的认知模型建模方法。

基于物理学粒子系统和动力学系统的建模是将群体人员视为类似于基本粒子的主体，利用牛顿力学来规定人与人之间的运动行为和碰撞规则，进而来模拟人员流动等复杂行为。Bouvier 等[36]则进一步引入了类似于电荷和电场的"决策荷"和"决策场"等概念来建立个人之间的相互作用和决策过程，使主体具有较为高级的交互行为。但总体而言，这种基于物理学原理的群体行为建模方法是以群体中成员的运动符合物理学为假设条件的，因此这种建模方法更多关注的是群体在宏观运动层面上的表现，在体育运动、消防、突发事件人员疏散等方面应用得较多。

第二种用于群体行为建模的方法是从生物学原理的角度来建立具有生命系统特征的组织或对象，使其具有自繁衍、进化、协同、竞争和自组织等特点。1987 年，Reynolds[37]对鸟群行为建立的分布式行为模型中，规定群体每个个体的行为只和其周围的近邻个体有关，个体只需遵循聚集、对齐和分离规则即可。此后，Tu 和 Terzopoulos[38]开发了具有物理外观和运动特性的、能够感知环境和决策的人工鱼群模型，在模型中他们采用计算机视觉来模拟虚拟的感知器官，并且每个个体都以感知—动作模式生存，从而表现出包括激发、自学习、自适应等群体智能行为。

第三种群体性建模的方法则是近年来开展的基于高级智能行为的认知模型建模。由于物理模型和生物模型更多的是从个体的行为角度来对群体行为进行仿真建模，没有考虑到社会学和心理学等因素对群体行为的影响，因此近年来人们通过将人工智能领域的认知过程应用到复杂系统建模中开展大规模群体行为的仿真研究。Granovetter 开发出一个人群行为的"阈值模型"来模拟人群的暴乱，这个模型描述了集群行为中个体决策的博弈问题，个体的损失或收益有赖于其他成员的决策，关键概念在于"阈值"，即个体决策前其他个体决策的比例或数量，以及集体利益大于集体损失的临界点[39]。Jager 等使用多 Agent 技术模拟了两类人群的聚集和冲突，当两群人相聚在同一空间时，许多结果是可能的，这取决于组织和场合的类型[40]。Epstein 使用多 Agent 计算方法对种族冲突进行了仿真，提出了两种民用暴力模型，模型关注生成特定的特征现象和核心动力学，而不需重建任何特定案件的细节[41]。

国内对于集群行为的仿真研究有限，常宁宁[42]利用智能体技术对骚乱个体进行建模，应用元胞自动机理论建立了骚乱状态下个体的行为决策模型。王丽新和唐好选[43]提出一种情绪传染模型，并以此为基础建立了一个具有情绪互动的群体仿真系统。通过模拟智能体情绪传染机制，呈现了群体行为的涟漪效应，达到了情绪影响群体行为的目的。赵宇宁和党会森的模型基于 Agent 建模与元胞自动机技术，引入了影响人行为的 3 个因素：不满、理性、威慑。构建了行为阈值函数来确定人的行为规则，分析并得到 3 个因素在群体性暴力事件发展过程中不同阶段的权值。通过实验仿真，再现了群体性暴力事件的 3 个典型场景，描绘了 3 个因素随时间变化的曲线，为警察制止群体性事件演化为暴力事件提供了指导[44]。

目前，群体行为的仿真研究主要集中于大规模人员疏散或各类大型活动的安保等方面，而对于枢纽机场旅客群体性事件中成员行为表现出的非理性和趋同性，尤其是群体的规范压力对最终引发群体性事件的作用机理还缺乏深入的探讨。

1.3 基于视频分析的旅客群体行为研究

1.3.1 多视域人体跟踪

目前，基于视频处理技术对多视域下的人体进行跟踪已经取得相当程度的理论研究成果，并取得了初步的应用成果。20 世纪 90 年代美国国防部高级研究计划署(DARPA)联合卡内基·梅隆大学(CMU)、麻省理工学院(MIT)等高校共同研制了视觉监控项目VSAM[45,46]。该项目利用视频处理技术和其他人工智能技术开发一种较为先进的自动视频理解系统，以便实现战场上的多视域全方位监控，解决战争中人工监控劳动强度大和监控场景极度危险或人力无法监控等难题。马里兰大学的科研人员深入研究了多视频监控中的人体检测与跟踪以及人体运动行为分析等计算机视觉领域的问题[47-49]。多视域人体跟踪问题已然成为国际上重要的研究热点。

现有多视域人体跟踪方法主要有目标特征和基于模型的方法。基于目标特征的方法主要考虑运动目标的颜色特征，如通过平均整个目标的颜色来模型化目标外形和使用颜色直方图描述目标外形的方法[50,51]。考虑到多视域场景下不同摄像头之间的亮度可能发生变化，有些学者在不同的摄像头之间建立起两两摄像头之间的亮度变换函数[52,53]。在基于场景模型的方法中，Makris 和 Ellis[54,55]提出了活动模型，但是仅适用于单摄像头或者重叠的多视域场景，不适用于非重叠的多视域场景。Junejo 和 Javed 构建的路径模型包含路径冗余信息，于是提出结合目标颜色特征和活动模型实现基于非重叠多摄像头的目标跟踪的解决方案[56,57]。

多视域目标跟踪主要包括特征选取以及目标特征匹配两个方面。现有研究主要选取颜色特征[58-60]、空间结构[61,62]以及将颜色和空间特征相结合[63-69]来作为多视域目标跟踪的人体特征。这样选取的特征提取较为简单，且区分度较强。Doretto 等[58]、Chae 和 Jo[59]采用颜色特征来区分人体，在光照恒定的条件下取得了较好的效果。但是当光照有较大变化时，仅仅依靠颜色进行区分会导致较大的误差。而且一旦拍摄视角发生变化，人体颜色特征也会发生较大改变。Madden 和 Piccardi[63]将人体形状与颜色相结合组合成人体视觉特征。但是他们仅利用了身高作为人体形状特征。现实中人与人的身高差距并不明显，将身高作为人体形状特征时区分度不高。Hori 等[65]将步态特征作为人体特征来跟踪行走的人体。步态特征可以作为人体形状的另一大视觉特征来弥补身高特征的不足，但是计算复杂，区分度不高。

选取了合适的人体特征之后，需要建立恰当的特征匹配机制对人体特征进行匹配。已有研究往往采用最近邻法[61]和支持向量排序法[68]对人体特征进行匹配。这些方法在单视域中可以取得良好的效果，但在多视域情况下往往效果不佳。多视域场景中存在很多场景参量，不同视角下参量会发生变化，不同时间节点参量也可能发生变化。这些参量包括颜色特征、空间结构以及光照条件等。不同视角、不同时间段内的参量变化使得多视域场景下的人体跟踪十分复杂，需要找到对视角变化、光照变化等具有鲁棒性的人体特征。此外，已有的人体跟踪算法模型泛化性不强，在不同视域之间无法很好地关联。前一个视域的特征模型无法很好地应用在下一个视域中，导致跟踪效率不高。

国内的中国科学院自动化研究所模式识别国家重点实验室[70]在智能视频监控领域进行了深入研究，并在人脸检测与跟踪、交通场景跟踪、多摄像机联合跟踪、人体运动的视觉分析等方面取得了许多重要的科研成果。吴金勇等[71]通过多个摄像头对异常入侵检测的研究可实时监控当前场景。上海交通大学模式识别与智能系统研究所与上海市政府合作研发的城市交通监控系统，可以通过多视域监控系统对车辆和行人进行实时监测，并对违章目标进行跟踪，从而实现对整个城市交通网的实时监控。除此之外，国内一些高校如北京航空航天大学、清华大学、国防科技大学也进行了相关方面的研究。

1.3.2　人体运动特征研究

20 世纪初，英国和法国等欧洲国家先后分别设立了 ADVISOR[72]项目和 CAVIAR[73, 74]项目。ADVISOR 项目主要对个人或人群的行为进行分析，开展了人群密度估计以及如何进行高效的人机交互等方面的科学研究。CAVIAR 项目主要研究如何对商场中顾客的行为进行自动分析，通过比较得出顾客感兴趣的商品，并对商场的布局进行改进。此外，还有 BEHAVE[75]项目通过视频处理技术对监控场景中的异常行为进行检测、提取和分析，广泛应用于斗殴事件报警、偷盗事件报警等多种应用场景中。

目前人体运动特征方面的研究主要集中在交通检测领域。现有研究主要对路面交通的车辆排队长度进行检测，从而为交通服务决策优化提供支持。Higashikubo 等[76]通过采样的方法利用车辆队列到达的采样点计算车队长度。这种方法需要进行事先采样，并且当摄像机参数改变时也需要重新标记采样点的位置，难以大规模推广。Fathy 和 Siyal[77]利用摄像机标定的方法建立 2D 图像坐标到 3D 世界坐标的转换模型来计算队列的长度。Rourke 和 Bell 提出了一种基于 FFT 的交通队列检测方法[78]，该方法对检测区域图像进行采集，根据有车和无车图像对应频谱的不同，检测公路上是否存在车辆。该方法通过建立窗函数来减少计算量，但计算量仍然很大，该方法没有定量给出检测到的队列长度。后来，有些研究者在提出的算法中也没有给出相对准确的车辆排队长度[79, 80]。针对此情况，李岩和张学工提出一种新的视频检测方法，该方法将灰度检测与边缘检测结合来检测队列参数和计算队列长度。采用每 10 帧图像求平均值来处理视频流，以减小噪声的影响[81]。贺晓锋等[82]综合灰度检测和边缘检测的优点，提出了一种将灰度与边缘检测相结合的方法来检测队列长度，采用帧平均法来处理视频流，可以减小由于摄像头抖动或背景微小变化而产生的误差。任慧[83]介绍了一种较新的将运动检测和车辆存在检测结合的视频检测方法，来检测和计算队列长度。杨永辉等[84]实现了一个完整的车辆排队长度检测算法，检测算法分为车辆排队检测和队列长度计算两步，对白天和夜晚不同光照条件采用不同的队列检测算法，并实现了白天夜晚检测算法的自动切换。

1.4 航班处置研究

1. 航班延误处置方法研究

本书的研究基于旅客满意度进行动力学建模。在航班延误发生时，首要的目标就是恢复旅客行程，恢复旅客行程意味着恢复旅客满意度，因而恢复旅客满意度也包含在航班恢复方法中，因此将航班恢复方法作为航班延误处置方法研究的第一部分。同时，航班延误导致旅客群体情绪或行为，此时需要对旅客进行安抚以避免群体性事件的发生或进一步扩大。安抚旅客的过程也就是延误处置措施提供的过程，因此将群体性事件处置方法研究作为航班延误处置方法研究的第二部分。目前，国内外学者关于航班延误处置的研究较少，大部分研究还是集中在航班恢复或群体性事件处置的单方面研究。

(1) 航班恢复方法研究。目前针对大面积航班延误应对方法的研究主要集中在改进现有的航班恢复模型方面，主要分为两类：①直接以旅客收益最大化为优化目标，并且尽可能满足不同属性旅客的出行需求。例如，Thenvall 等[85]在多商品网络流模型加上了对模型所得解与原始航班计划表差距的惩罚因子，该模型可以处理航班取消、航班延误以及航班交换，其目标函数为最大化乘客收益。Bratu 和 Barnhart[86]提出航班延误时，以关联成本即总运行成本、总延误时间和取消成本最小为目标函数，综合考虑多方人员，制定航班恢复的解决方案。Lubbe 和 Victor[87]针对性地考虑了旅客的属性特点，以商务旅客为研究点，将航班延误对商务旅客造成的损失分为机会成本和社会成本损失，全面分析航班延误对企业所带来的损失。Etienne 等[88]基于飞机运行成本对航班延误的直接成本、商务旅客流失所造成的间接成本等进行估算。②以航空公司延误成本最小为优化目标，在模型中加入考虑旅客满意度下降所造成损失的参数项。例如，顾欣[89, 90]将旅客满意度的计算加入不正常航班的间接成本计算中，为决策人员提供了降低成本的参考标准。赵秀丽[91]改进一体化航班恢复数学模型，创新性地在航班延误成本中引入旅客失望溢出成本等。

(2) 群体性事件处置方法研究。针对群体性事件处置的研究从以下两个方面概述：①国内外学者对群体性事件的处置研究主要集中在制定处置预案、策略或提出处置方法等具体对策方面。例如，Gorringe 等[92]强调了警察的理性决策在群体性事件中的重要性。通过分析一系列针对政府的政策，强调了群体性事件的处置要依靠沟通和对话，因为它们可以进行持续的动态风险评估，从而改进指挥级决策。刘国乾[93]认为群体性事件属于突发性社会安全事件，其目的是表达群体本身的利益诉求，当事人主体应及时回应相关的合理诉求，并认为其程序应以审议协商机制为主，当事人和社会第三方共同参与，并且为保证其权威性应由权威、独立且值得信任的机关部门主持。刘德海[94]针对群体性突发事件，尤其是针对其矛盾对抗性特征，基于最大偏差原则，构建了多属性评价模型。此模型的处置原则为重点关注突出问题、重点解决群众意见较大的问题。②民航领域针对群体性事件的防控研究主要集中在制定应急预案等宏观策略方面，通过分析研究大面积航班延误存在的问题，评价航班延误等级，提出预防和应急处置的策略等。例如，刘小平[95]通过航班延误引发旅客群体性事件的因素划分，确定突发事件的警源，并运用非线性系统方法，构建旅客群体性事件预警体系。最后，在预警体系的基础上针对不同类警源提出相应的预警策略。Liu 等[96]针对昆明长水机场的大面积航班延误导致的群体性事件进行案例分析并得出群体性事件发生时，应做到满足旅客心理诉求，加强沟通；科学决策，准确把握形势，对任何可能加剧矛盾的情况做到防微杜渐；精益管理，形成高质量、高响应、高效率的航班延误处置链；实时情况评估和充分预测后果等。Yang[97]通过分析旅客群体性事件的发生原因，从机场当局、航空公司、机场公安机关、新闻媒体等方面出发，提出对策及建议。顾绍康和张兆宁[98]建立了对航班延误程度进行实时评估的指标体系，评估指标由"延误时间"和"延误范围"两个角度进行确定，从而实现对大面积航班延误程度的实时评估。张小莉[99]、曾麒铭[100]对航班延误预防及策略处置等方面进行研究，徐巧娜[101]、谢泗薪和李荣[102]对航班延误后服务质量的提升、服务改进与理赔方面进行研究。

2. 博弈理论在民航运输市场的应用研究

本书运用博弈理论对航班延误处置策略进行建模，对博弈理论的应用范围、解决的主要问题进行分类，包括延迟决策或自适应决策、有限理性、复杂性及混沌控制等方面和参数取值对博弈系统稳定性影响与改进市场需求模型等方面的研究。

(1)延迟决策或自适应决策、有限理性、复杂性及混沌控制等方面，如胡荣和张君[103]针对垄断竞争状况，构建双寡头航空公司动态价格模型。仿真结果表明：航空公司价格调整速度不仅显著影响模型的稳定性，还影响混沌状态和分岔时航空公司的平均利润，使其与均衡情况下对比，平均利润均明显降低。吴可菲[104]将非线性动力系统学应用在不同性质的双寡头 R&D 竞争上，仿真得出各寡头提高自身竞争优势的有效方法是增大产品的区分度。肖艳颖[105]应用博弈和产品差异化理论，构建了不完全信息状态下双寡头航空公司静态市场竞争定价博弈模型。经营同种航线、选择同种机队类型、同类型旅客的两家航空公司，在服务水平和产品价格等因素上是有明显差异的。这种博弈情况没有纯策略均衡，依据纳什均衡解的存在理论，经过求证混合战略均衡，得到如下结果：服务水平值和两方价格的数量关系相同时，其期望利益和市场份额的数量关系与之一致；当二者的两个影响因素关系变化程度不固定时，其市场份额与期望利益和其变化幅度有联系，也就是说其结果是随机性的。Aguirregabiria 和 Ho[106]依据"航线网络""市场威慑"等概念，分析了航空运输市场的动态竞争博弈模型。王锐兰[107]以两种航空公司价格竞争为出发点，分别研究了有限理性时完全信息静态博弈和不完全信息动态博弈，总结出不良价格竞争的原因，得出了实质上旅客的逆向选择会对价格竞争起推动的作用。

(2)参数取值对博弈系统稳定性影响与改进市场需求模型等方面，Askar[108]研究了古诺双寡头博弈中无转折点情况下基于需求函数的复杂增加现象，并且从散点图中比较了系统中双寡头间的产量关系，得到系统是否稳定与两种系统的参数值相关。李天睿等[109, 110]建立多寡头航空公司单航线和多航线产品动态博弈价格竞争模型，运用 MATLAB 软件进行分析和仿真模拟，仿真结果得到三个结论，一是在各项参数确定时初始值仅影响到达均衡状态的时间；二是博弈周期的无限增加会导致竞争进入无序状态；三是价格调整速度在稳定域内时，取得竞争优势可采取适时改变定价策略的方式。乔建刚和吴艳霞[111]在乘客出行效用竞争模型与双层规划博弈模型基础上，建立二者的定价优化模型，通过求解协同定价多层规划模型，得到专车和出租车协同定价的最优解。以天津市为例，调查乘客意向偏好，得到使客流比例较为稳定时的定价区间及分担比例，为用户提供更加多元化的出行方式。费熹[112]将城市 GDP 发展与任务定价相结合，利用博弈论以及心理线等方法，为"拍照赚钱"制定出合理的定价方案。张飞荣[113]首先建立两机场的航班竞争博弈模型，研究结果表明，一是机场的价格、航班量和收益情况均受机场自身容量与竞争对手的机场容量共同影响；二是机场容量的增大会造成自身价格下降、自身航班量增加、自身收益增加，而对手则相反。其次构建"两机场-两航空公司"的机场客源竞争博弈模型，结果表明，市场对称情况下，机场采取纵向联盟策略虽可获得更多的旅客，但收益并无增加；市场不对称情况下，机场采取纵向联盟策略可获得更多的旅客和更高的收益。谢英仪[114]建立基于旅客效用的 Logit 客运竞争模型并构建以企业收益和社会效益为目标函数的高铁与民航竞争博弈模型，对京沪通道中高铁与民航的竞争现状分析验证，研究结果表明，一是运输距离增加，民航的竞争优势递增，客运分担率上升；二是以企业收益最大化为目标时，高铁票价提升，客运收益上升，民航票价下降，客运收益上升；三是以社会效益最大化为目标时，高铁票价下降，客运收益和社会效益提升，民航票价下降，客运收益下降，社会效益提升。

第2章 不确定性因素对航班延误波及的影响研究

2.1 概 述

我国航班延误问题日益突出，从民航运行实际来看，一架航空器连续执行多个航班任务，并且航班计划安排紧密，不仅在航班运行的初始阶段可能由于不确定性因素的存在而产生航班延误，在航班运行全过程的各个阶段均可能受到不确定性因素的影响。不确定性因素一旦导致航班延误，还会引发一系列的不确定性因素的产生，从而造成更加严重的延误波及情况。众多航班之间的关联性以及空域和机场容量的日趋饱和，使延误难以被吸收。因此，不确定性因素下产生的航班延误不仅直接影响到航班及所在机场的运行秩序和安全，其对航班延误波及的影响作用还会借助航空运输网络传播扩散到关联机场甚至非关联机场，引起大范围的航班延误，对民航的运行安全和社会的安定和谐造成极其恶劣的影响。

本章针对航班安全运行机制，基于航空运输网络研究不确定性因素下的航班延误的波及扩散效应。首先，探究航空运输网络中的航班运行机制，挖掘导致航班延误的各类不确定性因素，并将这些不确定性因素结合航班运行机制分析航班运行的各个阶段可能受到的不确定性因素；其次，结合机场内航班运行机制，分析不确定性因素对各类航班运行的影响作用过程及程度，构建可描述此过程作用机理的有色-时间 Petri 网模型，根据此模型分析机场内航班延误波及效应，并对该理论进行仿真实例验证；再次，结合多机场间航班运行机制，分析不确定性因素在航班链上关联航班的影响作用过程，研究航班延误在航班链的上下游航班的纵向波及效应，结合上述机场内航班延误波及模型，构建可描述航空运输网络中不确定性因素对航班延误波及作用过程机理的有色-时间 Petri 网模型，提出延误纵向波及计算模型，并进行仿真实例验证；最后，基于信息共享原则构建航空运输网络中航班动态调度优化模型，并采用启发式模拟退火算法求解模型，通过仿真验证模型可缓解航班延误波及情况。

通过科学地分析不确定性因素在航空运输网络中对航班延误波及的影响作用程度，才能合理地预测其造成的资源和时间消耗，有条不紊地进行航班延误恢复调度和安排，合理地制定航班延误的处置措施，从而达到航班延误波及预警的目的，提高航班延误的恢复效率。

2.2 航空运输网络运行分析

本节针对航空运输网络，分别介绍航空运输网络的发展现状、相关运行概念以及不确定性因素影响下的航班延误特征等，为后续的研究做铺垫。

2.2.1 航空运输网络简介

1. 概述

网络由多个点和多条边组成,并且每条边都有与其相对应的一对点。其中,网络中的点常用来代表每个系统的个体,边常用来代表每个系统中个体与个体之间的相互关系及作用。具有方向性的边组成的网络称为有向网络,反之则称为无向网络。因此,网络包含大量的个体以及个体与个体之间的相互关系,从而用来描述某一系统或某一过程中的个体(节点)以及个体与个体间的相互关系(边)。

航空运输网络是由互相通航的若干个机场以航线的形式联结而成的网络系统,其主要构成元素为航空器、机场和航线。航空运输网络结构分为城市对式、城市串式以及轴-辐式[115]。其中城市对式和城市串式是民航业早期的传统模式。城市对式是指两个机场之间直线飞行的航线,城市与城市之间直接通航的模式;城市串式是指航班为了增补客源,在从始发机场到目的机场的途中进行一次或多次经停的运行模式;轴-辐式是指含有"轴心"和"辐网"的空间集合,"流"产生于该集合中,并在其中传播直至终止,通过寻找不同的连接方式使"流"的总成本(或时间的成本)最低[116]。

2. 发展现状

我国航空运输网络形成了跨省区航线为主干的辐射状连接的多个中心的全国若干线航空网络,并且部分省以省会或其重要城市为中心,以地方航线为主体,通过干线与全国航空运输网络相连,呈放射状的地区航空运输网络[117]。

北京—上海是我国航空运输网络中航运最繁忙且运输密度最大的航线,其中的 40 条航线运输能力最强,从数量上只占 1378 条航线的不到 3%的比例,却有超过 21.3%的供应能力。可见,我国的超大型城市之间的航线运输能力最强,然而这些城市的资源差距并不大。

2.2.2 航空运输网络航班运行基本概念

1. 终端区

终端区是为飞行活动密集的繁忙机场所划定的一定范围的飞行空间区域,为空域内的飞机提供安全、高效的空中交通服务,保障复杂飞行环境下空中交通流的有序性,是航空运输网络中的重要组成部分。终端区由进/离港点、标准进/离场程序、跑道、等待航线等基本元素组成。进场航班通过进港点进入终端区,管制员引导进场航空器沿着标准进场航路飞行,直至降落在目标机场跑道上。机场管制员引导飞机滑行至指定停机位。航空器离场过程恰恰相反,管制员向离场航班发布指令,航空器从停机位滑出,沿着指定的滑行路线滑至跑道完成起飞,直至加入航路中。

2. 安全运行间隔

终端区进/离场航空器之间的运行安全间隔主要分为:进场与进场(AA)、进场与离场(AD)、离场与离场(DD)以及离场与进场(DA)。其中 AA 间隔主要考虑连续进场航空器之间的尾流间隔，以及跑道运行模式带来的间隔(如相关平行进近，此时两架进场航空器有 4km 的斜距)；AD 间隔主要考虑跑道占用间隔，即主要针对同一条跑道既可以用于进场又可以用于离场的情况；DD 间隔主要考虑连续离场航空器之间的放行间隔；DA 间隔主要考虑实际运行过程中连续离场与进场之间的间隔，一般为 5km。

3. 跑道运行模式

我国各支线机场和干线机场均有单跑道和多跑道的运行模式。相较于单跑道而言，多跑道运行灵活，可提高机场的运行容量。目前，我国机场多跑道系统均为平行跑道，故本章主要针对平行跑道下的多跑道机场的航班延误横向波及进行研究。平行跑道是指多条跑道中线完全平行或者近乎平行。按照跑道间距将其分为宽距平行跑道与窄距平行跑道两类。跑道数量通常为两条和四条。

平行跑道采用仪表运行规则时，根据跑道中心线间隔与使用方式将其分为四类：隔离平行运行，飞机在其中一条只用于离场，另一条只用于进近的跑道上同时运行的模式；相关平行仪表进近，在平行跑道仪表进近的飞机之间需要配备规定的雷达间隔，在两条相邻的 ILS 航向道上同时进近飞机之间的雷达间隔不小于 4km 的进近运行模式；独立平行离场，在平行跑道上沿同一方向同时起飞的运行模式；独立平行仪表进近，同时在平行跑道仪表进近的飞机之间不需要配备规定的雷达间隔，飞机独立运行互不影响的进近运行模式。具体内容如表 2.1 所示。此外，平行跑道运行方式按照表 2.1 中四类模式组合结果又可分为两类：半混合运行和混合运行模式[118]。半混合运行是指以上四种模式的组合，包含两种方式。一种方式是一条跑道只用于进近着陆，另一条跑道可以采用表 2.1 中模式二或模式四进近着陆，或采用模式一起飞离场；另一种方式是一条跑道仅用于起飞离场，一条跑道可以按照模式一进近着陆或者模式三起飞离场。混合运行与之不同的是：它允许航空器在采用该模式的所有跑道上完成起飞离场和进近着陆[119]。

表 2.1　平行跑道运行方式

序号	运行模式	跑道间距/m	使用方式	间隔要求	特点
一	隔离平行运行	≥760	一条只用于进近，另一条只用于离场	无	不需要单独的监视管制员；同一跑道上不存在进近和离场航空器的相互作用，因而减少了可能的复飞次数；雷达进近管制员和机场管制员 ATC 总体环境的复杂程度较低；降低了驾驶员因选错 ILS 而出现差错的可能性
二	相关平行仪表进近	≥915	同时进近	配备规定的雷达间隔	不需要单独的监视管制员，有雷达进近管制员监视进近；对管制员的技术水平要求高
三	独立平行离场	≥760	相同方向同时起飞	当跑道间距≥760m 时，无间隔要求；当跑道间距<760m 时，考虑到尾流间隔的影响，航空器应按照一条跑道规定的放行间隔依次放行	缩短旅客等待时间，提高机场航班放行架次
四	独立平行仪表进近	≥1035	同时进近	无	缩短航空器在空中的等待时间，提高跑道容量

4. 过站时间

航班过站时间是航空器滑入停机位开舱门至其执行下一航班任务准备就绪关舱门之间的时间。过站时间包括最小过站时间和松弛时间。最小过站时间包括飞机机械检查、配餐、上下客等时间。通常会给航空器的地面过站时间一个冗余时间，即松弛时间[120]。松弛时间可以有效地吸收连续航班的延误时间。过站时间与机型有关，机型越大，过站时间越长。各机型航空器过站时间如表 2.2[121]所示。

表 2.2　飞机过站时间

飞机座位数	机型举例	最小过站时间/min
60 座及以下	DHC8，YN7，EMB145，DORNIER328，SAAB340	35
61~150 座	B727，MD82，MD90，BAE146	45
151~250 座	B767，A310，B757~200，B737~800	55
251~300 座	A300，B747~SP，B747~400，A340，A330~300	65
301 座以上	A380，B747~400P，MD11，B777，A330，IL86	75

5. 多机场系统

随着航空运输业蓬勃发展，飞行流量大幅增长，"一区多场"现象逐渐涌现。多机场进/离场航空器共享终端区空域资源，如进/离场定位点、进/离场航线交叉点、跑道等，多机场系统中的航班运行可以分为不同运行方向(机场不同)和不同运行类型(离场或进场)。可从宏观角度将多机场终端区视作服务台系统，终端区资源相当于服务台，而进入终端区系统的航班流则类似于输入，于是多机场终端区的宏观运行过程可抽象为图 2.1。

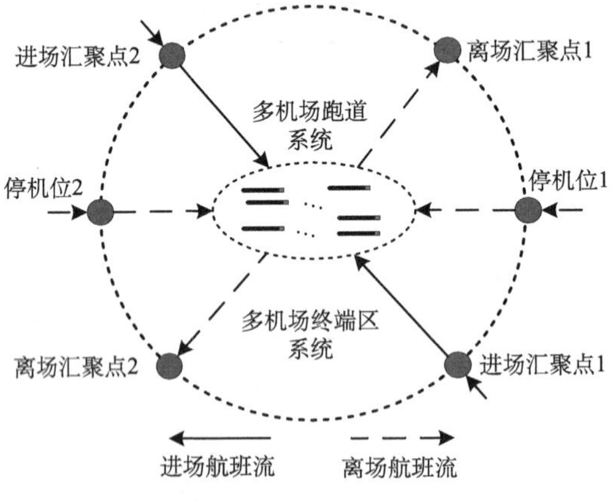

图 2.1　多机场终端区进/离场运行宏观过程示意图

相对于单机场运行，多机场运行的关键在于其公共资源——进/离港点。根据多机场终端空域结构与进/离场航班运行特征，描述多机场终端区进/离场运行的具体过程，如图 2.2所示。对于进场而言，延误导致航班到达进港点的时间延后；对于离场而言，延误导致航班到达离港点的时间推迟，同时尽可能使用地面等待策略，而非空中盘旋等待。到达进/离港点的延误除了在航班运行中一些不可控的不确定性因素外还存在航班之间的尾流间隔、移交间隔等约束；同理，跑道运行中需要考虑航空器安全间隔约束、跑道运行模式带来的间隔约束。总而言之，在多机场系统中由于跑道与进/离港点资源分配不合理，通常会导致终端空域拥堵和航班延误现状。

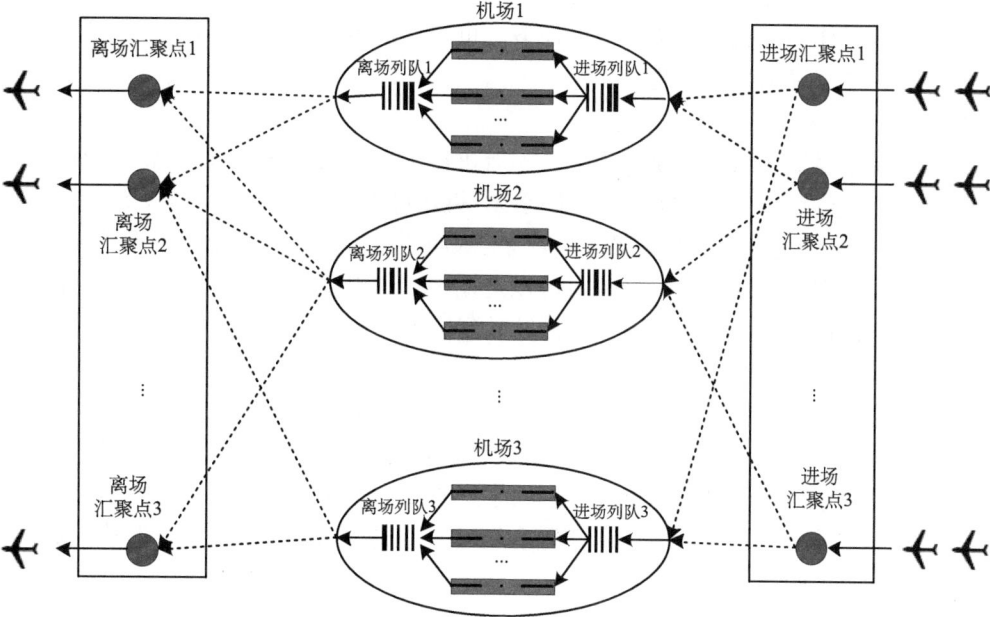

图 2.2   多机场终端区进/离场运行微观过程示意图

2.2.3   航空运输网络中不确定性因素

1. 不确定性因素根源

不确定性因素的产生可能源自五个方面：天气原因、航空公司、机场、空中交通管制、旅客及其他。

1）天气原因

在各类交通系统中，天气因素对航空运输的影响最大，从而导致大面积的航班延误及延误的波及。影响航班正常运行的天气有强降水(强降雨、强降雪)、台风、大雾、强对流(大风、雷雨、冰雹)、飓风，这些现象都严重影响跑道视程和能见度。天气因素不仅影响飞机的航路运行，更加决定了是否可以在机场起飞或降落。我国的各个区域都有自己的气象特性，例如，北方天气较为寒冷，青藏高原地区的高原气候对拉萨机场的影响较大，西南地区则因盆地较多雾[122]。同时，天气状况也考验了机组人员的技术水平、应急能力和飞机的安全标准。

2）航空公司

航空公司是航空运输的主办者，是连接旅客和航空运输的中间媒介。航空公司导致航班延误的因素有：航班计划制定不合理，例如，计划航班过站时间过短、同一时间段起飞着陆的航班量过大均容易引发航班延误；机票超售，航空公司为了获取最大利润，在经常发生座位浪费的航班上超售机票，最终导致超售的这部分机票的旅客无法正常登机[123]；运力调配不足，某航班被航空公司临时调用执行非本航线的任务，从而导致本航班无法按时完成飞行任务；飞机机械维修，飞机在准备执行航班任务前出现机械故障，需要进行维修来解决故障，如果故障较为严重势必会导致航班延误或取消；机组供应不足，包括机组工作人员已达到工作小时数无法执行航班任务，也包括机组工作人员疏忽，在过站阶段餐饮供应不足，这些情况都会导致航班延误。

3) 机场

机场是航空运输网络的重要因素之一，航班在机场内的任何环节出现问题都有可能引发航班延误，主要包括：机场的硬件设施问题，机场可提供的资源(停机位、跑道、滑行道、服务车辆)是否可以满足目前的航班量，若无法满足当前的航班必然会产生资源竞争问题；机场运行管理问题，机场内的设施是否可以定期维护，出现问题后是否可以及时检修以不影响飞机的正常运行，机务维修工作是否及时到位等。

4) 空中交通管制

空中交通管制的任务是防止航空器和航空器、航空器和障碍物之间相撞，加速和维护安全有序的空中交通流动[124]。因此空中交通管制对飞机是否可以准时起飞着陆起到关键作用。民航可用空域范围仅限于军航活动空域之外的部分，约仅占整个空域的 20%，并且近年来各航空公司的激烈争夺，使空域资源愈加紧张，旅客出游高峰时期，航线更加拥挤，从而导致航班延误的发生。

5) 旅客及其他

除了上述客观因素，旅客自身主观因素也同样会导致航班延误的加剧，例如，旅客晚到、机票丢失、行李丢失等这些因素均会导致航班延误，延误一旦发生，旅客首先将原因归咎于机场或航空公司，可能会引发旅客拒绝登机、群体性事件、旅客霸机从而加剧了航班的延误，因此，旅客既是航班延误的直接受害者，也是制造者。航班实际运行中如遇到军事活动、威胁飞行安全的事件、跑道入侵、机场场面检修、飞机损坏等因素同样会导致航班无法正点执行任务。

2. 航班运行中不确定性因素

航空器在航空运输网络中可能受到不确定性因素的影响从而导致航班延误，甚至引发机场单元内的横向延误波及或多机场间航班链上的纵向延误波及，本章重点研究航班在机场场面和航路运行的过程中这些潜在的不确定性因素对航班延误波及的影响。将飞机从撤轮挡准备起飞至再次着陆进入停机位的过程进行阶段细分，每个阶段均用方框表示，每个方框即可能发生不确定性因素的区域，如图 2.3 所示。

在离场阶段的停机位及旅客上客之前的阶段可能由于航路天气、流量控制、服务车不够用、旅客拒绝登机等因素导致飞机在机位上长期等待；航空器进入滑行道后可能遇到滑行道冲突等；从进入跑道到离开跑道可能遇到跑道关闭、跑道被占用等情况；离开终端区阶段可能由于航路天气、流量控制等因素导致航班无法正常起飞；巡航阶段是指航空器已离开终端区，该阶段可能遇到航路天气、流量控制、特殊情况(机械故障、不安全事件、流量等)、军事活动等不确定性因素。

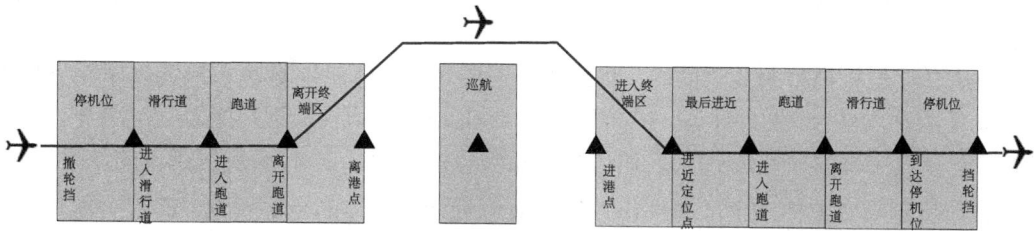

图 2.3　航班运行阶段细分

3. 不确定性因素扰动下航班延误事件的结构特征分析

将不确定性因素扰动下航班延误及延误波及的结构特征分为以下几个方面进行分析。

航班延误共性分析与事件描述：用"不确定性因素的作用过程导致航班正常运行秩序的破坏"描述航班延误的共性特征，结合突发事件包含的四个要素(致灾体、承灾体、孕灾体和作用形式)总结航班延误各要素之间的关系。将航班延误事件 $E = \langle H, \Theta, B \rangle$ 表示为：$H = \{h_i \mid i = 1, 2, \cdots\}$，$B = \{b_j \mid j = 1, 2, \cdots\}$，$\Theta$ 代表航班延误事件 E 的作用形式 Θ 集合，如图 2.4 所示。

图 2.4　航班延误事件的三要素关系图

其中，H 表示航班延误 E 的致灾体 h_i 集合，即引发航班延误的各种不确定性因素；B 代表航班延误 E 的承灾体 b_j 集合，即受到不确定性因素影响的航班；Θ 代表航班延误 E 对航班的作用形式 θ_k 集合，即延误、取消、返航等。

航班延误的作用形式：用航班延误的作用形式表达各种不确定性因素与航班之间的相互作用，用相关物理量来表示航班延误的作用形式，如表 2.3 所示。

表 2.3　航班延误事件的作用形式表

作用形式		致灾体属性	承灾体属性
名称	参数		
波及	时间	导致航班延误的不确定性因素	航班
	航班		
	机场		
	旅客		

描述作用的参数数值反映了航班延误的作用程度，由导致航班延误的不确定性因素和航班状态决定，不同的参数之间可以进行相互推导，并且在选择参数时可以根据不同的关注点来确定。

航班延误结构模型的数学描述：将航班延误中，致灾体属性集 Φ、承灾体属性集 Ψ 和作用集 Ξ 表示为 $\Phi = \{\Phi_i \mid i = 1, 2, \cdots\}$，$\Psi = \{\Psi_i \mid i = 1, 2, \cdots\}$，$\Xi = \{\Xi_i \mid i = 1, 2, \cdots\}$，其中，$\Phi_i$ 代表航班延误致灾体的属性，Ψ_i 代表航班延误承灾体的属性，Ξ_i 代表航班延误的作用形式。Φ 包含航班延误致灾体的全部属性，Ψ 包含航班延误承灾体的全部属性，Ξ 包含航班延误的全部作用形式。

4. 不确定性因素下航班延误在航空运输网络中的分析

对于航班量大的机场，过站时间安排紧凑，且可能在过站任意阶段由于资源紧张发生航班延误，受航班延误波及的影响较大，并通过航班链将航班延误波及扩散至网络中的其他机场，即航班延误的纵向波及扩散，如果扩散效应的后序机场是支线机场，由于其航班量较小，资源空闲，受航班延误的影响较小，即可终止航班延误的波及扩散效应；但是如果扩散效应的后序机场受航班延误波及的影响很大，那么延误航班将会横向扩散至机场内的其他航班以及按照上述机理继续波及扩散至航班链的后序机场。不确定性因素所引发的航班延误波及在航空运输网络的作用过程示意图如图 2.5 所示。

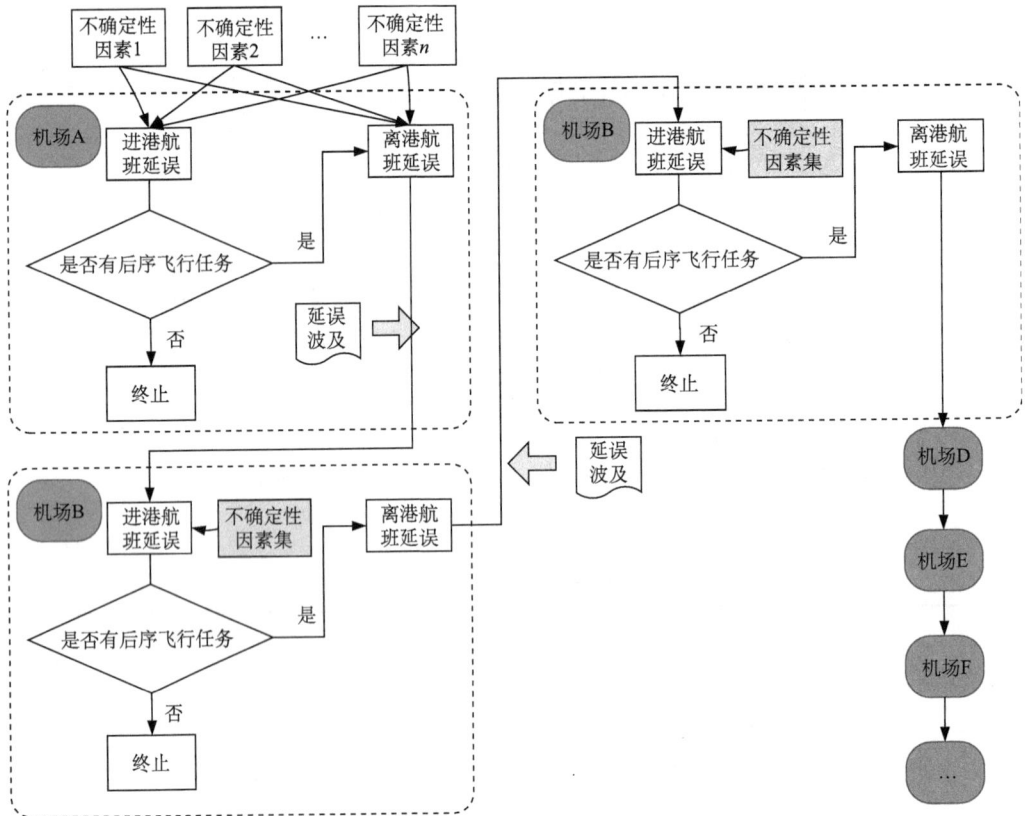

图 2.5　航空运输网络的作用过程示意图

将各类不确定性因素在时空网络模型中对航班延误的横向波及影响的数学概率设为 E_{i1}，记作 $E_{11},E_{21},\cdots,E_{n1}$；纵向波及影响的数学概率设为 E_{i2}，记作 $E_{12},E_{22},\cdots,E_{n2}$。在航空运输时空网络模型中，为分析不确定性因素在航空运输时空网络中对航班延误的发生、发展、扩散、恢复和消散的影响作用，计算任意不确定性因素在全网中所引发的航班延误波及概率如下：

$$A = \begin{array}{c} E_{12} \\ E_{22} \\ \vdots \\ E_{n2} \end{array} \begin{array}{cccc} E_{11} & E_{21} & \cdots & E_{n1} \\ \left[\begin{array}{cccc} a_{11} & 0 & \cdots & 0 \\ 0 & a_{22} & \cdots & 0 \\ \vdots & \vdots & \vdots & \vdots \\ 0 & 0 & \cdots & a_{nn} \end{array} \right] \end{array}$$

挖掘在航班运行的各个阶段可能产生的不确定因素，有利于更加准确定位不确定性因素的发生阶段，能够实现有效地预警在什么阶段、什么情况下可能发生航班延误。

2.3 基于 Petri 网的不确定性因素下单机场航班延误波及分析

机场终端区作为进近着陆、起飞离场以及航班飞越的交织区域，交通密集，环境复杂，是整个航空运输网络顺畅、有序、高效运行的核心与关键。本节根据单机场终端区进/离场航班运行特征，提出了一种基于有色-时间 Petri 网的航班延误波及模型。该模型综合考虑航班运行尾流、跑道运行模式、跑道占用时间等运行安全间隔等约束，同时设计基于信息共享的航班序列动态调节流程。选取上海浦东机场为背景，构建模型进行仿真实验。

2.3.1 单机场航班延误波及问题描述

机场终端区运行交织着连续航班[125]、终点航班、本场始发航班等，航班间运行模式错综复杂，且航班流量大，较容易诱发航班延误及延误波及问题。其中，连续航班尤为典型，考虑到航空公司的经济利益，前序进场航班过站后会继续转化为后序离场航班，这些注册号相同的航班即为连续航班。以国内某机场运行数据为例，某一天起降的 1120 个航班，其中连续航班占 53%，离场航班占 23%，进场航班占 24%，连续航班所占的比例较大。如果飞行计划运行密集，进场的延误会波及后序离场航班计划起飞时间。本章以上述三类航班为例，结合终端区空域结构以及管制运行方式，在满足安全间隔的前提下，分析三类航班可能受到的不确定性因素及其对延误波及的影响。各类航班终端区运行过程如图 2.6 所示。

航班 f_1、f_2 与 f_3 经当前机场管制后进场或者离场，其中 f_1 为本场始发航班，f_2 与 f_3 为进场航班。同时 f_2 为连续航班，经过当前机场后又加入离场航班队列。航班实际运行过程中各种各样的不确定性因素使一架航班的延误波及其他航班。例如，进场飞行时可能遇到流量控制、跑道关闭等影响因素；过站可能遇到服务车不够用、旅客拒绝登机等影响因素；离场滑出可能遇到滑行道被占用、天气等影响因素。

本节针对单机场航班延误波及过程进行分析。根据航班运行过程构建不确定性因素影响下的单机场航班延误波及模型，对于进场航班延误波及研究从前站机场起飞至降落于目的机场这一过程；对于离场航班中的本场始发航班则是从计划起飞至实际起飞这一过程，对于离场航班中的连续航班需在本场始发航班的基础上加入过站过程。

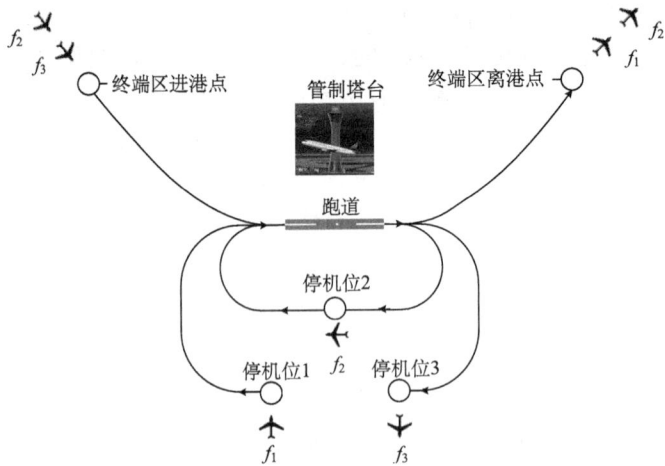

图 2.6　各类航班终端区运行过程示意图

2.3.2　Petri 网基本理论

应用 Petri 网理论进行建模和分析，尤其可以清晰地展示系统的进程或部件的顺序、同步、并发以及冲突等关系。相较于其他系统网模型，准确描述离散事件的接连发生和状态变化是 Petri 网的优势。Petri 网不但能够展示系统的结构，同时可以刻画系统的动态行为。Petri 网不仅有直观形象的图形表达方法，也可以加入其他相关数学方法对其进行性质分析。若系统较为烦琐，Petri 网可以对系统分层描述，便于使用面向对象的建模方法。

1. Petri 网 (PN) 基本定义

定义 2.1　定义一个六元组 $\sum = \{P, T; F, W, K, M\}$ 为一个 Petri 网系统，其中 $N = \{S, T; F\}$ 为有向网，称为 $\sum$ 的基网，则：

(1) $P = \{p_1, p_2, \cdots, p_n\}$ 为库所的有限集合，其作用是存放资源，即托肯。

(2) $T = \{t_1, t_2, \cdots, t_n\}$ 为变迁的有限集合，其作用是发生事件利用托肯产生新的托肯。

(3) $F \subseteq P \times T \bigcup T \times P$（"$\times$"为笛卡儿积），表示托肯移动的流关系，在图形中表现为弧。

(4) K 是集合 P 到自然数的映射，为 PN 的容量函数。

(5) W 是 PN 上的权函数，$W = W(f)$ 是指弧 $f = (p, t)$ 的权重。

(6) M 是 $\sum$ 的一个标识，满足 $\forall p \in P, M(p) \leqslant K(P)$。

定义 2.2　标识网系统 $\sum = (S, T; F, M)$，并具有下面的变迁发生规则。

(1) 对于变迁 $t \in T$，如果：

$$\forall s \in S : s \in t \rightarrow M(s) \geqslant 1$$

则变迁 t 在标识 M 有发生权，记为 $M[t >$。

(2) 若 $M[t >$，则在标识 M 下，变迁 t 使能，从标识 M 发生变迁 t 得到一个新的标识 M'（记为 $M[t > M'$），对 $\forall s \in S$，有

$$M'(s) = \begin{cases} M(s)-1, & s \in t - t \cdot \\ M(s)+1, & s \in t \cdot - \cdot t \\ M(s), & \text{其他} \end{cases}$$

定义 2.3 设 $\sum = (S,T;F,M)$ 为一个基本网系统，t_1、$t_2 \in T$，m 是 $\sum$ 的一个标识，如果：

（1）$m[t_1 > \wedge m[t_2 >$

（2）$m[t_1 > m_1 \to m_1[t_2 > \wedge m[t_2 > m_2 \to m_2[t_1 >$

则称 t_1、t_2 在标识 m 下并发。

定义 2.4 设 $\sum = (S,T;F,M)$ 为一个基本网系统，t_1、$t_2 \in T$，m 是 $\sum$ 的一个标识，如果：

（1）$m[t_1 > \&\& m[t_2 >$

（2）$m[t_1 > m_1 \to \neg m_1[t_2 > \wedge m[t_2 > m_2 \to \neg m_2[t_1 >$

则称 t_1、t_2 在标识 m 下冲突。

如图 2.7 所示，t_1、t_2 均有发生权，相互冲突；s_1、s_2 同时获得托肯，即为并发。

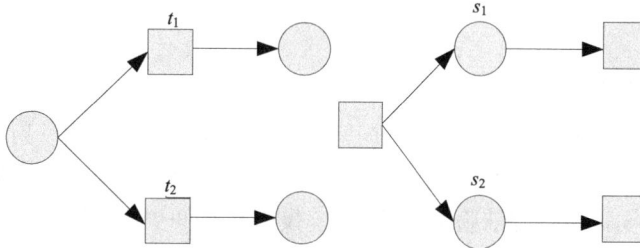

图 2.7　冲突与并发

2. 有色 Petri 网（CPN）

对于一个 PN，其中的托肯都具有相同的属性，当需要详细描述个体的变化过程时，不便于模型的表达和问题的理解。为增加模型的表达能力，同时简化模型，将发挥同样作用的元素合并，明显减少元素的个数，提出了有色 Petri 网（CPN）的概念[126]，因此 CPN 是对基本 PN 的一种折叠和抽象，并不是提高了网系统的模拟能力。

在 CPN 中，当对托肯赋予不同的颜色时，一个库所就可以包含几类对象，一个变迁也可以表达几种不同的变化[127]。一个含 k 种颜色的 Petri 网系统可以用 k 维向量来表示，每个库所内的 k 维向量代表库所包含的颜色的标志个数，并且每个分量代表一种颜色，分量值代表该颜色的标识个数。每个变迁只有在满足条件的情况下才可使能，并且变迁使能后会引起标识的变化，这些都可以通过对变迁的输入弧和输出弧上用 k 维向量表示的权值来表示。

定义 2.5 若 $\sum = \{P,T;F,C,W,I,M\}$ 称为有色网系统，则：

（1）$(P,T;F)$ 是一个有向网，称为 $\sum$ 的基网。

（2）M：$\sum$ 的一个标识，符合条件 $\forall p \in P : M(P) \in C(p)$，即 $M(p)$ 是 p 的托肯色集合

上的多重集。

(3) C 是颜色的有限集合 $C = \{c_1, c_2, \cdots, c_k\}$，$L(C)$ 代表定义在颜色集 C 上的一个非负整数系数线性函数，$L(C)_+$ 标识系数不全为零的 $L(C)$，即

$$L(C) = a_1c_1 + a_2c_2 + \cdots + a_kc_k$$
$$L(C)_+ = b_1c_1 + b_2c_2 + \cdots + b_kc_k$$

其中，$a_i, b_i (i = 1, 2, \cdots, k)$ 均为非负整数，且 $b_1 + b_2 + \cdots + b_k \neq 0$，则有

$$W: F \to L(C)_+$$
$$I: T \to L(C)_+$$
$$M: S \to L(C)$$

同样可以表示为 $C: P \bigcup T \to \Gamma(D)$，$\Gamma(D)$ 为颜色 D 的幂集合，对于 $p \in P$，$C(p)$ 称为托肯色，是库所 p 上所有可能托肯色的集合。$t \in T, C(t)$ 称为出现色，是使变迁 t 可以使能的所有可能颜色的集合。这些颜色可以是单色，也可以是复合色。

(4) W 代表流关系 F 到 k 维颜色集的映射(带颜色的权函数)；M 代表库所集 S 到 k 维颜色集的映射(带颜色的标识)；I 代表变迁集 T 到 k 维颜色集的映射。因此，使得对所有 $(p, t) \in P \times T$ 有 $I_{(p,t)} \in \left[C(t)_{\mathrm{MS}} \to C(p)_{\mathrm{MS}}\right]_L$，$M_{(p,t)} \in \left[C(p)_{\mathrm{MS}} \to C(t)_{\mathrm{MS}}\right]_L$。

3. 时间 Petri 网(TPN)

TPN 是在基本 PN 的基础上定义一个变迁集到某时间因素集的映射，时间因素一般为有理数、有理数区间或随机数值。分别表示变迁的使能所需时间或者变迁具备使能条件后可能使能的时间区间，用此方法将 Petri 网系统投影到时间坐标。因此，TPN 提供了系统的时间层次或随机品质方面的性能，进而可对相关属性进行分析。

定义 2.6 时间 Petri 网是一个五元组：

$$\sum = \{P, T; F, M, I\}$$

(1) $(P, T; F, M)$ 是一个原型 Petri 网。

(2) I 是定义在变迁集上的时间区间函数，即 $I: T \to R_0 \times (R_0 \bigcup \{\infty\})$，其中，$R_0$ 代表非负实数集。

对于 $t \in T$，如果 $I(t) = [\alpha, \beta]$，则在标识 M 下当变迁 t 满足使能条件时，至少要经过 α 个单位时间后才会使能，如果此期间没有其他变迁发生从而改变系统的标识，则至多经过 β 个单位时间此变迁才可使能。时间 Petri 网中变迁的使能是瞬时的，变迁一旦使能，便立刻改变系统的标识。由此可见，时间 Petri 网运行是从全局时钟的角度进行的，假设系统的初始标识出现的时刻为零时刻(即运行的起点)。在各个可达标识下，可以使能的变迁可能要经过一段时间才能使能，不同的可达标识出现的时间也就不同，由此将系统的运行紧密联系起来。

在时间 Petri 网中表示时间持续的方式有两种[124]。第一种是将各事件的持续时间区间标注在库所旁，表示库所中的托肯要经过一段时间才能参与网中的运行(变迁的发生是瞬时的)。第二种是将时间标注在变迁旁，当变迁具有发生条件时还需经过一段时间才能发生或该变迁发生后立即从相应的输入库所移走托肯，但要经过一段时间才能在相应的输出库所

出现托肯。本节使用的是第二种方法。

2.3.3 基于 Petri 网的不确定性因素下单机场航班延误波及模型

1. 模型基本元素

机场内交织不同类型的航班，航班的运行错综复杂，涉及资源的竞争和互斥。根据时间 Petri 网和有色 Petri 网相关理论构建机场内不确定性因素对航班起降运行影响的 Petri 网模型，分析不确定性因素下航班延误的波及过程，如图 2.8 所示。

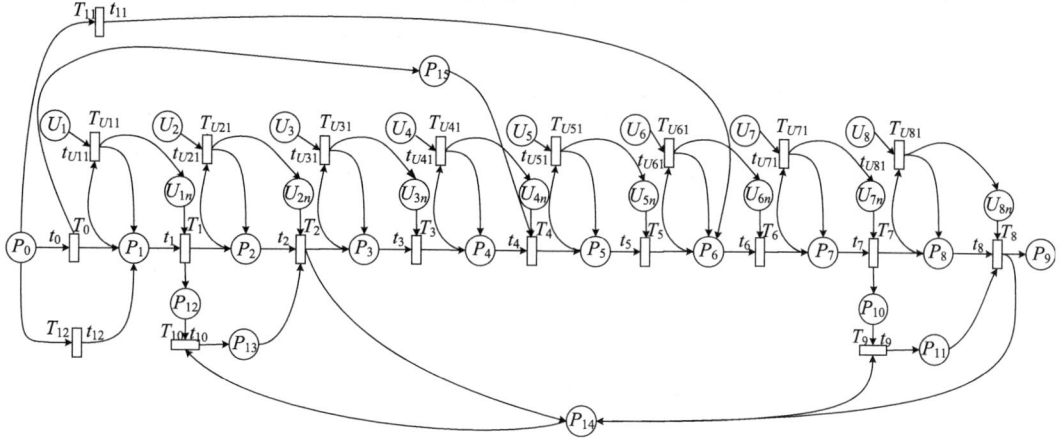

图 2.8　不确定性因素引发航班延误波及过程 Petri 网模型

从此模型结构及航班延误波及过程分析可以得出，库所共有三类：第一类，$P_0 \sim P_{15}$ 表示飞机所处的状态；第二类，$U_1 \sim U_8$ 表示不确定性因素集合；第三类，$U_{1n} \sim U_{8n}$ 表示不确定性因素集合取非，即当 $U_1 \sim U_8$ 中有托肯时，$U_{1n} \sim U_{8n}$ 则没有，反之亦然。这类库所的存在是因为当 U_1 中有托肯时，如果没有库所 U_{1n}，T_1 和 T_{U11} 是一种冲突关系，相应的 P_{U1} 和 P_2 是选择结构，飞机要么是正常降落，要么是解决不确定性因素，但此时前提是飞机已遇到了不确定性因素，只能选择去解决其带来的影响，即只能让 T_{U11} 使能。因此，设立和 $U_1 \sim U_8$ 相对立的库所 $U_{1n} \sim U_{8n}$，使模型更加完善。同时，模型充分考虑了管制间隔问题，P_{14} 为 ATC 总控制台，根据航班实际运行情况，当 P_{14} 中的托肯被移走后，飞机安全起降后又将托肯放回 P_{14}，等待对下一飞机进行管制。图 2.8 中其他库所和变迁的含义如表 2.4 所示。

表 2.4　模型各元素含义

库所	含义	变迁	含义
P_0	所有的航班集合	T_0	连续航班
P_1	飞机处于正常状态	T_1	飞机准备降落
P_2	飞机进入降落状态	T_2	飞机滑行至停机位
P_3	飞机处于降落完毕状态	T_3	飞机开舱门
P_4	飞机进入进行地面服务状态	T_4	飞机地面服务
P_5	飞机处于地面服务完毕状态	T_5	飞机等待下一航班起飞

库所	含义	变迁	含义
P_6	飞机处于下一航班起飞前等待完毕状态	T_6	旅客登机
P_7	飞机处于旅客登机完毕状态	T_7	飞机关舱门
P_8	飞机进入等待滑出指令状态	T_8	飞机滑行至跑道起飞
P_9	飞机进入航行状态	T_9	空管对飞机起飞进行管制
P_{10}	飞机发出准备起飞就绪信号	T_{10}	空管对飞机降落进行管制
P_{11}	空管对飞机发出起飞信号	T_{11}	本场始航班
P_{12}	飞机发出准备降落就绪信号	T_{12}	终点航班
P_{13}	空管对飞机发出降落信号	$T_{U11} \sim T_{U81}$	飞机遇到不确定性因素
P_{14}	ATC 总控制台		
P_{15}	判断飞机是否再次起飞		
$U_1 \sim U_8$	不确定性因素集		
$U_{1n} \sim U_{8n}$	不确定性因素集取非		

2. 模型属性添加

(1)为将终点航班、连续航班、本场始发离场航班这三类航班进行划分，以及表征飞机进入某一状态所需具备的条件，对模型中的托肯进行着色。

定义颜色：

$$Colour \quad set = \{F_1, F_2, F_3, L, LR, AL, AT, T, TR, UF_1 \sim UF_8\}$$

模型中各颜色含义及集合元素如表 2.5 所示。

表 2.5 模型中各颜色含义及集合元素

颜色	含义	集合元素
F_1	过站航班	$F_1 = \{a_1, \quad a_2, \cdots, a_n\}$
F_2	始发航班	$F_2 = \{b_1, \quad b_2, \cdots, b_n\}$
F_3	终点航班	$F_3 = \{c_1, \quad c_2, \cdots, c_n\}$
L	空管对飞机发出降落命令	$L = \{la_1, \ la_2, \cdots, la_n, \ lc_1, \ lc_2, \cdots, lc_n\}$
LR	飞机发出降落就绪信号	$LR = \{lra_1, \ lra_2, \cdots, lra_n, \ lrc_1, \ lrc_2, \cdots, lrc_n\}$
AL	空管对飞机降落进行管制	$AL = \{ala_1, \ ala_2, \cdots, ala_n, \ alc_1, \ alc_2, \cdots, alc_n\}$
AT	空管对飞机起飞进行管制	$AT = \{ata_1, \ ata_2, \cdots, ata_n, \ atb_1, \ atb_2, \cdots, atb_n\}$
T	空管对飞机发出起飞命令	$T = \{ta_1, \ ta_2, \cdots, ta_n, \ tb_1, \ tb_2, \cdots, tb_n\}$
TR	飞机发出起飞就绪信号	$TR = \{tra_1, \ tra_2, \cdots, tra_n, \ trb_1, \ trb_2, \cdots, trb_n\}$
$UF_1 \sim UF_8$	不确定性因素集 $U_1 \sim U_8$	$UF_m = \{uf_{m1}, \ uf_{m2}, \cdots, uf_{mn}\} \ (m \in [1, \ 8])$

对每个变迁定义一个变量的有限集合，此变迁严格围于此变量集合。这些变量都有其相应的类型或颜色集，变量的颜色集一般是与该变迁相连的库所内托肯的颜色所组成的集合。因此，本章定义了四个变量 x、y、z、w，通过对变量赋值来定义适当的变迁约束，例

如，T_0 的变量集合为 $\{x\}$，$\mathrm{dom}(x)=\{a_1,a_2,\cdots,a_n\}$；$T_1$ 的变量集合为 $\{x,y\}$，$\mathrm{dom}(x)=\{a_1,a_2,\cdots,a_n,c_1,c_2,\cdots,c_n\}$，$\mathrm{dom}(y)=\{\mathrm{lra}_1,\mathrm{lra}_2,\cdots\mathrm{lra}_n,\mathrm{lrc}_1,\mathrm{lrc}_2,\cdots,\mathrm{lrc}_n\}$，各变迁约束条件如表 2.6 所示。

表 2.6　模型各变迁约束条件

变迁	约束条件	变迁	约束条件
T_0	$x \in F_1$	T_{11}	$x \in F_2$
T_1	$(x \in F_1 \bigcup x \in F_3) \bigcap (y \in \mathrm{LR})$	T_{12}	$x \in F_3$
T_2	$(x \in F_1 \bigcup x \in F_3) \bigcap (y \in \mathrm{AL}) \bigcap (z \in L)$	T_{U11}	$(x \in F_1 \bigcup x \in F_3) \bigcap (w \in U_1)$
T_3	$x \in F_1 \bigcup x \in F_3$	T_{U21}	$(x \in F_1 \bigcup x \in F_3) \bigcap (w \in U_2)$
T_4	$x \in F_1 \bigcup x \in F_3$	T_{U31}	$(x \in F_1 \bigcup x \in F_3) \bigcap (w \in U_3)$
T_5	$x \in F_1$	T_{U41}	$(x \in F_1 \bigcup x \in F_3) \bigcap (w \in U_4)$
T_6	$x \in F_1 \bigcup x \in F_2$	T_{U51}	$(x \in F_1) \bigcap (w \in U_5)$
T_7	$(x \in F_1 \bigcup x \in F_2) \bigcap (y \in \mathrm{TR})$	T_{U61}	$(x \in F_1 \bigcup x \in F_2) \bigcap (w \in U_6)$
T_8	$(x \in F_1 \bigcup x \in F_2) \bigcap (y \in \mathrm{AT}) \bigcap (z \in T)$	T_{U71}	$(x \in F_1 \bigcup x \in F_2) \bigcap (w \in U_7)$
T_9	$(x \in \mathrm{AT}) \bigcap (y \in \mathrm{TR}) \bigcap (z \in T)$	T_{U81}	$(x \in F_1 \bigcup x \in F_2) \bigcap (w \in U_8)$
T_{10}	$(x \in \mathrm{AL}) \bigcap (y \in \mathrm{LR}) \bigcap (z \in L)$		

(2)飞机经过每个状态都需要一定的时间，并且时间各不相同，因此为每个变迁设定延迟时间。集合 $\mathrm{time}=\{t_i(1 \leqslant i \leqslant 12),\ t_{Uj1}(1 \leqslant j \leqslant 8)\}$ 是模型的时间集，t_i 表示变迁 T_i 发生所经历的时间，其中 t_9 和 t_{10} 代表相邻两架飞机之间的安全间隔，t_{Uj1} 表示变迁 T_{Uj1} 遇到不确定性因素所经历的时间。

2.3.4　单机场航班延误波及计算模型

1. 延误航班计算公式

根据航班进/离场的实际时间与计划时间之差，判断每架航班在不确定性因素作用时间已知情况下的延误时间，进而求得此航班计划中的总延误时间和总延误架次。

针对图 2.8 的航班延误波及模型，给出模型的相关参数符号与计算公式如下。

1)涉及的参数及符号。

st_i：航班 i 的计划到达或者起飞时间。

at_i：航班 i 的实际到达或者起飞时间。

ust_i：不确定性因素预计给航班 i 带来的延误时间。

$D_{\max}$：航班可接受延误水平。

其中 $i,j \in \mathrm{plane\_flight}$，$i$ 为前序航班，j 为后序航班。

2)相关公式。

(1)不确定性因素预计导致延误的时间：

$$\mathrm{ust} = x_{11}t_{U11} + x_{21}t_{U21} + x_{31}t_{U31} + x_{41}t_{U41} + x_{51}t_{U51} + x_{61}t_{U61} + x_{71}t_{U71} + x_{81}t_{U81} \qquad (2\text{-}1)$$

其中，x 为 0-1 离散变量，当某一不确定性因素发生时，其相应的 x 设为 1，否则为 0。

(2)连续航班 i 的计划和实际到达或起飞时间。

前序航班 i_1 的计划到达时间：

$$\mathrm{st}_{i1} = t_0 + t_1 + t_2 \tag{2-2}$$

前序航班 i_1 的实际到达时间：

$$\mathrm{at}_{i1} = \mathrm{st}_{i1} + t_{U11} + t_{U12} + t_{U21} + t_{U22} + t_{10(i-1,i)} \tag{2-3}$$

后序航班 i_2 的计划起飞时间：

$$\mathrm{st}_{i2} = \mathrm{at}_{i1} + t_3 + t_4 + t_5 + t_6 + t_7 + t_8 \tag{2-4}$$

后序航班 i_2 的实际起飞时间：

$$\mathrm{at}_{i2} = \mathrm{st}_{i2} + t_{9(i-1,i)} + t_{U31} + \cdots + t_{U81} \tag{2-5}$$

(3)终点航班 i 进入机坪的时间。

计划时间：

$$\mathrm{st}_i = t_0 + t_1 + t_2 \tag{2-6}$$

实际时间：

$$\mathrm{at}_i = \mathrm{st}_i + t_{U11} + t_{U21} + t_{10(i-1,i)} \tag{2-7}$$

(4)本场始发航班起飞的时间。

计划时间：

$$\mathrm{st}_i = t_{11} + t_6 + t_7 + t_8 \tag{2-8}$$

实际时间：

$$\mathrm{at}_i = \mathrm{st}_i + t_{U61} + t_{U71} + t_{U81} + t_{9(i-1,i)} \tag{2-9}$$

(5)判断第 i 架航班是否延误：

$$x_i = \begin{cases} 1, & \mathrm{at}_i - \mathrm{st}_i \geqslant D_{\max} \\ 0, & \text{其他} \end{cases} \tag{2-10}$$

(6)计算所有航班总航班延误架次：

$$\mathrm{DN} = \sum_{i=1}^{n} x_i \tag{2-11}$$

(7)计算所有航班总航班延误时间：

$$\mathrm{DT} = \sum_{i=1}^{n} \mathrm{at}_i - \mathrm{st}_i - D_{\max} \tag{2-12}$$

2. 基于信息共享的航班序列动态调整

由于不确定性因素的存在，进/离场航班的起降时间将会受到影响。例如，某航班由于不确定性因素的存在而霸占某一资源，后序所有航班因此而发生大面积延误。因此，基于及时有效的信息共享安排进/离场航班可以缓解不确定性因素带来的影响。特别是连续航班，前序进场航班的着陆时间不仅会纵向影响后序离场航班的起飞时间，而且横向波及其他航班的运行。因此，合理及时地更新前序进场航班的时间，可以提高资源配置的公平性、可预测性与及时性，进而降低航班延误。假设连续航班中前序航班为 i，后序航班为 j，则以连续航班为例，航班动态更新流程如下。

(1)计算前序航班 i 准备就绪时间 $a_i = \text{at}_i + \text{rot}_i + \text{vtt}_i + s_i$。

(2)后序航班 j 撤轮挡时间更新为 $b_j' = \max(a_i, b_j)$。

(3)后序航班 j 预计到达跑道时间更新为 $\text{st}_j' = b_j' + \text{vtt}_j$。

(4)根据 st_j' 更新航班 j 在可行解序列中的位置。

(5)根据航班 j 更新的位置确定最终起飞时间。其中，rot_i 为跑道占用时间，vtt_i 为滑行时间，s_i 为服务时间，a_i 为前序航班准备就绪时间，b_j 为后序航班撤轮挡时间。

2.3.5 应用举例

1. 实验准备

本章选取上海浦东机场(ZSPD)为仿真对象，根据航班延误波及模型，采用先到先服务策略(FCFS)，研究不确定性因素下航班延误波及情况。

浦东机场用于起降的跑道有 35L(起)、35R(降)与 34(可起可降)，其中 35L 与 34(用于降落时)采用相关平行进近模式，35R 与 34(用于起飞时)为独立平行离场，35L 与 35R 为窄距平行跑道。本次仿真案例中共 67 架航班，进场终点航班 16 架，本场始发航班 25 架，连续航班 26 架。

结合航班实际运行的情况，本实验在仿真过程中，需要考虑到以下限制因素。

(1)航班之间应保持的安全间隔。仿真过程中，所有安全间隔均转化为时间间隔，具体如下：进场航空器间(AA)的尾流间隔(表 2.7)，以及相关平行进近约束下所带来的平行斜距间隔(结合航空器速度给定 100s)；对于离场航空器间(DD)，实际管制工作中考虑放行间隔，即同方向离场取 180s，不同方向离场取 120s。进离场航空器间(AD)的间隔针对同一条跑道既可以用于进场又可以用于离场的情况，即本实验中浦东机场的 34 跑道，此时主要考虑前架进场航空器占用跑道时间所带来的间隔，仿真过程给定 60s。对于两条平行跑道，如浦东 35L 与 35R，一条用于进场一条用于离场，则不用考虑 AD 间隔。离进场航空器间(DA)的间隔主要考虑实际运行过程中连续离场与进场之间的间隔，一般为 5km，仿真过程结合航空器速度给定 100s。连续航班过站服务时间给定 40min，滑行时间为 20min，跑道占用时间为 1min。

表 2.7 进场尾流间隔标准　　　　　　　　　　　　(单位：s)

前机 ＼ 后机	重型(H)	中型(M)	轻型(S)
重型(H)	99	133	196
中型(M)	74	107	131
轻型(S)	74	80	98

(2)航班运行过程中所遇到的不确定性因素。仿真案例中假设不确定性因素影响进/离场航班最终起降的时间。以浦东机场 2016 年第二季度的 16899 架离港航班和 17929 架进港

航班为对象，对其进/离场延误分布进行拟合，得到如下分布曲线，如图2.9和图2.10所示。

离场拟合曲线：$f(x) = a_1 \exp(-((x-b_1)/c_1)^2) + a_2 \exp(-((x-b_2)/c_2)^2)$，其中，$a_1=0.127$，$a_2=0.04069$，$b_1=0.09012$，$b_2=20.23$，$c_1=11.97$，$c_2=28.17$，R-square（相关系数）为0.9879。

进场拟合曲线：$f(x) = a_1 \exp(-((x-b_1)/c_1)^2)$，其中，$a_1=0.08016$，$b_1=-0.2969$，$c_1=5.823$，R-square为0.9643。

从拟合曲线中可以知道，不确定性因素的扰动时间不仅推迟航班运行，也可能使航班的进/离港时间提前，如包机、调机。本实验根据所得到的进场和离场延误拟合度曲线，随机产生67个数据作为不确定性因素带来的影响时间，并分别作用于本实验中的每一个进/离场航班。

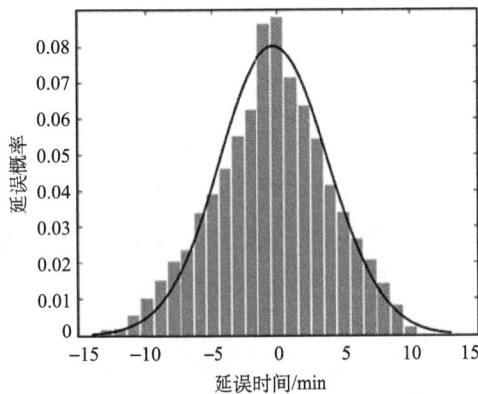

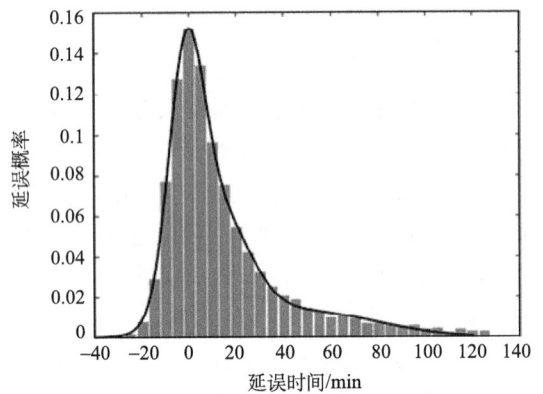

图2.9　浦东机场2016年第二季度进场延误概率分布　图2.10　浦东机场2016年第二季度离场延误概率分布

2. 结果分析

为评估不确定性因素带来的影响，实验过程中分别研究有和无不确定性因素下的结果，实现对比分析。根据2.3.3节的模型，实验可得出没有不确定性因素影响下进、离场航班总延误时间为176min，有不确定性因素时总延误时间为396min。由图2.11可以看出，有不确定因素时的航班延误架次明显大于无不确定因素时，并且两者均随可接受延误水平的提高而减少。

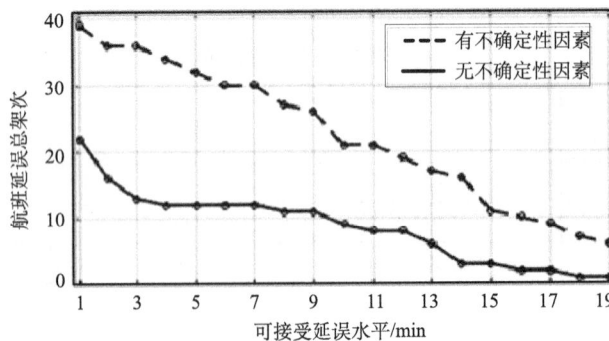

图2.11　不同可接受延误水平下延误航班架次

图 2.12 表示初始航班计划受到不确定性因素影响后，基于信息共享的航班起降顺序的动态更新过程。由图可知，由于不确定性因素的存在，航班起降顺序发生较大变化，动态调节进/离港顺序可以实现资源分配的公平性与合理性。考虑到航班运行的约束限制以及不确定性因素的存在，航班运行情况如图 2.13 所示。

由图 2.12 和图 2.13 相同位置直线上的航班序列对比可看出，本节所构建的 Petri 网模型可以安全有效地为进/离场航班划分时间资源，满足安全间隔的要求；每张图的实直线和虚直线上的航班序列对比可看出，Petri 网模型可以准确计算出不确定性因素对航班序列的影响时间，从而表征不确定性因素影响程度。显然，离场航班中由于有连续航班，这些航班的延误时间较长；同时，航班序列越密集，航班所受不确定性因素的影响越大，反之越小。

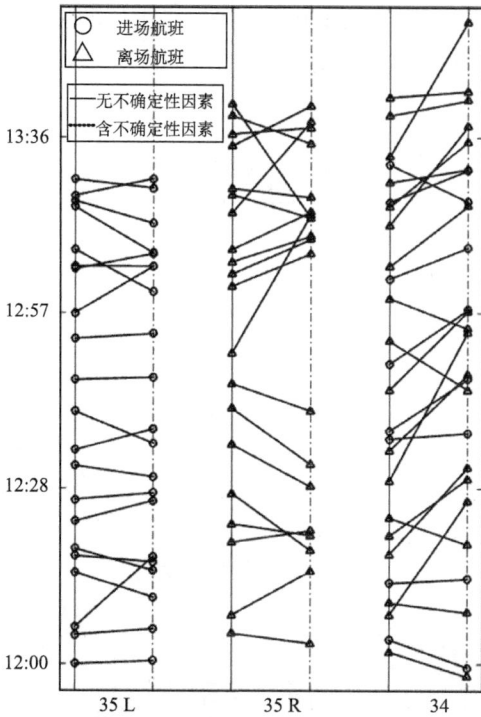

图 2.12　不确定性因素下航班序列图

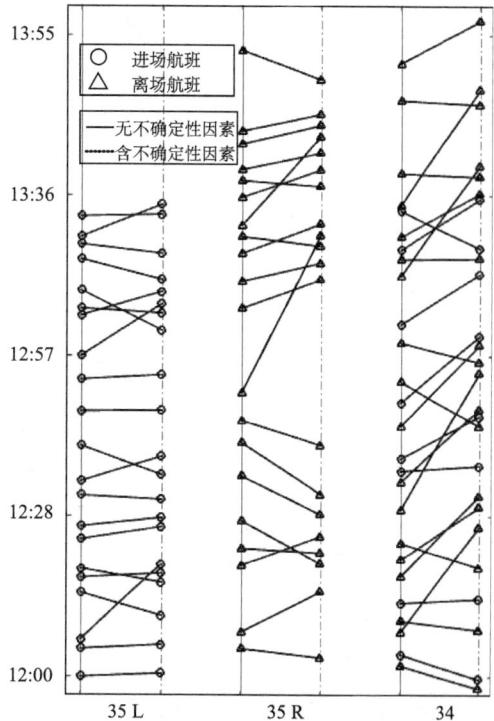

图 2.13　满足安全间隔的不确定性因素下航班序列

2.4　航空运输网络中不确定性因素对航班延误波及影响分析

基于 2.3 节不确定性因素影响下的单机场航班延误波及，本节深入研究航空运输网络中不确定性因素对航班延误波及的影响。首先，对不确定性因素影响下航空运输网络问题进行描述；然后，基于有色-时间 Petri 网对该问题进行建模，并提出模型的相关计算公式；最后，通过构建不同的仿真案例，从航空运输网络的宏观层面以及微观与宏观相结合的层面分析不确定性因素下航班延误波及过程及影响程度。

2.4.1 不确定性因素下航空运输网络问题描述

随着航空运输业的蓬勃发展，飞行流量大幅增长，航空运输网络中的航班运行面临巨大的挑战。而航空器在实际运行过程中又受限于各种不确定性因素的影响，这使原本就繁忙的航空运输网络更加拥堵，严重影响航班的运行效率与安全。如何处理好航空网络中各个机场之间的关系，协调配合，将不确定性因素带来的延误波及最小化，构建更有效的、满足大众需求的航空运输服务是亟待研究和解决的问题。不确定性因素影响下的航班延误波及分为横向波及与纵向波及。横向波及是指航班延误直接影响到航班和所在机场的运行秩序与安全，纵向波及是指由于航班计划越来越密集，航班在运行过程中一旦出现问题，缺少必要的调整余度，航班延误借助航空运输网络传播扩散到关联机场甚至非关联机场，引起大范围的航班延误，对民航的运行安全和社会的安定和谐造成了极其恶劣的影响，具体如图 2.14 所示。航班不仅在机场内会受到不确定性因素的影响，其在航线飞行的过程中也可能遇到航路天气、流量控制、特殊情况(如机械故障、不安全事件、油量不足等)、军事活动等不确定性因素。

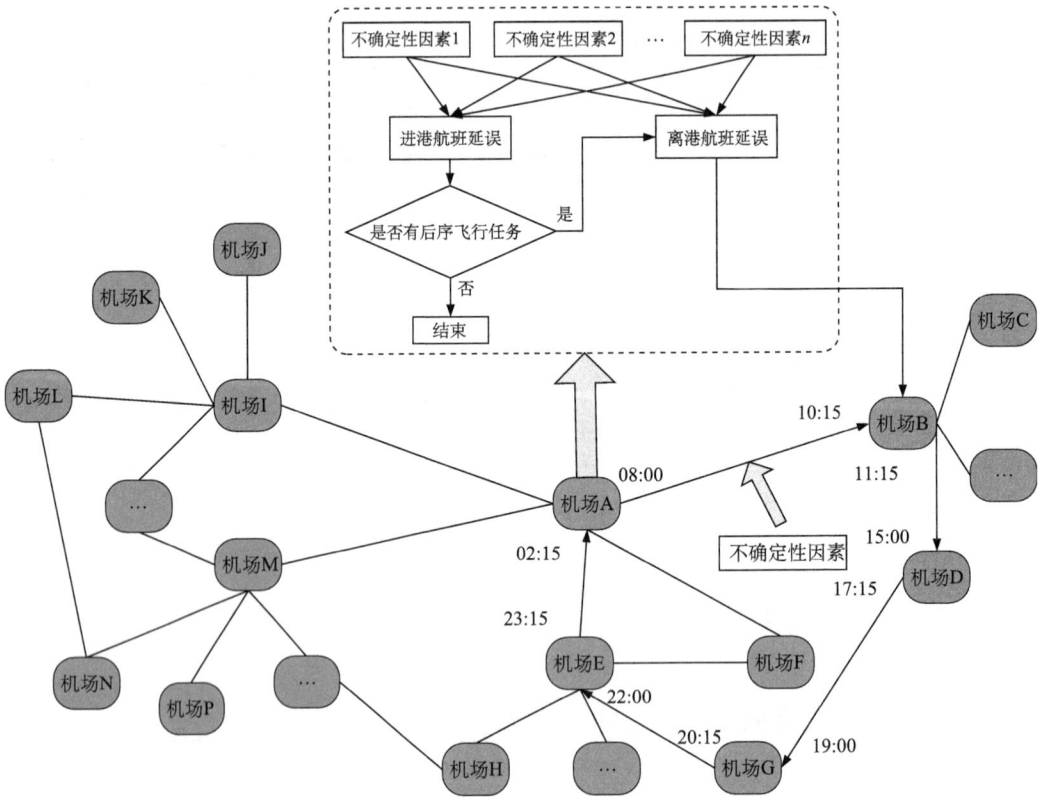

图 2.14　不确定性因素对航班运输网络延误波及过程示意图

2.3 节从微观层面研究机场内部的航班延误波及的影响，而对于整个航空运输网络，则是从宏观层面研究该问题。本节旨在从整个航空运输网络出发，做到宏观与微观相结合，探究不确定性因素发生时，多个机场之间航班延误波及情况。

2.4.2　基于 Petri 网的不确定性因素下航空运输网络航班延误波及模型

1. 模型基本元素

在航空运输网络中，航班运行一般呈环状链，飞机从一个机场起飞，经过几个机场后又降落至本机场，在航路飞行的过程中同样会受到不确定性因素的影响。

每架飞机所执行的航班任务的属性和数量均不同，以飞机在某几个机场之间的飞行任务为例，库所表示飞机所处状态或不确定性因素集合，变迁表示飞机执行从一个机场到另一个机场的航行过程，托肯代表飞机，构建多机场多航班有色-时间 Petri 网建模。每个库所都包含了飞机在本机场的降落、过站以及起飞过程，即此模型的每一个库所为第 2.3.3 节中模型的折叠。将不确定性因素作为扰动因素加入模型中，飞机在机场间的空中飞行过程可能受到的不确定性因素影响都是类似的，以执行三个航班任务的某架飞机为例，所建模型如图 2.15 所示。

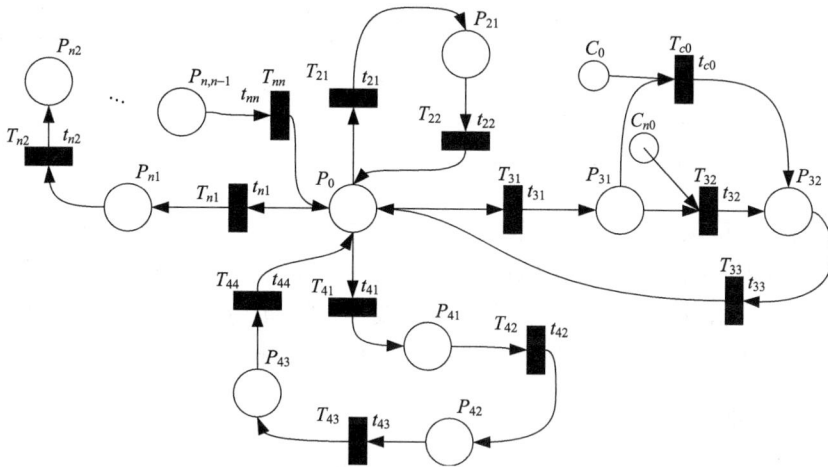

图 2.15　基于有色-时间 Petri 网的航班运输网络延误波及模型

模型各元素含义如表 2.8 所示。

表 2.8　模型各元素含义

库所	含义	变迁	含义
P_{nm}	飞机处于在机场内的状态	T_{c0}	飞机遇到不确定性因素
C_0	不确定性因素集合	T_{nm}	飞机正常航行
C_{n0}	不确定性因素取非		

注：n、m 为大于等于 1 的正整数

2. 模型属性添加

定义颜色：

$$\text{Colour} \quad \text{set} = \{\text{Pf}_2 - \text{Pf}_n, \text{Air}, \text{Uf}_A, \text{Uf}_G, \text{Tm}\}$$

模型中各颜色含义及集合元素如表 2.9 所示。

表 2.9　模型中各颜色含义及集合元素

颜色	含义	集合元素
Pf_n（n 为大于等于 1 的正整数）	执行不同航班数的飞机	$\text{Pf}_n = p_n$
Air	处于机场内并准备起飞的航班	$\text{Air} = \{A_1, \ A_2, \ \cdots, \ A_n\}$
Uf_A	空中不确定性因素	$\text{Uf}_A = \{\text{uf}_{a1}, \ \text{uf}_{a2}, \ \cdots, \ \text{uf}_{an}\}$
Uf_G	地面不确定性因素	$\text{Uf}_G = \{\text{uf}_{g1}, \ \text{uf}_{g2}, \ \cdots, \ \text{uf}_{gn}\}$
Tm	飞机采取相应措施	$\text{Tm} = \{\text{tm}_1, \ \text{tm}_2, \ \cdots, \ \text{tm}_n\}$

根据模型定义变量 x、y、w，各变迁约束条件如表 2.10 所示。

表 2.10　各变迁约束条件

变迁	约束条件
T_{c0}	$(x \in \text{Pf}_n) \bigcap (w \in \text{Uf}_A)$
T_{nm}（n、m 为大于等于 1 的正整数）	$(x \in \text{Pf}_n) \bigcap (y \in \text{Air})$

模型中航班在机场与机场间的航线运行需要大量的时间，并且时间各不相同，因此为每个变迁设定延迟时间。集合 time=$\{t_{nm}$（n、m 为大于等于 1 的正整数），$t_{c0}\}$ 是模型的时间集，t_{nm} 表示变迁 T_{nm} 发生所经历的时间，即航线飞行时间，t_{c0} 表示变迁 T_{c0} 遇到不确定性因素所经历的时间，即航班经过改航、备降后前往目的地机场的时间。

3.　多机场航班延误波及计算模型

针对图 2.15 的航班延误波及模型，给出模型的相关参数符号与计算公式如下。

st_i：航班 i 的计划到达或者起飞时间。

at_i：航班 i 的实际到达或者起飞时间。

ust_i：不确定性因素预计给航班 i 带来的延误时间。

uat_i：不确定性因素实际给航班 i 带来的延误时间。

s_i：航班 i 的过站服务时间。

c_i：连续航班 i 的最小过站周转时间。

r_i：航班 i 的过站松弛时间，即可吸收延误的时间。

其中 $i, j \in \text{plane\_flight}$，$i$ 为前序航班，j 为后序航班。

相关公式如下。

航班 j 的实际到达或者起飞时间 at_j 取决于 st_j 与运行安全间隔，具体参见 2.3.4 节。

航班 j 预计波及延误时间：$\text{ust}_j = \text{uat}_i$。

航班 i 的过站服务时间：$s_i = \text{st}_j - \text{at}_i$。

航班 i 的过站松弛时间：$r_i = \max(s_i - c_i, 0)$。

航班 j 的实际波及延误时间：$uat_j = ust_j - r_i$。

2.4.3 应用举例

1. 实验场景设计

本次仿真选取由机场 1～机场 6(Airport, AP)所组成的航空运输网络系统作为研究对象，如图 2.16 所示。其中机场 1 为枢纽机场，航班需求量大，连接其他各个机场，其余机场相对流量较小，并且各个机场之间相互通航。为了便于计算，假设各个机场仅单跑道运行，可以用于起飞和降落。运行间隔满足 2.3 节中的单机场运行安全间隔。

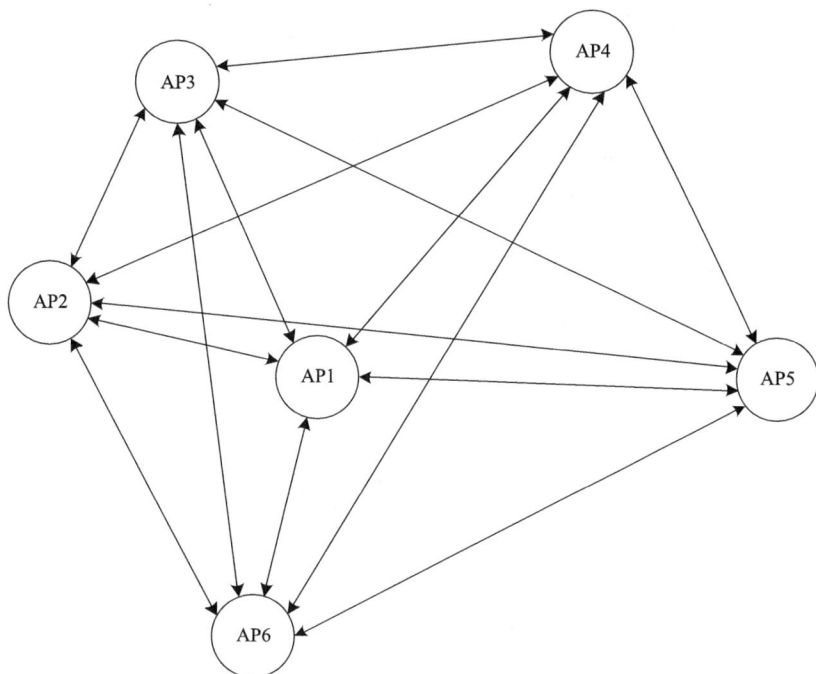

图 2.16　仿真实验的航空运输网络组成示意图

为了更好地分析不确定性因素对航空运输网络中航班延误波及的影响，仿真过程中设计了两个案例。案例 1 从宏观层面研究当某源机场出发的多个航班链受到不确定性因素影响而引发的初始延误波及下游机场的情况(区别于 2.3 节微观层面)；案例 2 研究航空运输网络飞行计划中某一航班发生不确定性因素而发生横向与纵向波及的情况(微观层面与宏观层面相结合)。

2. 仿真案例 1

案例 1 从航空运输网络宏观层面研究当源机场 AP1 发生不确定性因素时，航班延误波及下游机场的情况。选取 10:00～10:20 内从枢纽机场 AP1 出发的两架飞机 f_a, f_b。如图 2.17 所示，飞机 f_a 执行 f_{a1}～f_{a4} 四个航班计划，10:00 起飞，经过机场 AP1—AP6—AP5—AP4—AP1。各机场间飞行时间分别为：90min、80min、100min、120min。飞机 f_b 执行 f_{b1}～f_{b3} 三个航班计划，10:20 起飞，经过机场 AP1—AP3—AP2—AP1。各机场间飞行时间分别为：90min、60min、80min。中国民用航空局规定，由于飞机关闭舱门后至离开跑道起飞仍有一系列耗时的阶段，例如，启动发动机、离开停机坪、滑行到跑道，因此，一般机场规定距离航班时刻表的离港起飞时间延误 15min 以内的为正常航班，而北京、上海、广州、深圳等大型机场延误 20min 或 25min 以内为正常航班。结合以上规定和本实验中 6 个机场的繁忙程度，假设机场 AP2～AP6 航班延误 15min 以内视为正常航班，机场 AP1 延误 25min 以内视为正常航班。

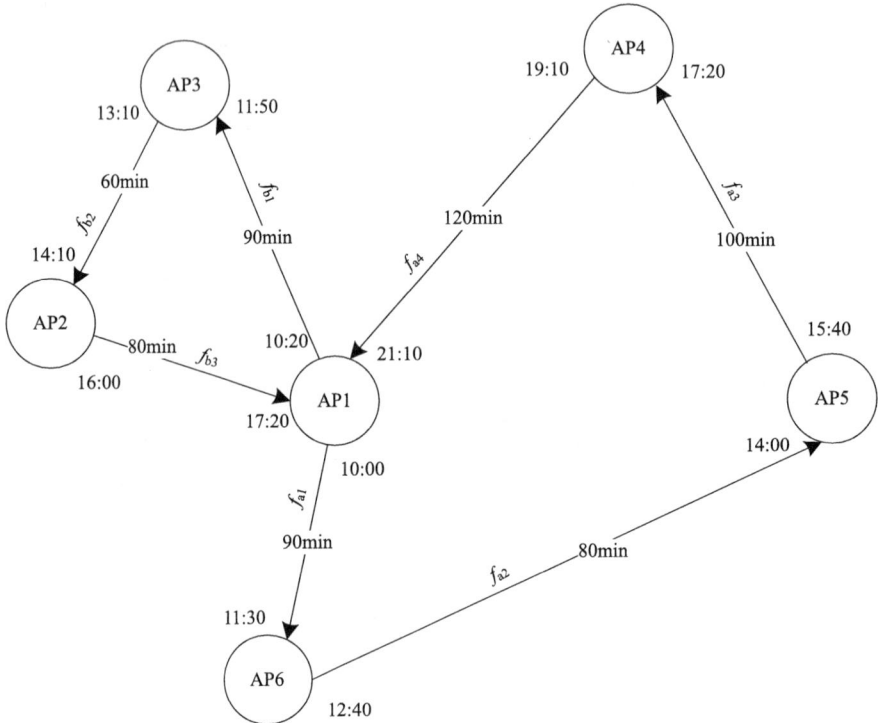

图 2.17　案例 1 飞机 f_a 与 f_b 运行示意图

并假设各个机场的最小过站周转时间为 60min，且飞行时间固定不变。根据 2.4.2 节的计算模型可以得到飞机 f_a、f_b 的运行时刻表如表 2.11 和表 2.12 所示。

表 2.11　不同程度的不确定性因素影响下飞机 f_a 的运行时刻表

机场不确定性因素作用时间/min	AP1 起飞	AP6 降落	AP6 起飞	AP5 降落	AP5 起飞	AP4 降落	AP4 起飞
30	10:30	12:00	13:00	14:00	15:40	17:20	19:10
60	11:00	12:30	13:30	14:20	15:50	17:30	19:10
90	11:30	13:00	14:00	14:50	16:20	18:00	19:10
120	12:00	13:30	14:30	15:20	16:50	18:30	19:30
150	12:30	14:00	15:00	15:50	17:20	19:00	20:00
计划时刻	10:00	11:30	12:40	14:00	15:40	17:20	19:10

表 2.12　不同程度的不确定性因素影响下飞机 f_b 的运行时刻表

机场不确定性因素作用时间/min	AP1 起飞	AP3 降落	AP3 起飞	AP2 降落	AP2 起飞
30	10:50	12:20	13:20	14:20	16:00
60	11:20	12:50	13:50	14:50	16:00
90	11:50	13:20	14:20	15:20	16:20
120	12:20	13:50	14:50	15:50	16:50
150	12:50	14:20	15:20	16:20	17:20
计划时刻	10:20	11:50	13:10	14:10	16:00

由航班 f_a 与 f_b 的运行时刻表可得知,不确定性因素影响下的机场延误波及情况如表2.13所示。

表 2.13　不同程度不确定性因素影响下航班延误波及情况分布表

AP1 内不确定性因素作用时间/min	机场延误量/min(最小过站周转时间为60min)						波及机场个数
	D_{AP1}	D_{AP2}	D_{AP3}	D_{AP4}	D_{AP5}	D_{AP6}	
30	30	0	10	0	0	20	2
60	60	0	40	0	10	50	3
90	90	20	70	0	40	80	4
120	120	50	100	20	70	110	5
150	150	80	130	50	100	140	5

由表 2.13 可知,当源机场受到不确定性因素影响延误量越大,其航班链延误波及的机场个数越多。在航班链中先经过的机场受延误波及影响较大,随机场内延误被吸收,航班链末位的延误量逐渐减小,但航空运输网络所能吸收的延误一定,当初始延误量达到某临界值时,延误将波及整个航空运输网络。

由表 2.14 可知,最小过站周转时间越小,其当源机场受到不确定性因素影响所波及的机场个数越少。因此,提高航班过站运行效率,缩短过站时间是航班延误的缓解措施之一。

表 2.14　不同最小过站周转时间情况下航班延误波及情况分布表

最小过站周转时间/min	机场延误量/min(AP1 内不确定性因素作用时间为120min)						波及机场个数
	D_{AP1}	D_{AP2}	D_{AP3}	D_{AP4}	D_{AP5}	D_{AP6}	
60	120	50	100	20	70	110	5
40	120	0	80	0	30	90	3
20	120	0	60	0	0	70	1

3. 仿真案例 2

为体现航空运输网络中航班延误在机场单元内的横向波及和在航班链上的纵向波及,

将航空运输网络运行的微观层面与宏观层面相结合，仿真案例 2 研究航空运输网络飞行计划中某一航班受不确定性因素影响从而引发的延误波及，并从延误的横向与纵向两方面进行分析，如图 2.18 所示。研究时段机场 AP1 的进港计划如表 2.15 所示。

案例 2 中航班 f_2 受到不确定性因素影响，从而影响在机场 AP1 的计划离港时间，例如，航班由于某种原因无法正常起飞却霸占登机口，此时延误的时间将波及当前机场其他进/离港航班，假设仿真案例 2 中不确定性因素给航班 f_2 带来的延误时间为 25min，其延误波及具体分布如表 2.16 所示。

由表 2.16 可知，航班 f_2 受到不确定性因素影响，延误将在机场内部横向波及 11 架航班，总计 132.3min 延误。而执行航班 f_2 飞行任务的航空器还将继续执行其他航班计划，经过机场 AP1—AP6—AP2—AP3—AP5。如果航班 f_2 在机场 AP1 的延误得不到吸收，将按照仿真案例 1 的情况纵向波及下游机场 AP6—AP2—AP3—AP5，进而引发连锁反应，在下游机场内部产生延误，如表 2.17 所示。延误借助航班链依次波及机场 AP6—AP2，在机场 AP2 内的过站阶段将延误完全吸收。

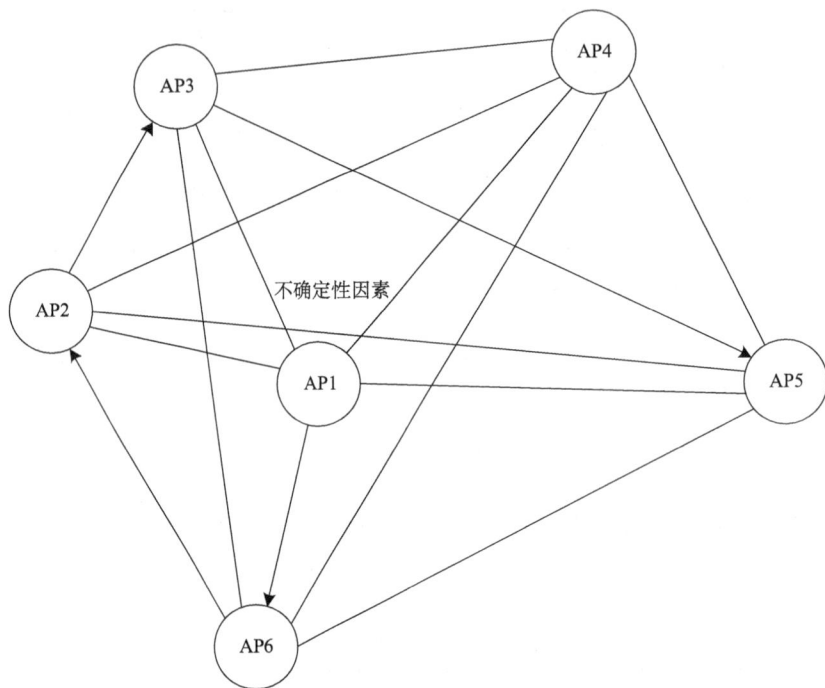

图 2.18　案例 2 航班 f 发生不确定性因素的运行示意图

表 2.15　研究时段进/离港航班计划时刻表

航班号	机型	源机场	目的地机场	计划进/离港时间	后序航班计划
f_1	M	AP2	AP1	10:00:00	—
f_2	M	AP1	AP6	10:05:00	AP1—AP6—AP2—AP3—AP5
f_3	M	AP1	AP3	10:09:00	—
f_4	M	AP1	AP5	10:15:00	—

航班号	机型	源机场	目的地机场	计划进/离港时间	后序航班计划
f_5	M	AP3	AP1	10:20:00	—
f_6	M	AP4	AP1	10:25:00	—
f_7	M	AP1	AP5	10:29:00	—
f_8	M	AP1	AP4	10:31:00	—
f_9	M	AP1	AP6	10:34:00	—
f_{10}	M	AP1	AP2	10:40:00	—
f_{11}	M	AP2	AP1	10:43:00	—
f_{12}	M	AP5	AP1	10:46:00	—
f_{13}	M	AP1	AP2	10:50:00	—
f_{14}	M	AP1	AP2	10:53:00	—

表 2.16　不确定性因素作用 25min 下航班 f_2 带来的横向延误波及分布

航班号	计划进/离港时间	实际进/离港时间（根据间隔）	延误量/min
f_1	10:00:00	10:00:00	0
f_2	10:05:00	10:30:00	25
f_3	10:09:00	10:32:00	23
f_4	10:15:00	10:34:00	19
f_5	10:20:00	10:35:40	15.67
f_6	10:25:00	10:37:27	12.45
f_7	10:29:00	10:38:27	9.45
f_8	10:31:00	10:40:27	9.45
f_9	10:34:00	10:42:27	8.45
f_{10}	10:40:00	10:44:27	4.45
f_{11}	10:43:00	10:46:17	3.28
f_{12}	10:46:00	10:48:04	2.1
f_{13}	10:50:00	10:50:00	0
f_{14}	10:53:00	10:53:00	0

表 2.17　不确定性因素作用 25min 下航班 f_2 带来的纵向延误波及分布

机场延误量	AP1 起飞	AP6 降落	AP6 起飞	AP2 降落	AP2 起飞	AP3 降落	AP3 起飞	AP5 降落	AP5 起飞
25 min	10:25	11:55	12:55	14:15	15:40	16:40	19:10	20:50	22:00
计划时刻	10:00	11:30	12:40	14:00	15:40	16:40	19:10	20:50	22:00

假设航班 f_2 是由于流控或者目的地机场限制而无法起飞，被迫停留登机口。在这种情况下，航空运输网络及时地信息共享是解决该问题的方法之一。信息共享包括各个机场之间、机场内部之间的共享。信息共享可以使机场给各部门通知航班 f_2 的起飞时间，合理调度飞行时刻表，使航班 f_2 让出登机口给后序离场航班。信息更新后的运行时刻表如表 2.18

所示，前后对比图如图 2.19 所示。由图 2.19 和表 2.18 可知，通过合理调节进/离港顺序，明显降低了机场内部的横向波及，进而降低了横向波及的那些航班所在航班链上的纵向波及。本章基于信息共享的航班序列调整仅仅局限于使用 FCFS 策略实现，如何通过更高效合理地利用优化算法实现航班动态调整将在 2.5 节重点介绍。

表 2.18 信息共享后延误波及分布情况（按实际时间排序）

航班号	计划进/离港时间	实际进/离港时间	延误量/min
f_1	10:00:00	10:00:00	0
f_3	10:09:00	10:09:00	0
f_4	10:15:00	10:15:00	0
f_5	10:20:00	10:20:00	0
f_6	10:25:00	10:25:00	0
f_7	10:29:00	10:29:00	0
f_2	10:05:00	10:31:00	26
f_8	10:31:00	10:33:00	2
f_9	10:34:00	10:35:00	1
f_{10}	10:40:00	10:40:00	0
f_{11}	10:43:00	10:43:00	0
f_{12}	10:46:00	10:46:00	0
f_{13}	10:50:00	10:50:00	0
f_{14}	10:53:00	10:53:00	0

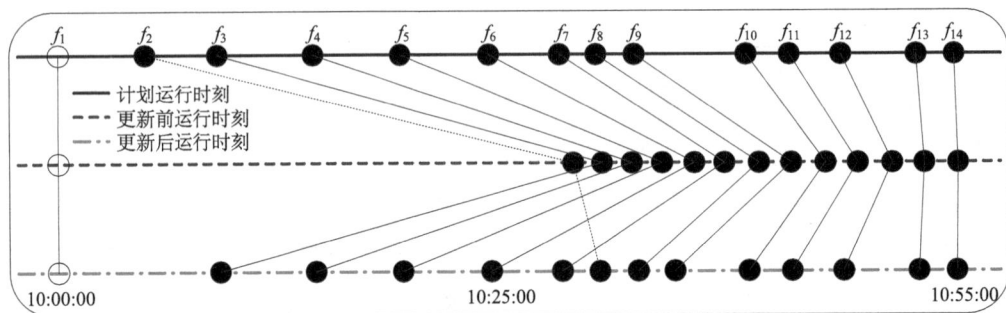

图 2.19 信息共享带来的航班序列更新对比图

2.5 基于模拟退火算法的航空运输网络运行动态优化

2.3 节、2.4 节提出了基于信息共享的航班动态调度方法，降低了不确定性因素所带来的航班延误波及程度，本节则继续研究基于信息共享的航班动态调度优化算法。首先，通过深入分析航班运行特征，综合考虑航班运行约束限制，建立终端区航班运行优化模型。然后，设计相适应的模拟退火算法对模型求解。最后，以上海浦东机场为例，实施仿真验证。

2.5.1 问题描述

随着航空运输业的快速发展，飞行流量大幅增长，航空运输网络面临空前的运输压力。加上不确定性因素的存在，严重影响航空网络的运行效率，航班延误愈加严重，如何缓解航班延误是亟须解决的问题。

通过 2.3 节、2.4 节对不确定性因素下航班延误波及的作用机理分析可知：不确定性因素具有随机性和不可控性，难以对航班计划进行及时恢复，引发大面积的航班延误。因此，通过对不确定性因素作用时间的预估，建立航班之间的信息共享机制，并结合优化算法对航班进行合理的动态调度，合理安排当前资源，更新航班队列，可以降低不确定性因素带来的延误波及影响。航班运行动态调度示意图如图 2.20 所示。

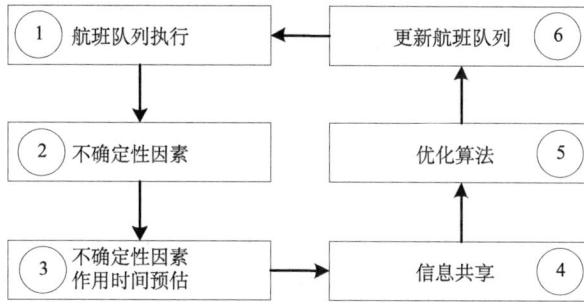

图 2.20　航班运行动态调度示意图

航班运行动态调度旨在在保障安全的前提下，结合运行约束，实时地更新航班的起降序列与时间，以期达到提升运行容量、缓解航班延误的目的。本书已经初步提出基于 FCFS 算法的航班序列调整流程，在此基础上，本章继续建立终端区航班动态调度优化模型，并结合滚动时域控制机制，利用启发式模拟退火算法求解模型，以期实现航班之间信息的合理、及时共享，选择最优的起降序列，切实提高航班运行效率。

2.5.2 优化模型

结合航班运行特征，对于 $\forall i, i_1, i_2 \in R$，数学模型表示如下：

$$\min \sum_{i \in R} \sum_{f \in F_i} \min(t_{i,j,f} - e_{i,j,f}, 0) \tag{2-13}$$

$$t_{i,j_1} \geqslant x_{i,j_1,i,j_2}\left(\gamma_{i,j_1,j_2} + t_{i,j_2}\right), \quad \forall j_1, j_2 \in \mathrm{FA}_i \tag{2-14}$$

$$t_{i,j_1} \geqslant x_{i,j_1,i,j_2}\left(\delta_{i,j_1,j_2} + t_{i,j_2}\right), \quad \forall j_1, j_2 \in \mathrm{FD}_i \tag{2-15}$$

$$t_{i_2,j_2} \geqslant x_{i_1,j_1,i_2,j_2} q_{j_1,j_2}\left(\beta_{i,j_1,j_2} + t_{i,j_1}\right), \quad \forall j_1 \in \mathrm{FD}_{i_1}, \forall j_2 \in \mathrm{FA}_{i_2} \tag{2-16}$$

$$t_{i,j_2} \geqslant y_{i,j_1,j_2}\left(\kappa_{i,j_1} + t_{i,j_1}\right), \quad \forall j_1 \in \mathrm{FA}_i, \forall j_2 \in \mathrm{FD}_{i_2} \tag{2-17}$$

$$t_{i_2,j_2} \geqslant x_{i_1,j_1,i_2,j_2} p_{i,j_2}\left(\delta_{i,j_1,j_2} + t_{i,j_1}\right), \quad \forall j_1 \in \mathrm{FA}_{i_1}, \forall j_2 \in \mathrm{FA}_{i_2} \tag{2-18}$$

$$\eta_{i,j} \leqslant t_{i,j} \leqslant \xi_{i,j}, \quad \forall j \in \mathrm{FA}_i \tag{2-19}$$

$$t_{i,j} \geqslant \xi_{i,j}, \quad \forall j \in \mathrm{FD}_i \tag{2-20}$$

$$b_{i_2,j_2} \geqslant v_{j_1,j_2}\left(s_{j_1,j_2} + a_{i_1,j_1}\right), \quad \forall j_1 \in \mathrm{FA}_{i_1}, \forall j_2 \in \mathrm{FD}_{i_2} \tag{2-21}$$

$$\sum_{i \in R} u_{j,i} = 1, \quad \forall j \in F \tag{2-22}$$

其中，R/F 表示所有跑道/航班的集合；$\mathrm{FA}_i / \mathrm{FD}_i$ 表示第 i 条跑道的所有进/离场航班的集合；$e_{i,j}/t_{i,j,f}$ 表示第 i 条跑道的航班 j 预计/实际到达跑道的时间(进场航班为着陆时间，离场为起飞时间)；$\eta_{i,j}/\zeta_{i,j}$ 表示第 i 条跑道的航班 j 到达跑道的时间上/下限；$\kappa_{i,j}$ 表示第 i 条跑道的航班 j 占用跑道的时间；γ_{i,j_1,j_2} 表示第 i 条跑道的进场航班 j_1 与 j_2 之间应满足的尾流间隔标准；δ_{i,j_1,j_2} 表示第 i 条跑道的离场航班 j_1 与 j_2 之间应满足的放行间隔标准；β_{i_1,j_1,i_2,j_2} 表示第 i_1 条跑道离场的航班 j_1 与第 i_2 条跑道的进场航班 j_2 之间应满足的塔台管制间隔标准；x_{j_1,i_2,j_2} 表示第 i_1 条跑道的进/离场航班 j_1 优先于第 i_2 条跑道的进/离场航班 f_2，则为 1，否则为 0；y_{i,j_1,j_2} 表示第 i 条跑道的离场航班 j_1 优先于第 i 条跑道的进场航班 j_2，则为 1，否则为 0；p_{i_1,i_2} 表示若第 i_1 条跑道与第 i_2 条跑道的运行模式为相关平行进近，则为 1，否则为 0(如独立平行仪表进近)；q_{i_1,i_2} 表示若第 i_1 条跑道与第 i_2 条跑道构成窄距平行跑道，包括 i_1 与 i_2 为同一跑道的情况，即该跑道可用于离场又可用于进场，则为 1，否则为 0(如隔离平行运行)；$u_{j,i}$ 表示航班 j 使用第 i 条跑道，则为 1，否则为 0；v_{j_1,j_2} 表示若航班 j_1 与 j_2 为连续航班且 j_2 为 j_1 的后序航班，则为 1，否则为 0；$a_{i,j}$ 表示第 i 条跑道的前序航班 j 准备就绪时间，即可以执行后序航班最早时间；$b_{i,j}$ 表示第 i 条跑道航班 j 计划撤轮挡时间；S_{j_1,j_2} 表示航班 j_1 与 j_2 的过站服务时间，j_1 为前序航班，j_2 为后序航班。

式(2-13)表示模型的目标函数，即使所有航班的总延误时间最小；式(2-14)～式(2-22)为约束条件。其中，式(2-14)表示连续降落航班之间的尾流间隔约束(AA)；式(2-15)表示连续起飞航班之间的放行间隔约束(DD)；式(2-16)表示同一跑道降落航班与起飞航班之间的管制间隔约束(DA)；式(2-17)表示同一跑道连续降落与起飞航班之间跑道资源占用时间约束(AD)；式(2-18)表示相关平行仪表进近模式下，连续降落航班之间的安全间隔约束；式(2-19)与式(2-20)分别表示降落航班与起飞航班的时间窗约束；式(2-21)表示连续航班过站约束；式(2-22)表示跑道唯一性约束，即同一架航班只能使用一个跑道起降。

2.5.3 模拟退火算法

1. 基本原理

模拟退火(Simulated Annealing, SA)算法最早由 Kirkpatrick 等应用于组合优化领域，它是基于 Monte-Carlo 迭代求解策略的一种随机寻优算法，其出发点是基于物理中固体物质的退火过程与一般组合优化问题之间的相似性。模拟退火算法从某一较高初温出发，伴随温度参数的不断下降，结合概率突跳特性在解空间中随机寻找目标函数的全局最优解，即在局部最优解能概率性地跳出并最终趋于全局最优。

2. Metropolis 准则

Metropolis 准则是 Metropolis 等在 1953 年提出的重要性采样法，其基本思想是采样时着重选择那些具有重要贡献的状态，则可以较快地达到较好的结果。该准则是 SA 算法收敛于全局最优解的关键。粒子初始状态 i 为当前状态，E_i 是该状态的能量，即目标函数在状态 i 的值，某个粒子位移随机产生一个微小变化，得到一个新状态 j，其能量为 E_j。如果 $E_j < E_i$，则 j 状态是重要状态，如果 $E_j > E_i$，则要根据概率 p 来判定：

$$p = \exp\left(\frac{E_i - E_j}{kT}\right) \tag{2-23}$$

其中，T 为温度；k 为玻尔兹曼常量；exp 表示自然指数。温度越低，则降温概率 p 就越小，温度越高，则出现一次能量差为 dE 的降温概率 p 就越大。p 越大则 j 状态是重要状态的概率就越大。若 j 是重要状态，则取代 i 成为当前状态，否则舍弃新状态。再重复以上新状态产生过程。这种接受新状态转移的准则即 Metropolis 准则。

3. 退火方式

为保障算法的运行速度与最终解的质量，需要合理选择温度衰减函数。常见的温度衰减函数如下。

(1) $t_{k+1} = \alpha t_k$，$k=1，2，3，\cdots$。其中 α 的取值应在[0.5，0.99]内。

(2) $t_k = \dfrac{L-k}{L}t$，$k=1，2，\cdots，L$，L 为算法控制下降总次数。这个衰减函数可以简单地控制控制参数下降的总次数，使控制参数相继值间的差值保持不变，即控制参数的衰减量不随算法进程而改变。

4. 解产生机制

模拟退火算法解的产生依赖于邻域函数的选择与搜索策略，即如何从当前解的邻域中搜索得出一个改进解或者可接受解。目前，主要通过对当前解的全部元素或者部分元素进行置换、逆转等简单变换或者结合其他搜索算法指定搜索策略来产生当前解的邻域。本章考虑到算法实施的性能与效率，采用对当前解的部分元素进行互换的方式来寻找满足条件的新解。

5. 结束准则

算法结束准则是终止模拟退火算法的内外循环的一个判断标准。该准则的严格程度决定了算法的效率与精度，也是应用该算法处理问题的一个难点。设置模拟退火算法内外循环终止参数的过程中，需综合考虑有效邻域的个数与最优解的稳定性。为此，本章分别设置内循环值等于当前航班数量，外循环值等于内循环值的 70 倍。

6. 航班动态优化调度算法流程

基于模拟退火算法的进/离场航班优化调度（Arrival and Departure Scheduling Based on

Simulated Annealing，ADS_SA）算法伪代码如下所述。

设 $F=\{1,2,\cdots,n\}$，$g(t)$ 为温度衰减函数，T_{max} 为初始温度，$f(s')$ 为优化目标函数，n_{inner}、k_{max} 分别为内、外循环值，ΔE 为目标函数变化差值。

产生航班初始序列 s_0，令 $s=s_0$

LET　$t=T_{max}$

WHILE　$k>k_{max}$

FOR　$i=1:n_{inner}$

基于搜索策略产生新的航班序列 s'，计算新序列的目标函数值 $f(s')$：

$\Delta E=f(s')-f(s)$

IF　$\Delta E\leqslant 0$　THEN　$s=s'$

ELSE IF $\exp(-\Delta E/t)>\mathrm{random}(0，1)$ THEN　$s=s'$

END

降温，令 $t=g(t)$

END

OUTPUT 航班最优起降序列

2.5.4　滚动时域控制机制

航班运行优化调度策略主要分为基于整个时域的静态调度与基于滚动时域的动态调度。然而考虑到终端区运行的特点：①不确定性因素的存在；②航班规模大，求解耗时；③航班计划横跨时域较大；④调度过程需要根据预测信息更新航班状态。因此，本章采用基于滚动时域的动态调度策略实现航班的优化调度。基于整个时域的航班运行静态调度和基于滚动时域的航班运行动态调度如图 2.21 和图 2.22 所示。

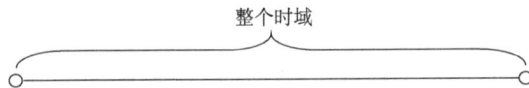

图 2.21　静态调度图

基于滚动时域的动态调度（Receding Horizon Control，RHC）是一种在线调度策略，将整个时域划分为等长度的子区间，在固定周期内触发调度，实现子区间的动态调度，随着时间推移，遍历整个时间域，如图 2.22 所示，滚动时域又分为重叠时间窗与滑动时间窗。第 i 个滚动时域的重叠时间窗部分与新加入的滑动时间窗部分一起构成第 $i+1$ 个滚动时间窗。重叠时间窗内部包含第 i 个时间窗内已调度过的航班，如图 2.23 所示。

图 2.22　基于滚动时域的动态调度

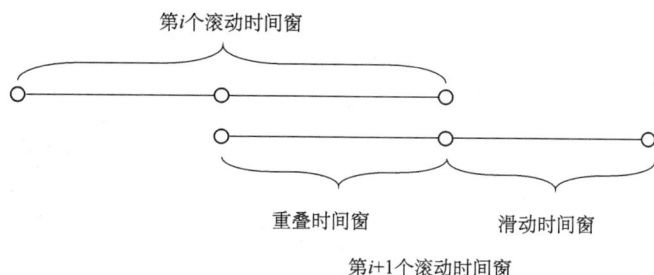

图 2.23　基于重叠时间窗和滑动时间窗的动态调度

2.5.5　应用举例

本节以上海浦东国际机场繁忙时段 10:30～12:30 的 99 架进/离场航班建立实验场景,其中连续航班约占 35%。航班运行间隔限制与 2.3.5 节实验所取间隔一致,离场航班的滑出时间初始设为 15min,航班服务时间为 35min。为评估所提供的方法的优化效果,采用传统的 FCFS 策略和本章提出的策略对研究时段的进/离场航班进行调度,实现对比分析。

研究时段内由于发生不确定性因素,原航班计划的执行出现航班拥堵,如图 2.24～图 2.26 黑色椭圆部分所示。如果缺少及时的信息共享与动态优化调度策略,依据 FCFS 调度策略执行航班计划,会造成大面积航班延误,如图中灰色椭圆部分所示。

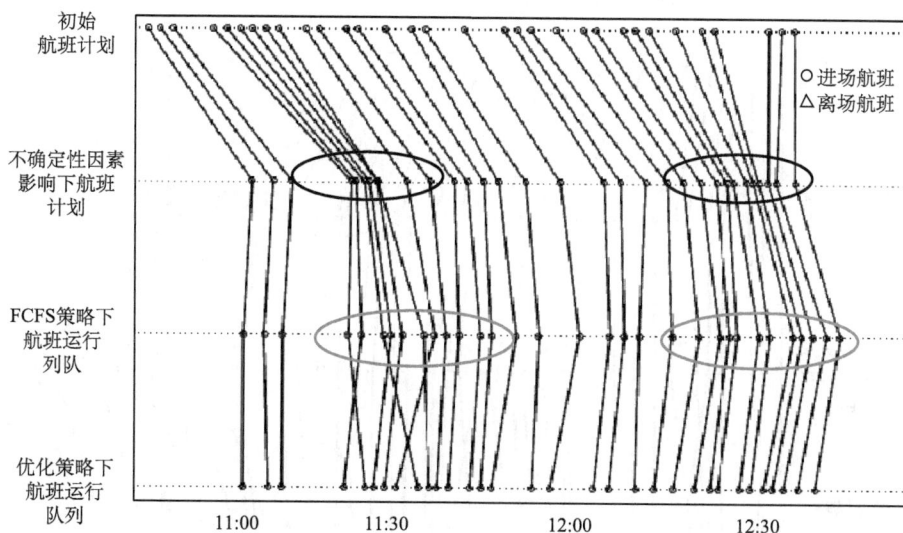

图 2.24　浦东机场 35L 跑道航班运行队列

针对不确定性因素影响下的航班计划,采用 FCFS 策略,研究时段内航班总延误为 390.35min;而基于信息的共享,优化策略下的总延误为 220.08 min,延误缩短了 43.62 %。图 2.24～图 2.26 为采用不同策略下进/离场航班到达跑道 35L、35R 与 34 的队列。由图可知,FCFS 策略下,由于航班的初始延误会波及后面多数航班,造成大面积延误;而优化策略通过合理调节航班的进/离场顺序,在满足安全间隔约束时,合理使用时空资源,显著缓解航班延误,提高了运行效率。

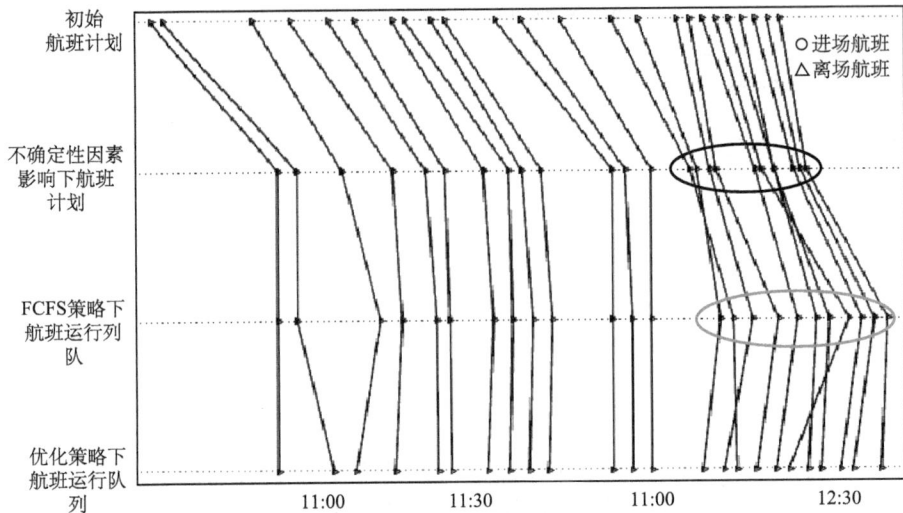

图 2.25 浦东机场 35R 跑道航班运行队列

从连续航班的角度出发，考虑到前序进场航班着陆的时间受到不确定性因素的影响，后序离场航班的起飞时间会受到波及。FCFS 策略下后序离场航班需要重新更新起飞时间的架次为 12 架，而优化策略下只有 5 架。更新架次的减少表明采用优化策略可以减少航班之间的延误波及程度，从而缩短总延误时间。

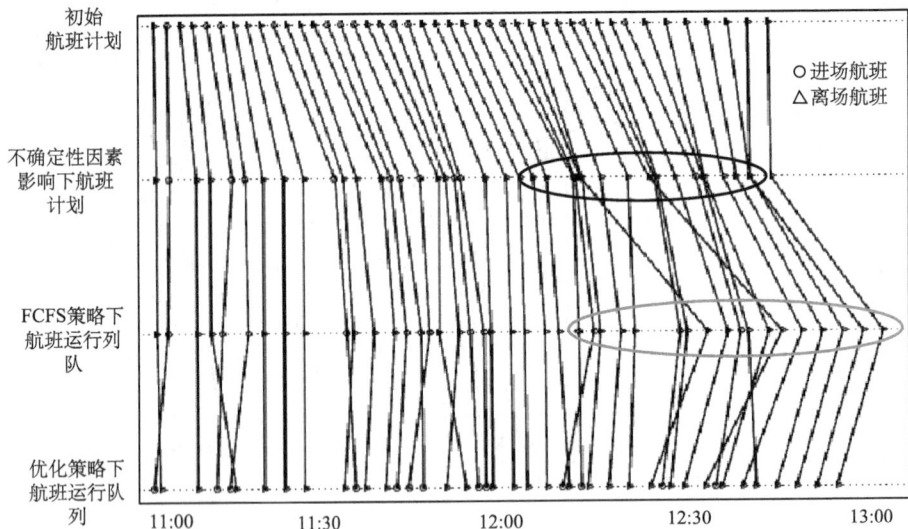

图 2.26 浦东机场 34 跑道航班运行队列

图 2.27 为本节所使用的模拟退火算法搜索最优解的过程，横轴代表搜索的次数，纵轴为目标函数值。随着退火温度逐渐降低，其邻域解越来越趋向最优解。由该搜索曲线波形可知，该目标函数值在振荡过程中逐渐下降，直至趋近最小值（最优解），波形中每一次出现波谷即代表搜索当前（局部）最优解，然后跳出局部最优解，继续寻找更优的解，直至搜索过程结束。

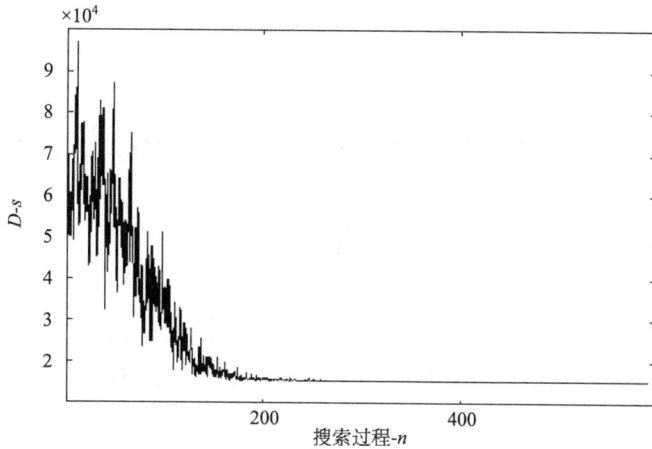

图 2.27　模拟退火搜索过程示意图

2.6　小　　结

　　本章针对航空运输网络中不确定性因素对航班延误波及作用影响的问题进行研究,结合我国民航发展现状阐述了本节的研究意义,分析总结了国内外专家与学者关于航空运输网络中不确定性因素对航班延误波及影响的研究成果与进展。从航空运输网络发展现状、运行基本情况以及不确定性因素发生来源等几个方面,研究了在航空运输网络的航班运行中可能产生不确定性因素及其产生的阶段。进而研究了不确定性因素下单机场航班延误波及分析问题,综合考虑到航班运行尾流、跑道运行模式、跑道占用时间等运行安全间隔约束,提出了基于有色-时间 Petri 网的不确定性因素下航班延误波及分析模型,并通过分析历史延误数据得出不确定性因素延误的概率分布。选取上海浦东机场为背景对模型进行仿真验证。基于单机场航班延误波及模型,构建了航空运输网络中不确定性因素对航班延误波及的影响分析。结合不同的仿真案例,从航空运输网络的宏观层面以及微观与宏观相结合的层面验证了模型的适用性。最后,基于信息共享原则构建航空运输网络中航班动态调度优化模型,并结合滚动时域控制机制,利用启发式模拟退火算法求解模型。选取上海浦东机场为背景对模型进行仿真验证,实验证明此模型可以有效缓解不确定性因素带来的航班延误波及问题。

第 3 章　航班延误次生衍生事件链式效应研究

3.1　概　　述

为缓解快速增长的航班运输需求与有限的飞机资源之间的矛盾，航空公司往往将相同的飞机指派接连飞行几个航班任务，使众多航班之间保持着一定关联，由此形成的航班链作为延误传播的媒介，将先前航班的延误影响向后序航班传递，由于航班计划的紧凑性，航班延误的波及在航班链中逐渐延续，导致后序航班受其干扰产生延误。此外，延误航班势必会挤占正常航班所需资源，使机场内相关航班受其影响发生延误，延误波及范围迅速扩大，而在航班运行过程中不确定性因素的扰动下，又会次生衍生出一系列其他突发事件，发展为航空网络中航班延误次生衍生事件的链式效应。大面积航班延误事件的层出不穷，给相关航班的运行和机场、空管调度造成很大的不便，对旅客的人身安全和机场、航空公司的经济利益有着严重影响，已成为机场运行管理部门面临的新问题。

本章针对航班延误在时间和空间上的传播机理，基于航空运输网络研究航班延误可能引发的各种次生衍生事件对航班延误的波及扩散效应。首先，通过细分航班延误传播过程，建立了改进的航班延误波及模型；其次，分析由航班延误及其波及导致的下游航班或下游机场航班延误等一系列次生衍生事件链，构成航班延误波及引发的次生衍生事件链式网络，并根据次生衍生事件链式效应规律，研究航班延误次生衍生事件链式效应机理；在此基础上，构建航空运输网络结构，基于 AnyLogic 仿真软件模拟航班延误及其次生衍生事件链式效应的传播扩散过程，分析航班延误波及对其他航班的影响程度，从而精确预测航班延误引发的次生衍生事件，定量分析航班延误波及效应的后果与影响，有助于民航应急管理部门有针对性地预防和管控航班延误可能发生的次生衍生事件，有效地缓解由航班延误波及引发的次生衍生事件的后果与影响，降低航班延误的损失。

3.2　航班延误次生衍生事件链式效应机理

在航班实际运行中，航班延误一旦爆发，往往不会只是一个单纯的事件，而是会在其发生发展过程中产生一系列次生衍生事件，这些事件之间相互耦合，引起连锁反应，形成航班延误次生衍生事件链式效应，其危害和损失甚至比原始航班延误事件大得多。因此，本节从航班延误事件结构、航班延误次生衍生事件及航班延误次生衍生事件链式效应几个方面进行阐述，试图从事件链的角度描述航班延误波及过程，探究航班延误次生衍生事件链式效应形成机制与演化规律。

3.2.1 航班延误事件的结构分析

1. 航班延误事件的共性分析与事件描述

在航班运行过程中，任何情况的发生都可以描述成一个"事件"，当所发生的情况不是我们所期望的，或者对民航运行安全造成威胁时，就称为民航运行突发事件。在实际运行中，最经常发生的破坏民航正常运行秩序的事件就是航班延误事件，因此可以将航班延误事件的共性特征描述为：航班延误事件的作用过程导致航班正常运行秩序的破坏，这种破坏是在另一客观事件的作用下发生的。例如，在航班延误过程中，受到延误的客观事物是飞机，造成这种延误的客观事物是天气、空中交通管制等航班延误原因。

根据广义上对突发事件的定义：在孕灾体的感染下，致灾体与承灾体产生相互作用，并最终导致承灾体受到破坏的过程。由此可以知道，突发事件包括致灾体、承灾体、孕灾体以及作用形式这四个因素。"承灾体"指受到突发事件影响而被破坏的客观事物。它是突发事件作用过程中的受体，没有它就谈不上产生突发事件。"致灾体"是指在突发事件的作用过程中，直接使承灾体受到破坏的客观事物。它是突发事件产生的原因，如果不存在致灾体，承灾体就不会遭受破坏。"作用形式"是指突发事件中作用在致灾体和承灾体之间的联系，用来简化突发事件作用机理，有物理、化学、生物等很多表现方式。"孕灾体"是在突发事件作用过程中，作为外部环境，影响致灾体和承灾体的客观事物，但其并不能对承灾体造成直接的破坏。每一个突发事件都会包含致灾体、承灾体和作用形式三个要素，但有些突发事件中的外部环境没有明显的影响事件的作用过程，因此并不一定有孕灾体。对于航班延误事件来说，其承灾体是飞机，致灾体是各种导致航班延误的因素(天气、流量控制、机械故障等)，作用形式是延误。

综上所述，对于航班延误突发事件 E 可用致灾体 H、承灾体 B 和作用形式 Θ 三个要素进行论述，如图 3.1 所示。航班延误事件是天气、空中交通管制等航班延误致因与运行中的航班(飞机)发生相互作用(延误)的过程，只有会产生延误的天气、空中交通管制等延误致因与运行中的航班才能导致航班延误的发生。航班延误事件的发展过程具有时空特性，任何时刻，天气、空中交通管制等延误致因与运行中的航班都有其各自的存在范围，对于延误，延误致因有相应的作用范围，即它对运行中的航班的影响范围，超出延误致因影响范围的飞机是无法受到影响的，只有当运行中的航班在恶劣天气或受管制区域范围内时，两者才会发生相互作用，航班延误事件才会发生。此外，根据广义上突发事件的定义，只有当航班的正常运行受到破坏时，才能认为航班延误事件发生。因此，可以将航班延误事件 E 表示为

$$
\begin{aligned}
E &= \langle H, \Theta, B \rangle \\
H &= \left\{ h_i \mid i = 1, 2, \cdots \right\} \\
B &= \{ b \} \\
\Theta &= \{ \theta \}
\end{aligned}
\tag{3-1}
$$

其中，H 表示航班延误事件 E 的致灾体 h_i 集合，即各种引发延误的原因；B 代表航班延误事件 E 的承灾体 b 集合，即航班；Θ 代表航班延误事件 E 的作用形式 θ 集合，即延误。

图 3.1　航班延误事件的三要素关系图

2. 航班延误事件的构成模式

广义上的致灾体、承灾体与作用形式存在不同的关联关系，因此可以将突发事件划分为不同类型，如基础事件、简单事件和复杂事件。基础事件是指一个致灾体和一个承灾体产生一种作用形式的事件；简单事件是指致灾体、承灾体和作用形式之间，除了一种要素之外，其他两种要素是一一对应的关系的事件；复杂事件是指很多致灾体和很多承灾体发生很多作用形式的事件。每种事件的构成模式如表 3.1 所示。

表 3.1　突发事件构成模式表

突发事件 E	基础事件	简单事件			复杂事件
致灾体 H	$\{h_1\}$	$\{h_1\}$	$\{h_1, h_2, \cdots\}$	致灾体 H	$\{h_i\}$
作用形式 Θ	$\{\theta_1\}$	$\{\theta_1\}$	$\{\theta_1\}$	作用形式 Θ	$\{\theta_i\}$
承灾体 B	$\{b_1\}$	$\{b_1, b_2, \cdots\}$	$\{b_1\}$	承灾体 B	$\{b_i\}$

根据航班延误事件发展过程中延误致因、航班和延误之间的关系可以判定，航班延误事件属于简单事件，即多个致灾体(各种导致航班延误的因素)和一个承灾体(航班)产生一种作用形式(延误)的事件，如图 3.2 所示。

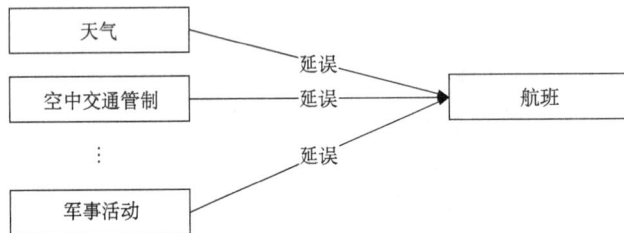

图 3.2　航班延误事件的构成模式图

3. 航班延误事件的作用形式

作用形式描述了致灾体和承灾体之间的基本作用关系，航班延误事件的作用形式可以表达各种导致航班延误的因素与航班之间的相互作用，能够表现航班延误事件内部作用机理。通过分析航班延误事件，并结合一般突发事件中致灾体和承灾体之间的作用规律，可以得到航班延误事件的作用形式。伴随着民航业的突飞猛进，航空运输需求与有限的资源供给产生了巨大的矛盾，在航空运输供给不平衡时，就会出现航班非正常运行状态，此外，空中交通管制、军事演习、恶劣天气等影响航班正常运行的因素会对航班产生"延误"的作用。"延误"作用体现了影响航班运行的因素对每个运行中的航班的一种普遍作用现象，其强度取决于延误程度。因此，"延误"可以作为航班运行过程中的一种作用形式。它的参数可以用相关的物理量来表示，如延误时间、受到延误影响的机场个数、延误航班数量等。航班延误事件的作用形式如表 3.2 所示。

表 3.2　航班延误事件的作用形式表

作用分类	作用形式			致灾体属性	承灾体属性
	名称	参数	单位		
延误作用	延误	时间	min	延误原因	飞机
		航班数量	个		
		机场数量	个		
		旅客数量	个		

在任何突发事件中，致灾体、承灾体都是客观事物，具有不同的性质，相同致灾体、承灾体可以有多种不同属性。例如，强降雨从物质形态的角度考虑，其属性是"液体"；从自然现象的角度考虑，其属性为"天气"；从航班运行的角度考虑，其属性为"航班延误原因"。航班从物质形态的角度考虑，其属性为"固体"；从民航运输角度考虑，其属性为"飞机"。致灾体和承灾体属性显示了它们在突发事件中的角色。对于航班延误事件来说，同一个作用"延误"可以使用不同的参数进行描述，参数数值反映了航班延误事件的作用程度，由导致航班延误的因素和航班状态决定，不同的参数之间可以进行相互推导，并且在选择参数时可以根据不同的关注点来确定。航班延误事件中，如果关注航班的进场和离场时间，可以选取延误时间作为参数；如果关注延误对其他航班的干扰，可以选取航班数量作为参数。根据航班延误事件的作用机制，可以将航班延误的作用形式归结为一种延误作用，延误作用体现了公共交通运输的运行规律。它是指公共交通工具运行过程中，受到不能操控或出乎意料的扰乱、交通控制设施的阻拦等，造成某种交通工具未能按照预计的进度执行，进而导致正常运行秩序的破坏，包括汽车、火车、轮船、飞机等延误事件、航班着陆时间比计划着陆时间晚到 30min 以上或者航班取消的事件。

4. 航班延误事件结构模型的数学描述

对于航班延误事件，其致灾体属性集 Φ、承灾体属性集 Ψ 和作用集 Ξ 可表示为

$$
\begin{aligned}
\Phi &= \left\{\Phi_i \middle| i = 1, 2, \cdots\right\} \\
\Psi &= \left\{\Psi_j \middle| j = 1, 2, \cdots\right\} \\
\Xi &= \left\{\theta\right\}
\end{aligned}
\tag{3-2}
$$

其中，Φ_i 代表航班延误事件致灾体的属性；Ψ_j 代表航班延误事件承灾体的属性；θ 代表航班延误事件的作用形式。Φ 包含航班延误事件致灾体的全部属性，Ψ 包含航班延误事件承灾体的全部属性，Ξ 包含航班延误事件的全部作用形式。对航班延误事件 E 的致灾体集合 H 和承灾体集合 B 建立属性函数 $\varphi(X)$ 和 $\psi(X)$，则式 (3-1) 中的航班延误事件 $E = \langle H, \Theta, B \rangle$ 有

$$\varphi(H) \subseteq \Phi$$
$$\psi(B) \subseteq \psi \tag{3-3}$$
$$\Theta \subseteq \Xi$$

其中，$\varphi(H)$ 表示航班延误事件 E 中致灾体 H 的属性；$\psi(B)$ 表示航班延误事件 E 中承灾体 B 的属性。由式 (3-1) 可以推导出 $\varphi(H)$ 和 $\psi(B)$ 的叠加性：

$$\varphi(H) = \bigcup_i \varphi(\{h_i\}), \quad i = 1, 2, \cdots$$
$$\psi(B) = \varphi(\{b\}) \tag{3-4}$$

致灾体 H 和承灾体 B 的属性决定了其是否能产生相互作用。航班延误事件中，"延误"作用是"航班延误原因"属性的致灾体和"飞机"属性的承灾体之间的作用形式。为航班延误事件的作用形式 θ 建立属性作用判定函数 $\gamma_\theta(M, N)$：

$$\gamma_\theta(M, N) = \begin{cases} 1, & M \text{和} N \text{能发生相互作用} \\ 0, & M \text{和} N \text{不能发生相互作用} \end{cases}$$
$$M \subseteq \Phi \tag{3-5}$$
$$N \subseteq \Psi$$

其中，M 为航班延误事件中致灾体（延误因素）的属性集；N 为航班延误事件中承灾体（航班）的属性集。$\gamma_\theta = 1$ 时说明包含属性集 M 的延误因素能够和包含属性集 N 的航班产生相互作用 θ；$\gamma_\theta = 0$ 时说明延误因素和航班不能产生相互作用 θ。

对于航班延误事件的作用形式集 $\Theta = \{\theta\}$，可以建立相应的属性作用判定函数 $\gamma_\Theta(M, N)$：

$$\gamma_\Theta(M, N) = \gamma_\theta(M, N) = \begin{cases} 1, & M \text{和} N \text{能发生相互作用} \\ 0, & M \text{和} N \text{不能发生相互作用} \end{cases}$$
$$M \subseteq \Phi \tag{3-6}$$
$$N \subseteq \Psi$$

式 (3-6) 表明，如果航班延误事件的作用形式集 Θ 中包含作用形式 θ，并且能够使含有属性集 M 的航班延误因素与含有属性集 N 的航班发生相互作用，那么看作延误因素 H 与航班 B 能够发生作用 Θ。

因此，可以将式 (3-1) 中的航班延误突发事件 E 描述为

$$E = \langle H, \Theta, B \rangle$$
$$\begin{cases} H = \{h_i | i = 1, 2, \cdots\}, \varphi(H) \subseteq \Phi \\ B = \{b\}, \psi(B) \subseteq \psi \\ \Theta = \{\theta\}, \Theta \subseteq \Xi \end{cases} \tag{3-7}$$

3.2.2 航班延误次生衍生事件分析

1. 航班延误事件的演变模式

航班延误在民航运行过程中不断演化，很容易产生新的事件，即航班延误事件的演变；

我们可以把这种航班延误事件的演变描述为产生了航班延误次生衍生事件。随着民航运输需求的快速增长，同一架飞机所需执行的航班计划越来越密集，考虑到航班延误与所有后序事件的触发关系，极易出现由某一航班延误触发很多后序事件产生的状况。因此，一旦出现航班延误，因缺乏必需的调整余度，延误极有可能通过航班链波及该飞机所需执行的后序航班，此外，枢纽或干线机场航班波的形成增大了延误航班对停留机场正常运行秩序的扰乱程度，增加了机场内其他航班甚至航空网络中其他机场中航班发生延误的风险，从而引起一系列的次生衍生突发事件。这使得因航班延误引发的旅客群集性事件、跑道冲突、航空器或地面车辆相撞、航班保障不及时、机场资源紧张、油料供应不足等突发事件在机场屡屡发生。航班延误次生衍生事件对中国民航运行安全和社会形象造成了极其恶劣的影响，因此，对航班延误次生衍生事件实行积极预防与妥善的应急处置决策，将航班延误波及的影响降到最低限度，为保障机场正常秩序及构建和谐民航发挥关键效用。

2. 航班延误次生衍生事件表现形式及特征

航班延误次生衍生事件会根据航班延误发生的各个阶段表现出不同的形式。

航班关舱门延误时，次生衍生事件大体上呈现为旅客群集性事件，如乘客与机场员工产生的言语或肢体冲突、围堵登机门、占机罢机、"打砸抢"等触犯法律的举动。这种事件的源头是航空公司未能按照规定时间遵守与乘客之间的承运合同，再加上该类事件出现时航空公司所选用的措施多为回避或推卸责任，使旅客因航班延误而产生的不满情绪不断高涨，最终采取了过激的行为来维护自身的权益。而旅客为了得到航空公司高层人员对其航班延误的重视，采取占机罢机、围堵登机口等行为扩大事态影响，迫使机场向航空公司施加压力，往往会进一步危及后序航班按计划执行，发生二次航班延误。

航班起飞延误或降落延误时，次生衍生事件主要表现为跑道冲突、航空器之间或与地面车辆相撞等。航班发生起飞延误或降落延误时，会占用该时刻本该起飞或降落的航班的资源使用，造成机场资源紧张，加重机场运控中心的工作负荷，一旦出现调度问题，很容易产生航空器在跑道或滑行道相撞的事故，导致跑道或滑行道上因为残留碰撞碎片而发生跑道或滑行道关闭，致使更大面积的航班延误发生。

有后序飞行任务的航班发生延误，其次生衍生事件主要表现为航班保障不及时、油料供应不足等。这类延误称为关联航班延误，若先行航班发生了延误，由于该架飞机需要继续执行后序航班任务，这会影响航班服务保障时间，如果延误波及能够被航班服务保障时间吸收，则会减轻先行航班延误对后序航班的影响，因此会使机务人员工作负荷增大，飞机出现机械故障的可能性也会增加，产生飞机返航或备降等风险加大。此外，航班延误会造成航油供应紧张，在航空器加油高峰期，极易发生加油设备设施故障、加油时飞机损坏等事件，这无疑会扩大航班延误的规模。

由此可以看出，尽管航班延误次生衍生事件的表现形式不尽相同，但它们却表现出一些共同的特征。一是偶然性：航班延误次生衍生事件是通过航班延误诱发的，往往是因为航班延误后某个环节出现漏洞或相关部门对航班延误事件没有及时处理，这就形成了航班延误次生衍生事件的导火索。在很多情况下，航班延误次生衍生事件发生的具体时间、表现形式、实际规模、演变态势和影响程度都是难以全面预测的，具有一定的偶然性，一旦发生，常常令相关部门措手不及。二是易扩散性：航班延误的次生衍生事件往往不是孤立存在的，它会通过航班链、事件链扩散出更多的次生衍生事件，产生链式效应，使航班延误的不良影响迅速扩大。加上航空运输相对复杂，发生航班延误后，与其关联的航班计划、保障工作等流程众多，由其产生的次生衍生事件一般难以快速制止，极易引起大规模的扩散。三是高危害性：由于民航运输的高风险性，无论发生什么样的次生衍生事件，都会威胁到旅客的人身安全，破坏民航正常运行秩序，造成机场、航空公司经济利益的巨大损失，给民航运行安全和社会形象造成极其恶劣的影响。另外，航班延误及其次生衍生事件有时也会带来一定的政治影响，容易引发社会舆论的负面效应，加深航班延误及其次生衍生事件危害的程度和范围。四是演化性：在航班延误事件的发生发展过程中，并不只是单纯地出现航班延误现象，随着延误时间的延长，在航班计划和外界条件的双重影响下，航班延误事件会发生从量变到质变的演化过程，表现为某一航班发生延误后往往会迅速演变出一系列次生衍生事件，最终引起航空网络中大范围航班延误。

3. 航班延误次生衍生事件的演化方式

在航班延误事件与其次生衍生事件的发展演化过程中，可能会出现多种事件发生演化方式，如一个事件引发另一个事件、一个事件引发多个事件、多个事件共同引发一个事件、多个事件共同引发多个事件，即航班延误次生衍生过程的前端和后端可能只有一个事件，也可能有多个事件。

1）直链式演化

直链式演化是航班延误事件次生衍生方式中最简单、最基础的一种。这种航班延误次生衍生事件的演化构型中，先前事件与后序事件之间进行单向传导，发展为单因素产生单结果的演变结构，即一个事件只诱发产生了另一个事件，如图 3.3 所示。

图 3.3 航班延误次生衍生事件的直链式演化示意图

航班延误次生衍生事件中，航班延误时的次生衍生事件航班保障能力下降，使得机务人员工作负荷增加，这种情况下极易造成飞机机械故障，飞机携带故障执行飞行任务，又会诱发飞机返航或备降，如此直链式地演化发展。

2）发散式演化

在航班延误次生衍生事件发展过程中，尽管单因素导致单结果的直链式演化方式非常常见，但如果在某一事件与外界条件的相互作用下，诱发出多个事件，此时各事件的关系是单因素引发多结果，即发散式演化。这种关系结构下一旦发生某一事件，由于其作用范围较广，往往进一步扩散出多个次生衍生事件，难以进行控制，在多个方面造成更大范围的影响，如图 3.4 所示。

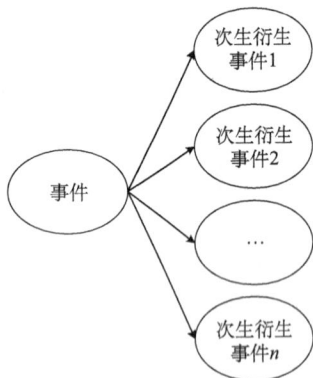

图 3.4 航班延误次生衍生事件的发散式演化示意图

这种演化方式在航班延误次生衍生事件中有很多事

例,如一旦某一个航班发生了离港延误,则会出现停机位长时间占用的情况,导致其他需要进入该停机位的多个航班发生进港延误。又如,某一个航班发生延误后,会引发旅客群集性事件、空中流量加剧、航油供应紧张等多种次生衍生事件并发,出现难以控制的局面,对航班按计划执行产生很大的干扰。因此,为了杜绝这种发散式演化的现象,需要从源头上减少航班延误的发生,并尽快采取有效手段削弱次生衍生事件的扩散程度和范围。

3) 集中式演化

有了发散式演化就必然会产生集中式演化。航班延误次生衍生事件集中式演化方式,即多种事件的发生导致了另一个次生衍生事件发生。次生衍生事件的发生与每个先前事件都存在联系,不能单纯地看成由某一个先前事件演化而来。通常情况下,多个先前事件可能并不同时发生,但每个先前事件的发生都会对次生衍生事件的发展演化产生决定性的作用,如图3.5所示。

在航班延误次生衍生事件中,乘客群集性事件是由多个先前事件共同诱发的。导致乘客群集性事件的先前事件包括工作人员服务态度差、延误信息发布不及时、谣言及旅客法律意识薄弱等。这些事件中的单一因素可能会引发旅客不满情绪的增长,但恰恰是这些事情共同作用于旅客,才会导致旅客与工作人员的言语或肢体冲突、围堵登机口、占机罢机、"打砸抢"等群集性事件发生的可能性上升并且增加了次生衍生事件的严重程度。

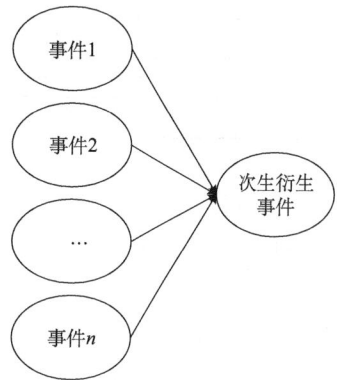

图3.5 航班延误次生衍生事件的集中式演化示意图

4) 循环式演化

航班延误次生衍生事件的循环式演化是一种原因和结果发生自反馈现象的关系结构,即某一事件既是先前事件的结果,又是后序事件的原因。此时这些事件构成环状结构,形成循环式的演变。在这种演化方式下,某一事件产生了一个次生衍生事件,而该次生衍生事件的发展变化又会对先前事件的发展产生关键作用,如图3.6所示。

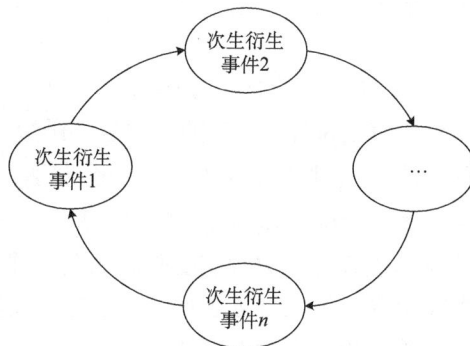

图3.6 航班延误次生衍生事件的循环式演化示意图

某一航班发生进港或离港延误时,会影响后序航班飞行任务的执行,造成机场或空域资源紧张,发生机场地面运行冲突,如跑道冲突、滑行道冲突及停机位冲突。如果延误后的运行调度出现问题,在跑道或滑行道上发生了航空器相撞的现象,地面上的碰撞碎片可能会导致跑道或滑行道关闭，从而诱发更大范围的航班延误，加重了航班延误影响程度，形成延误恶性循环。

综上所述，在航班延误次生衍生事件的演化过程中，需要根据不同的演化方式有针对性地进行原因和结果分析，切断航班延误次生衍生事件的演化和耦合连接方式，减少航班延误事件对整个航空网络运行的影响。对不同演化方式的干预如表 3.3 所示。

表 3.3 不同演化方式的干预措施表

演化方式	演化特征	干预措施	影响程度
直链式	单一因素引发单一结果	直接切断事件演化链	轻微影响
发散式	单一因素引发多个结果	切断该单一事件可能演化出的每个事件的关系链	中等影响
集中式	多个因素引发单一结果	切断所有可能引发该结果的演化链	中等影响
循环式	原因与结果之间相互反馈	割断造成循环的关键因素，进行全面控制	严重影响

根据次生衍生事件的演化模式，我们认为，当先前事件达到某种状态条件时，则会产生某种作用，进而导致次生衍生事件的发生，如爆炸事件引发火灾事件，是易燃物达到某种温度条件才引发的。因此，可以将突发事件导致次生衍生事件所需达到的状态条件临界值称为触发条件，其作用过程示意图如图 3.7 所示。

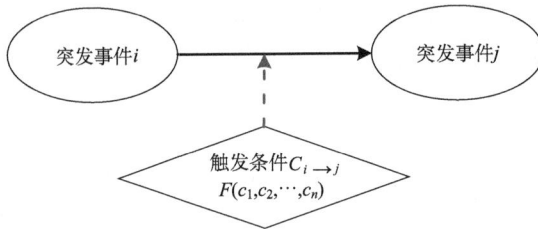

图 3.7 次生衍生事件触发条件示意图

由此可以看出，突发事件的触发条件是指导致后序突发事件发生所必须达到的临界条件，其数学表示形式如下：

$$C_{i \to j} = F\left(c_1, c_2, \cdots, c_n\right) \tag{3-8}$$

其中，$C_{i \to j}$ 表示突发事件 i 导致突发事件 j 发生的触发条件函数，当 $C_{i \to j}$ 的值大于某一临界值时，将次生衍生出突发事件 j；否则突发事件 j 将不会发生。$c_1, c_2, \cdots, c_n$ 表示次生衍生事件的各个触发条件，如火灾事件中的环境温度、氧气含量、可燃物数量等。

因此，判断能否引发次生衍生事件，关键需要确定触发条件是否满足临界值。在突发事件防控过程中，应保证各个潜在触发条件处于低效能状态，使其综合值不能达到突发事件触发标准，从而防止其引发更多的次生衍生事件。

3.2.3 航班延误次生衍生事件链式效应分析

1. 航班延误次生衍生事件链的形成

由于航班之间存在着一定的关联关系，航空网络中某一个航班发生延误会对其他航班的运行产生直接或者间接的影响，导致其他与其关联的航班发生延误，并且同时会触发一系列次生衍生事件的发生。这些航班延误次生衍生事件的相继发生，形成了一种多级、多层次的航班延误链式关系，即航班延误次生衍生事件的链式效应。航班延误次生衍生事件链可以视为由航班延误引发的多个次生衍生事件之间的相互影响和相互作用，它们之间不仅仅是简单的线性作用，还包括一定的耦合作用，使次生衍生事件之间相互触发，进而出现延误放大作用，造成由单一航班延误扩大为航空网络中的大面积航班延误。航班延误次生衍生事件的相互耦合关系决定了航空网络中航班延误的发展和演化过程。根据 3.2.2 节航班延误次生衍生事件的演化方式，航班延误次生衍生事件链是由航班延误原因和多种次生衍生事件构成的一个复杂系统，伴随着直链、发散、集中和循环等多方向演化结构，如图3.8 所示。

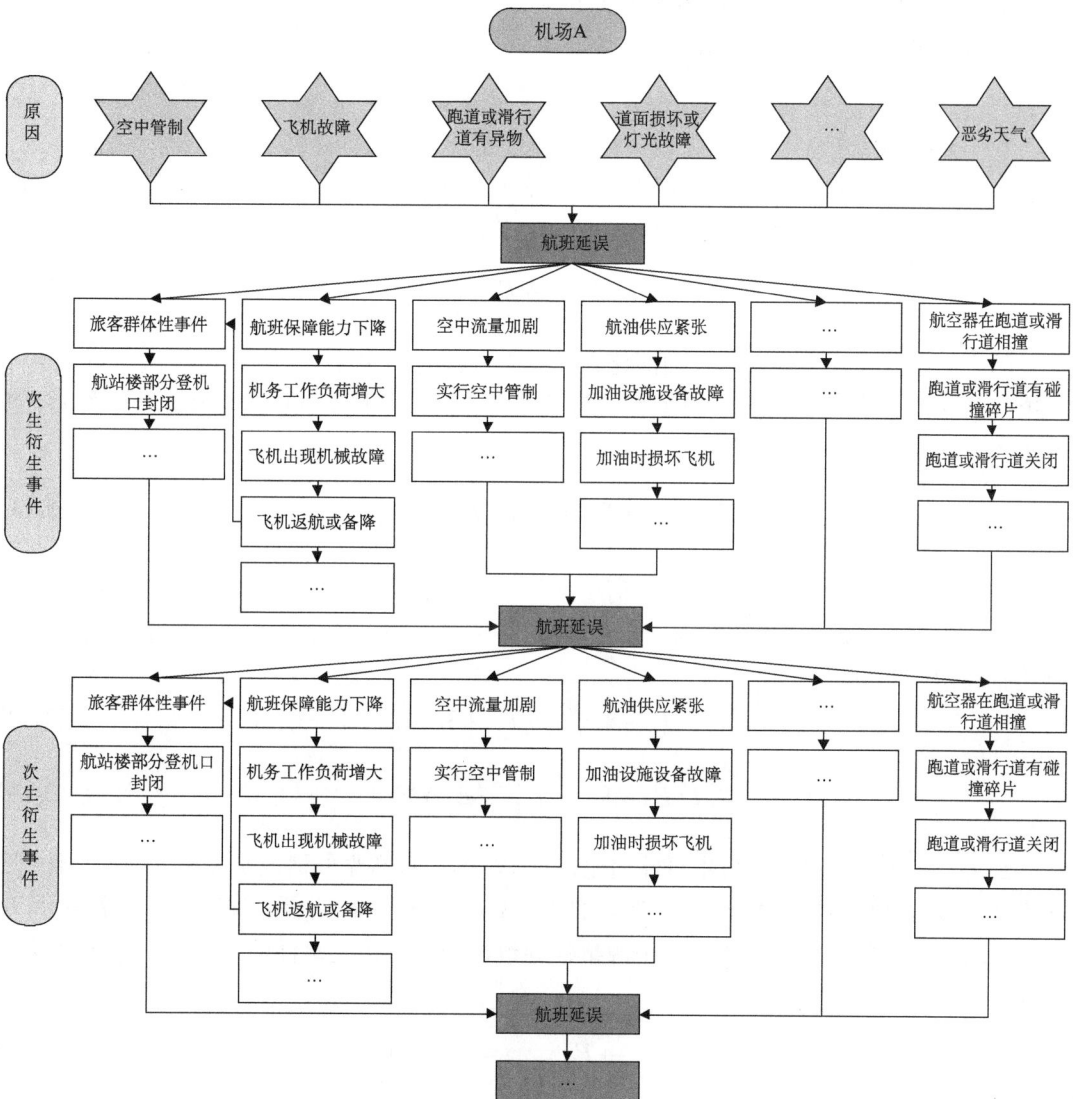

图 3.8　航班延误次生衍生事件链式关系示意图

2. 航班延误次生衍生事件链的层次结构模型

航班延误次生衍生事件链是一个多层次的结构，各层次之间存在一定的联系，每个层次内部事件之间相互作用，共同构成了航班延误次生衍生事件链的整体结构。如图 3.8 所示，航班延误次生衍生事件链具有三个层次，第一层是航班延误原因，它是发生航班延误现象的根源，如果没有可以引发延误的各种因素，则无所谓航班延误次生衍生事件链；第二层是航班延误层，即由上一原因层引发的各种航班延误事件；第三层是航班延误次生衍生事件层，这些次生衍生事件是由航班延误引发的子事件，通过相互耦合形成各自的发展演化机理。这三层事件之间的相互关联和相互作用共同构成航班延误次生衍生事件链的整体演化过程。

根据航班延误事件 $E = \langle H, \Theta, B \rangle$，其次生衍生事件为 E^S，进而将图 3.8 中航班延误可能引发的全部次生衍生事件集表示为

$$S_E = \left\{ E_i \middle| E \rightarrow E_i^S, i = 1, 2, \cdots, n \right\} \tag{3-9}$$

当式 (3-9) 中 $i = 1$ 时，说明先前事件只能引发一个次生衍生事件 E^S，先前事件 E 与次生衍生事件 E^S 形成一种最基本的事件链单元，描述如下：

$$L\left(E \rightarrow E^S \right) \tag{3-10}$$

结合航班延误次生衍生事件的演化方式及事件链的层次性，当航班延误次生衍生事件形成一种多层直链式结构时，如图 3.3 所示，则上一层事件 E_i 与其次生衍生事件 E_{i+1} 的链式关系可以描述为

$$L\left(E_1 \rightarrow E_n \right) = \sum_{i=1}^{n-1} L_i \left(E_i \rightarrow E_{i+1} \right) \tag{3-11}$$

然而当航班延误发生时，其次生衍生事件不仅仅形成一条线性链，往往会同时诱发多个次生衍生事件，如图 3.4 和图 3.8 所示。将这种情况下的航班延误次生衍生事件链式关系结构描述为

$$L\left(E \rightarrow E_i^S \right), \quad i = 2, 3, \cdots, n \tag{3-12}$$

$$L\left(E \rightarrow S_E \right) = \prod_{i=1}^{n-1} L_i \left(E \rightarrow E_i^S \right) \tag{3-13}$$

此外，在航班延误次生衍生事件演化过程中，另一种常见的情况是多种不同的事件（源事件）引发了相同的次生衍生事件，如图 3.5 和图 3.8 所示。将源事件集表示为 $O_E = \left\{ E \middle| E_i \rightarrow E^S, i = 1, 2, \cdots, n \right\}$。多个源事件导致相同次生衍生事件的链式关系结构可以描述为

$$L\left(E_i \rightarrow E^S \right), \quad i = 2, 3, \cdots, n \tag{3-14}$$

$$L\left(O_E \rightarrow E^S \right) = \prod_{i=1}^{n} L_i \left(E_i \rightarrow E^S \right) \tag{3-15}$$

3. 航班延误次生衍生事件链式效应解析模型

为了研究航班延误次生衍生事件内的逻辑关系，将航班延误次生衍生事件链式关系示意图(图 3.8)转化为次生衍生事件关系图(图 3.9)，图中的节点代表航班延误及其次生衍生事件，有向边代表航班延误事件的演化关系。

假设航空运输网络中有很多正在运行的航班，这些航班在某些航班延误因素的影响下发生不同程度的航班延误，并且随着延误程度的加深以及延误范围的增大，延误航班会相继引发其他次生衍生事件，形成航班延误次生衍生事件的链式效应。

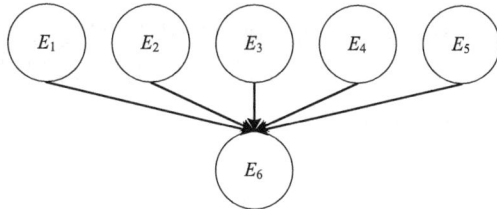

图 3.9 航班延误部分次生衍生事件关系图

通常，对于可能引发的各种航班延误事件 E，记作 $E_1, E_2, \cdots, E_n$。在航班延误原因的作用下，任意两个航班延误事件或次生衍生事件 E_i 和 E_j 之间存在以下关系：

$$a_{ij} = \begin{cases} 1, & E_i\text{会直接引发}E_j \\ 0, & E_i\text{不会直接引发}E_j \end{cases} \tag{3-16}$$

由式(3-16)可以建立能够描述存在于航班延误事件中的次生衍生关系的布尔型矩阵：

$$A = \begin{array}{c} \\ E_1 \\ E_2 \\ \vdots \\ E_n \end{array} \begin{array}{c} \begin{array}{cccc} E_1 & E_2 & \cdots & E_n \end{array} \\ \begin{bmatrix} a_{11} & a_{12} & \cdots & a_{1n} \\ a_{21} & a_{22} & \cdots & a_{2n} \\ \vdots & \vdots & & \vdots \\ a_{n1} & \cdots & \cdots & a_{nn} \end{bmatrix} \end{array} \tag{3-17}$$

根据式(3-17)，将图 3.9 中的航班延误次生衍生事件链转化为以下关系矩阵：

$$A = \begin{bmatrix} 0 & 0 & 0 & 0 & 0 & 1 \\ 0 & 0 & 0 & 0 & 0 & 1 \\ 0 & 0 & 0 & 0 & 0 & 1 \\ 0 & 0 & 0 & 0 & 0 & 1 \\ 0 & 0 & 0 & 0 & 0 & 1 \\ 0 & 0 & 0 & 0 & 0 & 0 \end{bmatrix} \tag{3-18}$$

结合航班延误次生衍生事件链的层次性，航班延误事件可以引发多层次生衍生关系，因此，可以构建航班延误次生衍生事件之间关系矩阵 A 的乘法运算法则 $A \circ A$，即 $A^2 = (a'_{ij})$，其中，$a'_{ij} = (a_{i1} \cap a_{1j}) \cup (a_{i2} \cap a_{2j}) \cup \cdots \cup (a_{ik} \cap a_{kj})$，$k = 1, 2, \cdots, n$。$a'_{ij}$ 代表航班延误事件之间的二级次生衍生关系，进而可将航班延误事件的 n 级次生衍生关系矩阵表示为 $A^n = \underbrace{A \circ A \circ \cdots \circ A}_{n}$。

$A^1, A^2, \cdots, A^n$ 存在布尔运算法则，其中根据逻辑和运算，可以得到最终的航班延误事件次生衍生关系矩阵 M：

$$M = \bigcup_{k=1}^{n} A^k = (m_{ij})_{k \times k} \tag{3-19}$$

$$m_{ij} = \begin{cases} 1, & E_i \text{最终会引发} E_j \\ 0, & E_i \text{最终不会引发} E_j \end{cases} \tag{3-20}$$

其中，次生衍生关系矩阵 M 中的元素 m_{ij} 代表航班延误事件 E_i 能否经过很多次的次生衍生后引发另一事件 E_j。

基于上述航班延误链式效应模型，可以推演出其引发的次生衍生事件。针对可能引发的 n 个航班延误事件 $E_1, E_2, \cdots, E_n$，可以构建航班延误事件的状态转移矩阵 $E = [e_1, e_2, \cdots, e_n]$，矩阵中元素 e_i 含义如下：

$$e_i = \begin{cases} 1, & \text{事件} e_i \text{已经发生} \\ 0, & \text{事件} e_i \text{还没发生} \end{cases} \tag{3-21}$$

当发生航班延误事件后，必然会相继引发各种次生衍生事件，使航班延误事件的状态转移矩阵 $E = [e_1, e_2, \cdots, e_n]$ 随着时间的发展而变化。t 时刻的航班延误状态转移矩阵由该时刻的航班延误事件状态决定，结合可能发生的 n 个航班延误事件的次生衍生关系矩阵 A，可以推演出航班延误事件中可能引发的各级次生衍生事件：

$$E_t^k = E_t \circ A^k, \quad k = 1, 2, \cdots, n \tag{3-22}$$

其中，矩阵 E_t^k 中的每个元素 $e_i^k (i = 1, 2, \cdots, n)$ 代表由 t 时刻的航班延误事件推演出的 k 级次生衍生事件。同理可得任何时刻航班延误事件的次生衍生趋势。

对任意航班延误事件 E_i，由式（3-19）可以得到航班延误事件的最终次生衍生事件集 $S_M(E_i)$ 与最终源事件集 $O_M(E_i)$，其中 $S_M(E_i) = \{E_j | m_{ij} = 1\}$，$O_M(E_i) = \{E_j | m_{ji} = 1\}$。

因此，航班延误事件的最终次生衍生事件集合与最终源事件集有如下几种关系，分别对应着不同的次生衍生关系。

（1）$E_j \in S_M(E_i) \cap O_M(E_i)$。表示任意航班延误事件 E_i 和 E_j 之间存在强联系。说明这两个航班延误事件在分别经过多次发展演化后，互相转化为源事件和次生衍生事件。这类航班延误事件构成的布尔型关系矩阵中相应的元素为 1。这类事件可以构成图 3.6 形式的循环式演化事件链，其中的反馈回路会增加航班延误事件的影响效应。

（2）$S_M(E_i) \cap O_M(E_i) = \varnothing$。说明任意航班延误事件 E_i 和 E_j 不在同一条事件链上。相反，如果 $S_M(E_i) \cap O_M(E_i) \neq \varnothing$，说明这两个航班延误事件 E_i 和 E_j 发生在相同的事件链上。进而可以发现，可能出现的 n 个航班延误事件可以由一些事件集组合而成，这些事件集之间相互独立，不存在直接或间接干扰。相同事件集中的事件构成每条事件链。

（3）$S_M(E_i) \cap O_M(E_i) = O_M(E_i)$。表示航班延误事件 E_i 是事件集中的首级事件，它是航班延误事件的源头，在分析航班延误事件链式效应时，应重点预防源头事件的发生。

（4）$S_M(E_i) \cap O_M(E_i) = S_M(E_i)$。表示航班延误事件 E_i 是该航班延误事件链中的末级事件，是航班延误事件的结果，对待这类末级事件需要有效的处置措施。通过一层层地去掉末级事件，可以提取出次一级的次生衍生事件，从而剥离出航班延误事件链中的各级事件。因此，对各级事件构成的事件集 $L_1, L_2, \cdots, L_l$，可以将航班延误事件链分割为如下形式：

$$\eta(L) = \{L_1, L_2, \cdots, L_l\}, \quad L_i \bigcap_{i \neq j} L_i = \varnothing \tag{3-23}$$

实例分析：本节考虑某虚拟机场中发生的突发事件所形成的事件链式效应。图 3.10 所示的机场区域内，共有五个承灾体：跑道、航站楼、储油设施、飞机 A、飞机 B。

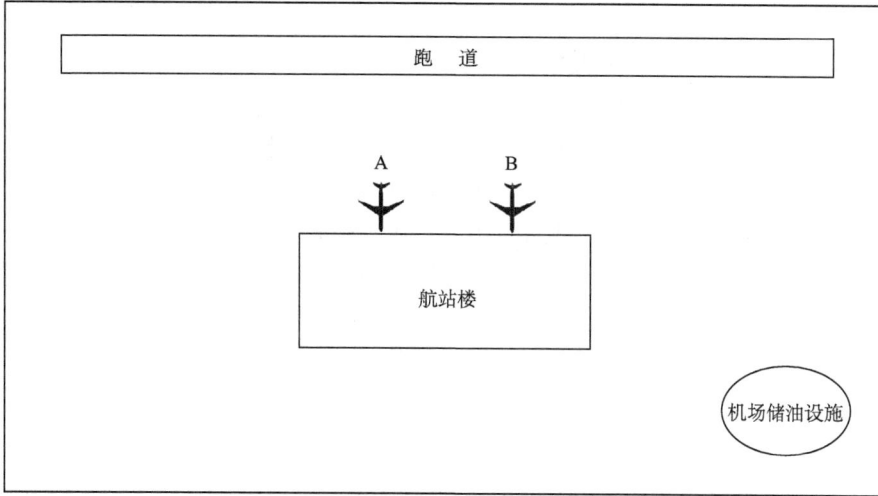

图 3.10　虚拟机场图

针对机场区域内五个承灾体可能引发的 7 个事件 $E_i (i = 1, 2, \cdots, 7)$（表 3.4），次生衍生关系矩阵为

$$A = \begin{array}{c} \\ 1 \\ 2 \\ 3 \\ 4 \\ 5 \\ 6 \\ 7 \end{array} \begin{array}{c} \begin{array}{ccccccc} 1 & 2 & 3 & 4 & 5 & 6 & 7 \end{array} \\ \left[\begin{array}{ccccccc} 0 & 0 & 0 & 0 & 0 & 1 & 1 \\ 0 & 0 & 0 & 0 & 0 & 1 & 1 \\ 0 & 0 & 0 & 1 & 0 & 0 & 0 \\ 0 & 0 & 0 & 0 & 0 & 1 & 0 \\ 0 & 0 & 1 & 1 & 0 & 1 & 0 \\ 0 & 0 & 0 & 0 & 0 & 0 & 1 \\ 1 & 0 & 0 & 0 & 0 & 1 & 0 \end{array} \right] \end{array} \tag{3-24}$$

表 3.4　虚拟机场区域事件表

承灾体	突发事件	事件编号
跑道	跑道异物	1
	雪灾	2
航站楼	火灾	3
	停电	4

承灾体	突发事件	事件编号
储油设施	爆炸	5
飞机 A	延误	6
	碰撞	7
飞机 B	延误	6
	碰撞	7

经计算，得到最终次生衍生关系矩阵为

$$M = \begin{array}{c} \\ 1 \\ 2 \\ 3 \\ 4 \\ 5 \\ 6 \\ 7 \end{array} \begin{array}{c} 1\ 2\ 3\ 4\ 5\ 6\ 7 \\ \begin{bmatrix} 1 & 0 & 0 & 0 & 0 & 1 & 1 \\ 1 & 0 & 0 & 0 & 0 & 1 & 1 \\ 1 & 0 & 0 & 1 & 0 & 1 & 1 \\ 1 & 0 & 0 & 0 & 0 & 1 & 1 \\ 1 & 0 & 1 & 1 & 0 & 1 & 1 \\ 1 & 0 & 0 & 0 & 0 & 1 & 1 \\ 1 & 0 & 0 & 0 & 0 & 1 & 1 \end{bmatrix} \end{array} \tag{3-25}$$

根据以上最终次生衍生关系矩阵 M，划分该虚拟机场中的 7 个突发事件，结合突发事件发生时致灾体对承灾体产生某种作用形式的触发条件，得出以下次生衍生链式关系，如图 3.11 所示。

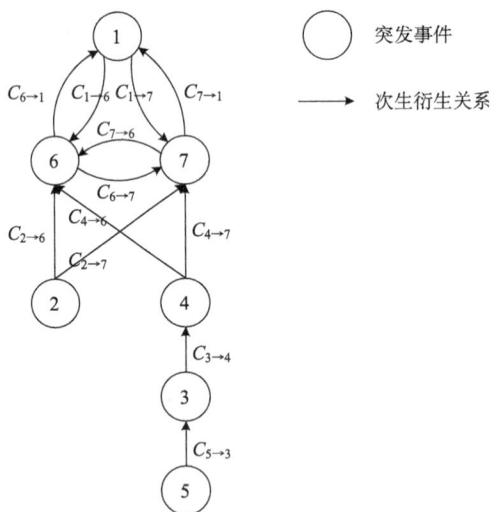

图 3.11　虚拟机场突发事件链式关系图

从图 3.11 中可以看出，事件 E_2 和事件 E_5 为首级事件，只要不发生这两个突发事件，其他事件都不会发生；事件 E_1 和事件 E_6、事件 E_1 和事件 E_7、事件 E_6 和事件 E_7 各自构成反馈回路，这些事件发生后会相互促进，破坏程度加深，形成恶性循环，需要对这类事件给予特别关注。事件 E_i 与 E_j 之间的有向边上 $C_{i \to j}$ 代表事件 E_i 导致 E_j 所需满足的触发条件，例如，事件 E_2 (雪灾) 导致事件 E_6 (延误) 的触发条件 $C_{2 \to 6} = F(c_1, c_2, c_3, c_4, c_5, c_6, c_7)$，其中，$c_1$ 为雪的厚度，c_2 为雪的面积，c_3 为每小时降雪量，c_4 为雪融化速度，c_5 为雪清理速度，c_6 为气温，c_7 为能见度。当触发条件函数 $C_{2 \to 6}$ 大于某一阈值时，雪灾事件将会次生衍生出航班延误事件，否则将不存在这条次生衍生关系链。

3.3 基于航空网络的航班延误次生衍生事件链式效应影响分析

由于航班计划的紧凑性以及航班之间的相关性，某一航班出现延误后，往往会通过航班链在整个航空网络中逐渐蔓延，使延误航班的后序航班受其影响接连产生延误，形成航空网络中的延误放大效应。因此，本节试图建立中国航空网络用以描述航班延误在网络中的作用过程，通过仿真实验模拟航班延误在航空网络和机场内部的次生衍生链式效应，从而反映出航班延误对后序航班及其目的地机场相关航班的波及影响，验证本章提出的航班延误波及模型和次生衍生事件链式效应解析模型。

3.3.1 中国航空网络概述及航班延误作用过程

1. 中国航空网络结构描述

航空网络可以看作由一系列相互通航的机场和航线连接形成的复杂系统，涵盖航空运输的三个关键要素：机场、航线、飞机。在航空网络中，通常将通航城市的机场作为节点，机场之间的旅客运输航线作为边，并根据研究重点将不同参量作为权重赋予该网络，由此将整个航空运输系统抽象成一个航空网络。根据 2010 年中国民航资源网中的夏秋季机场航班时刻，将同一个城市中的两个机场进行合并，作为一个城市机场的总和，并且同一个城市中的几个机场同时与另一个城市机场之间相互通航时，只统计一条航线数量。在构建航空网络时，建立全国主要城市 34 个机场[88]的航空网络图，用以研究航班延误次生衍生事件链式效应在整个航空网络中的传播现象。

通常，将航空网络中各要素以及各要素之间的关系用图的形式进行描述。航空网络 G 由机场节点集合 U 和航线边集合 V 组合而成，记作 $G = (U, V)$。其中，节点集合 U 记作 $U(G) = 1, 2, \cdots, N$，U 是通航机场总数；边集合 V 记作 $V(G) = (i_1, j_1), (i_2, j_2), \cdots, (i_N, j_N)$，$V$ 是航线总量。在航空网络图中，某一机场节点与其他机场节点相连的边称为该机场节点的"邻边"，由同一条航线相连的两个机场节点互称为"邻点"[89]。一般来说，描述航空网络中机场和航线之间的关系可以用一种 $N \times N$ 的对称方阵，即邻接矩阵 $\{a_{ij}\}$。如果机场 i 和机场 j 邻接，则矩阵中元素 $a_{ij} = 1$；如果机场 i 和机场 j 之间没有相互连接的边，则矩阵中元素 $a_{ij} = 0$。

2. 航空网络中航班延误次生衍生事件链式效应作用过程

航空运输的快速发展增加了旅客的出行方式，使地面交通的拥挤程度得到有效缓解，然而空中交通在方便旅客出行的同时，却呈现出另一个严重的问题，即航班延误，航班延误现象的日益突出，成为制约航空发展的关键因素。近年来，各大航空公司力争实现经济利益最大化，出现了对有限飞行资源的不合理安排，使航班计划越来越密集，缺乏必需的调整余度，造成单一航班延误的放大效应，将延误通过航班链传导至该飞机所需执行的后序航班中，甚至后序航班的目的地机场的其他航班，此外，在航班延误过程中引发的一些次生衍生事件进一步加重了航班延误的影响，出现延误在航空网络中迅速蔓延的现象，最终导致整个航空网络中的大面积航班延误。航班延误及其次生衍生事件在航空网络中波及的链式效应作用过程如图 3.12 所示。

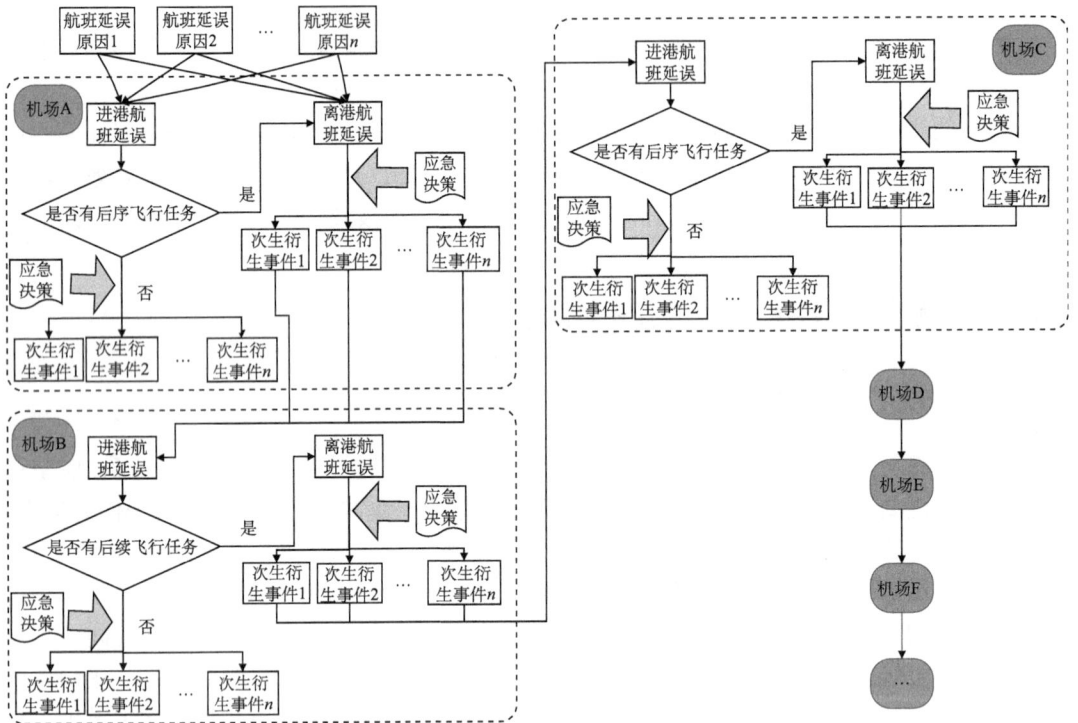

图 3.12　航空网络中航班延误次生衍生事件链式效应作用过程示意图

　　假设航空网络中的航班全部按照航班计划正常运行，若机场 A 中的某一进港航班由于一些原因(如流量控制、恶劣天气等)发生了进港延误，这势必会影响后序航班的运行。如果该架飞机需要连续执行后序飞行任务，而且过站时间无法吸收进港延误产生的时间损失，这样势必产生航班离港延误，航班离港延误又将导致一连串次生衍生事件的出现，如航站楼内的旅客由于候机时间过长引发了群集性事件、停机位长时间被占用影响该机场其他航班进入该停机位、航班离港时刻与该时刻正常进/离港航班冲突等。如果该进港航班不需要连续执行后序飞行任务，则该航班的进港延误也会相应产生一些次生衍生事件，如跑道或滑行道资源紧张造成航空器地面运行冲突、空中流量加剧影响该机场其他航班进港等。此外，机场 A 的航班发生进/离港延误不仅会影响机场 A 中的相关航班的正常运行，还会通过航班链将延误传递到离港航班的目的地机场，如机场 B。由于机场 A 的航班发生了离港延误，这将导致该航班的目的地机场 B 发生航班进港延误，航班延误又会在机场 B 内出现波及。以此类推，机场 A 的进港航班延误及其产生的一系列次生衍生事件，将在整个航空网络中的相关航班和相关机场中的航班之间进行传导，引发航班延误链式波及演化现象(图 3.13)。所以，需要对航班延误次生衍生事件链式波及效应仿真模拟，通过构造航班延误传播的真实场景，研究航班延误及其次生衍生事件对航空系统中航班执行状态的影响。

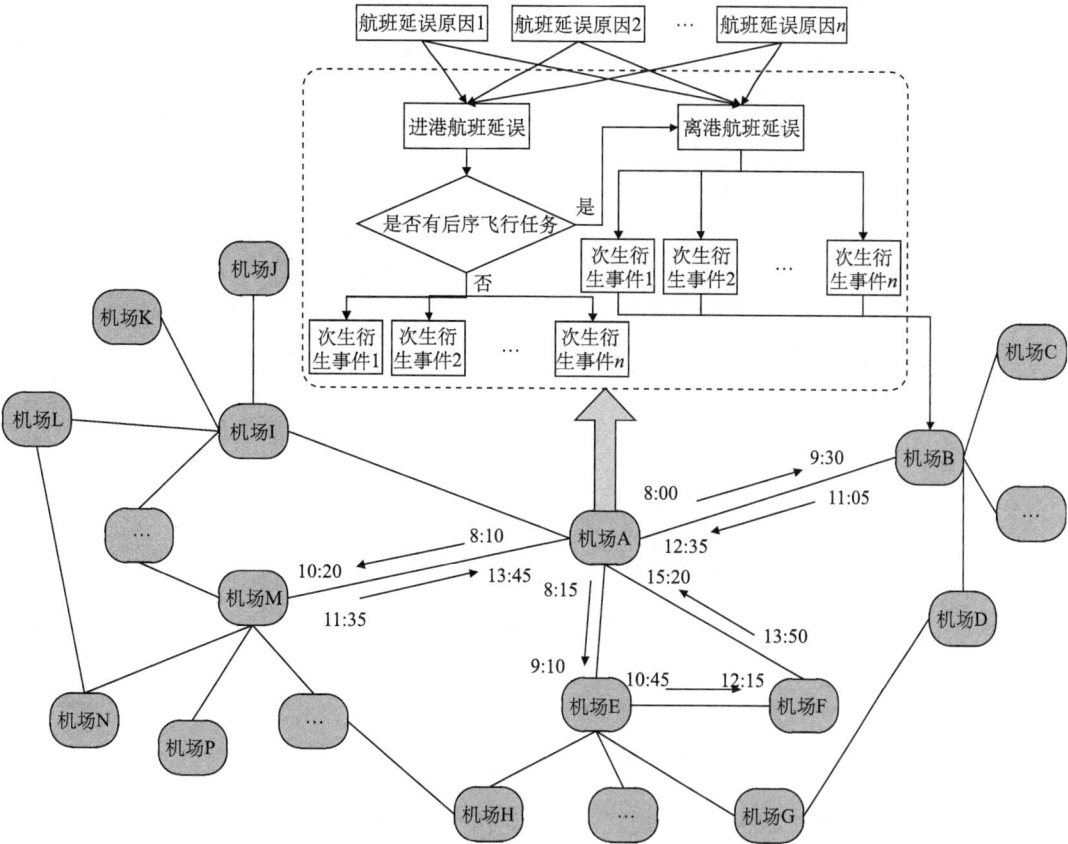

图 3.13　航空网络中航班延误波及示意图

3.3.2　基于航空网络的航班延误次生衍生事件链式效应仿真

1. AnyLogic 仿真平台介绍

AnyLogic 仿真软件最先由俄罗斯 XJ Technologies 公司开发，它几乎能够支持目前出现的所有离散、连续和混合系统建模，包括基于智能体模型、以流程为中心模型、系统动力学模型及行人流模型等。该仿真软件考虑了"微观"和"宏观"两个层次，不仅适合建立指标精确的操作模型，也适用于基于战略决策层次建立全局动态反馈系统。因此，其应用领域十分广阔，涉及供应链、制造业、医疗卫生、业务流程、行人动力学、轨道运输、国防、石油和天然气、市场和竞争、项目和资产管理、社会和生态动力学、地面交通、游戏和娱乐等多个方面。

AnyLogic 是一个专业虚拟原型环境，能够快速建立仿真模型和外围环境，如物理设备和操作人员。通过模型特有的层次结构，用户能够运用模块化方式构建复杂的交互式动态仿真。AnyLogic 除了包含图形化建模语言，还允许用户使用 Java 编程代码扩充模型，实现对 Excel 表格和数据库的读写。凭借 AnyLogic 仿真平台的开放 API，用户能够在模型中调用外部程序，或在外部程序中调用 AnyLogic 仿真模型，给用户带来很大的方便。

本节采用 AnyLogic 7 版本进行仿真建模，该版本的仿真平台结构及操作界面如图 3.14 所示。

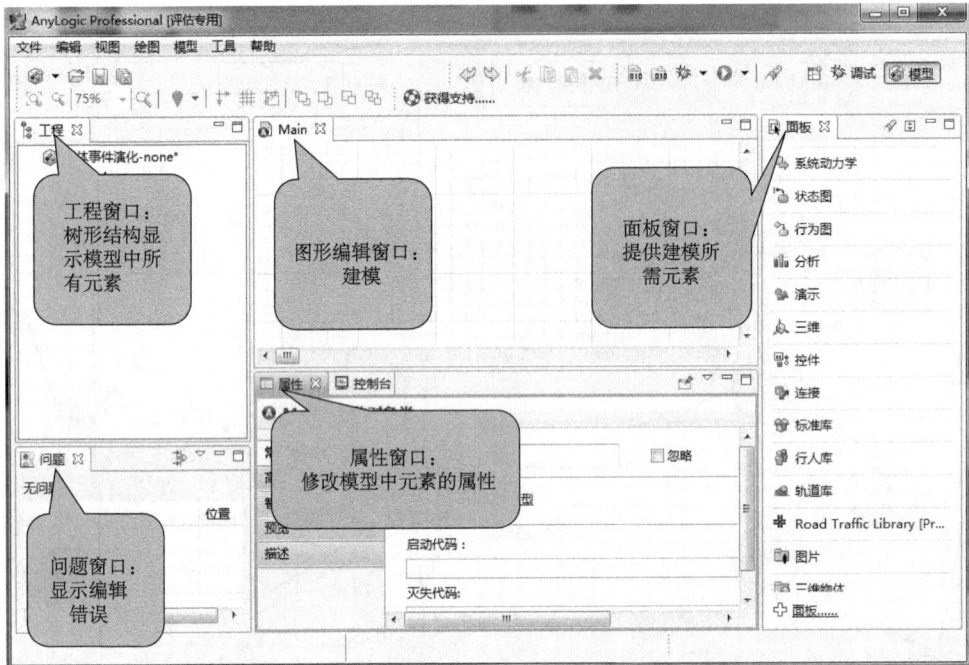

图 3.14 AnyLogic 7 操作界面

AnyLogic 仿真操作界面呈现模板式结构，包括工程视图、属性视图、面板视图、控制台视图、问题视图等。工程窗口中树形结构显示模型中所有元素，图形编辑窗口用于建模，问题窗口显示编辑错误，属性窗口修改模型中元素的属性。面板视图中包含建立模型时需要的所有对象，使用者可以根据建模需要将面板窗口中的对象拖拽到图形编辑窗口，通过连接器设置对象之间的相互关系，点击每个对象可以在属性窗口中修改其属性，并采用 Java 编程语言对需要实现的需求进行编译。

2. 仿真目标与仿真思路

本节主要采用流程建模库和轨道库对航空网络中航班延误次生衍生事件链式波及效应建立仿真模型，包括建立航空网络环境、机场、航线；分别在机场内部和航空网络中模拟航班运行状况；根据不同的航班延误原因建立其次生衍生事件链式波及场景；在此基础上输出仿真结果，分析航班延误的链式波及效应程度和对航空网络中其他机场的影响，为民航相关部门处置航班延误事件及航班延误预测预警提供参考依据。

为了准确模拟航空网络中航班的运行状态，得出准确的航班延误统计指标，该仿真模型需要实现以下几个目标。

1）准确模拟机场内部和航空网络中航班的运行流程

针对机场内部和航空网络中航班运行状态的不同，分别设计这两个场景中的航班运行流程，即准确模拟出机场内航班从停机位推出、滑行至跑道、起飞、降落、滑行至停机位、进入停机位的每个细节，以及航空网络中航班巡航阶段的运行状况。在航班运行过程中，随机加入不同的航班延误因素，判断其是否会对航班运行造成影响，若产生航班延误，模拟出航班延误后可能引发的一系列次生衍生事件和航班延误对相关航班运行状态的波及影响。

2）统计航班延误指标

在该仿真模型中需要设置航班运行航线、计划离场时间、计划进场时间、起飞机场、落地机场等，并在仿真过程中实时统计航班延误发生后的实际离场时间、离场延误时间、离场状态、实际进场时间、进场延误时间、进场状态、实际过站时间等，用于测度航班延误传播程度。

航班延误次生衍生事件链式波及效应仿真技术路线图如图3.15所示。

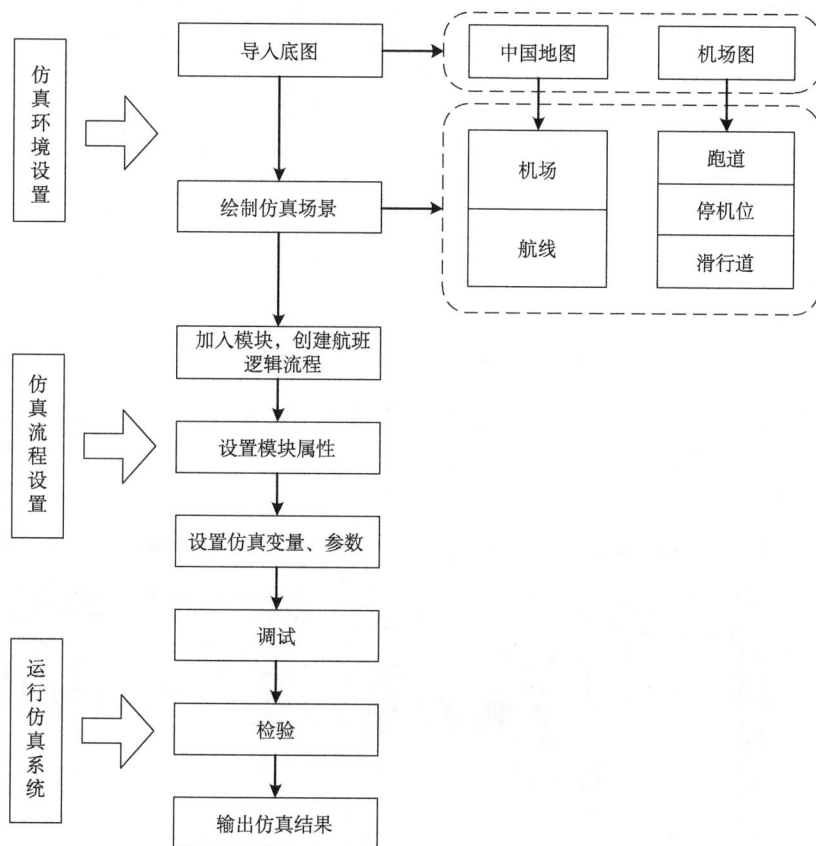

图3.15　航班延误次生衍生事件链式波及效应仿真技术路线图

3. 仿真环境设置

选取中国主要城市的34个机场模拟航空网络中航班延误波及现象，其中包括4个中央直辖市机场、23个省会城市机场、5个自治区机场及2个特别行政区机场。绘制仿真场景，使用面板视图中的点节点模块 ⊙ 绘制34个机场节点,路径模块 ⌇ 绘制机场之间的航线边,可以构建全国主要城市机场航空网络图,如图3.16所示。

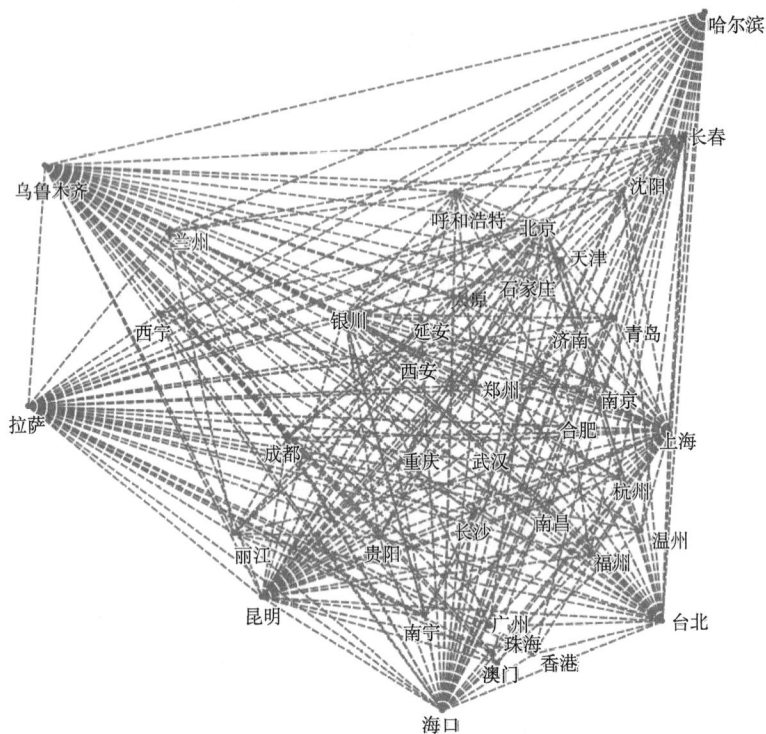

图3.16 全国主要城市机场航空网络图

导入某机场平面图,模拟机场内部航班延误次生衍生事件链式波及现象。绘制仿真场景,使用面板视图中的折线、椭圆等绘制出航班在机场中的运行路线、跑道、滑行道、停机位等,构建机场航班运行平面图,如图3.17所示。

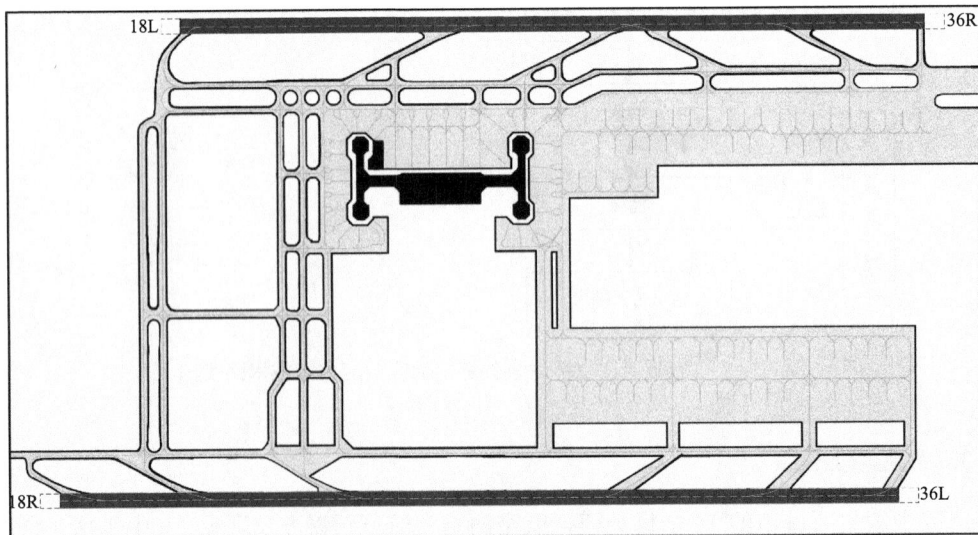

图3.17 机场航班运行平面图

4. 仿真流程设置

1）设置航空网络中航班运行逻辑流程

航空网络中的航班运行逻辑流程采用面板视图中的流程建模库进行模拟，如数据源source、选择输出selectOutput、延迟delay、目的地moveTo、消失源sink。根据航空网络中航班运行流程，连接这几个模块，形成飞行航线，因此，本章建立的航班在航空网络中的运行逻辑流程如图3.18所示。各模块的含义如表3.5所示。

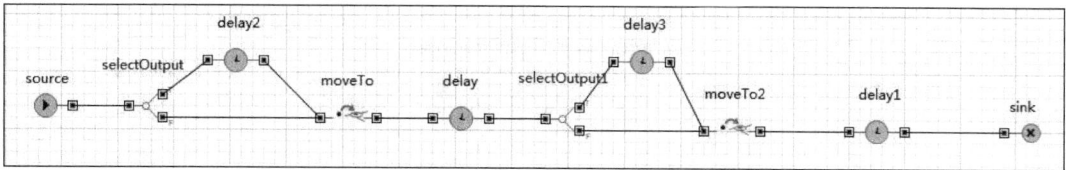

图3.18 航空网络中航班运行逻辑流程图

表3.5 各模块含义注释表

模块名称	含义
source	表示飞机从起飞机场出现
selectOutput，selectOutput1	分别表示航班离港时是否发生延误
delay2，delay3	分别表示航班离港延误等待
moveTo，moveTo2	飞机运行方向控制模块
delay，delay1	分别表示航班在经停机场的过站等待
sink	飞机消失模块

在各模块中设置属性如下。

source：数据源source是仿真建模的开端，通常从source中产生实体，实体可以根据速率、间隔时间、速率时间表、到达时间表或手动的方式到达系统中，在完成一连串后序模块后，退出系统。在source的属性中，可以自定义实体的到达位置、速度以及实体在该模块需要执行的动作。

本节中选用飞机作为仿真实体，在source中产生飞机流。航空网络中的飞机需要按照航班时刻表出现，因此实验定义了Schedule表存放航班信息，包括：注册号、航班号1、计划起飞时间1、计划落地时间1、起飞机场1、落地机场1、落地跑道号、停机位、起飞跑道号、航班号2、计划起飞时间2、计划落地时间2、起飞机场2、落地机场2、最小过站时间。采用inject_Flight循环事件调用ReadSchedule函数读取Excel表Schedule的方式，按照Schedule表中航班计划进/离港时间产生实体，并将Schedule表中的航班信息添加到flight_schedule集合中。实体出现位置通过调用SelectAirport函数，根据Schedule表中的航班起飞/落地机场返回不同的节点位置，如图3.19所示。

图3.19 读航班时刻表

selectOutput：根据该模块的选择条件，将进入该模块的实体运送到两个出口之一。该模块的选择条件可以由实体或任意外部因素决定，如指定概率和条件。选择输出模块可以用来将实体根据一定的标准分类或随机分离实体流等。

本实验以条件为真的方式进行选择，判定航班离港延误时间是否大于 0，如果航班离港延误时间大于 0，说明航班出现了离场延误，将其状态赋值为"离港延误"；如果航班离港延误时间不大于 0，说明航班没有发生离港延误，将航班状态赋值为"离港正常"，并将航班状态加入 flight_departure_status 集合中，根据不同的航班离港状态，改变飞机颜色，如图 3.20 所示。

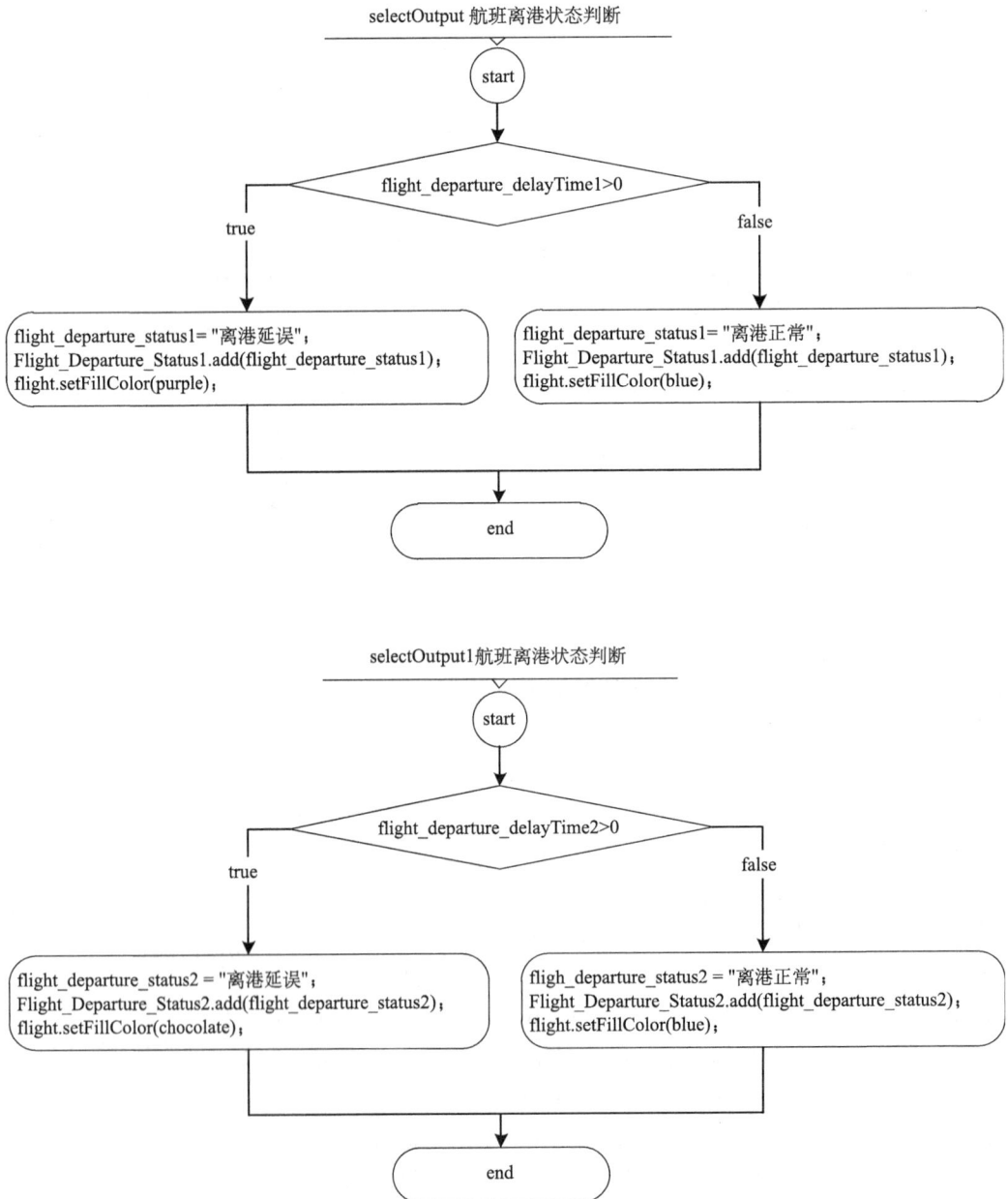

图 3.20 selectOutput 和 selectOutput1 模块航班离港状态判断图

delay：实体进入该模块后会在模块中停留一段时间，延迟时间可以动态给定，可能是随机的，可能根据实体或任意其他条件决定。多个实体也可以同时或独立地延误。

本实验中的 delay2 和 delay3 模块采用到时延迟的类型，延迟时间设为航班离港延误时间。在 delay 和 delay1 模块中，根据 Schedule 表中的航班计划进场时间和下一航班任务的计划离场时间，将此时间差定义为航班过站时间，将延迟时间设为该航班过站时间。在实体进入 delay 模块时，获取航班实际进港时间，并将其添加到 actual_arrival_time 集合中，进而判断航班实际进港时间是否晚于计划进港时间，如果晚于计划进港时间，则航班发生

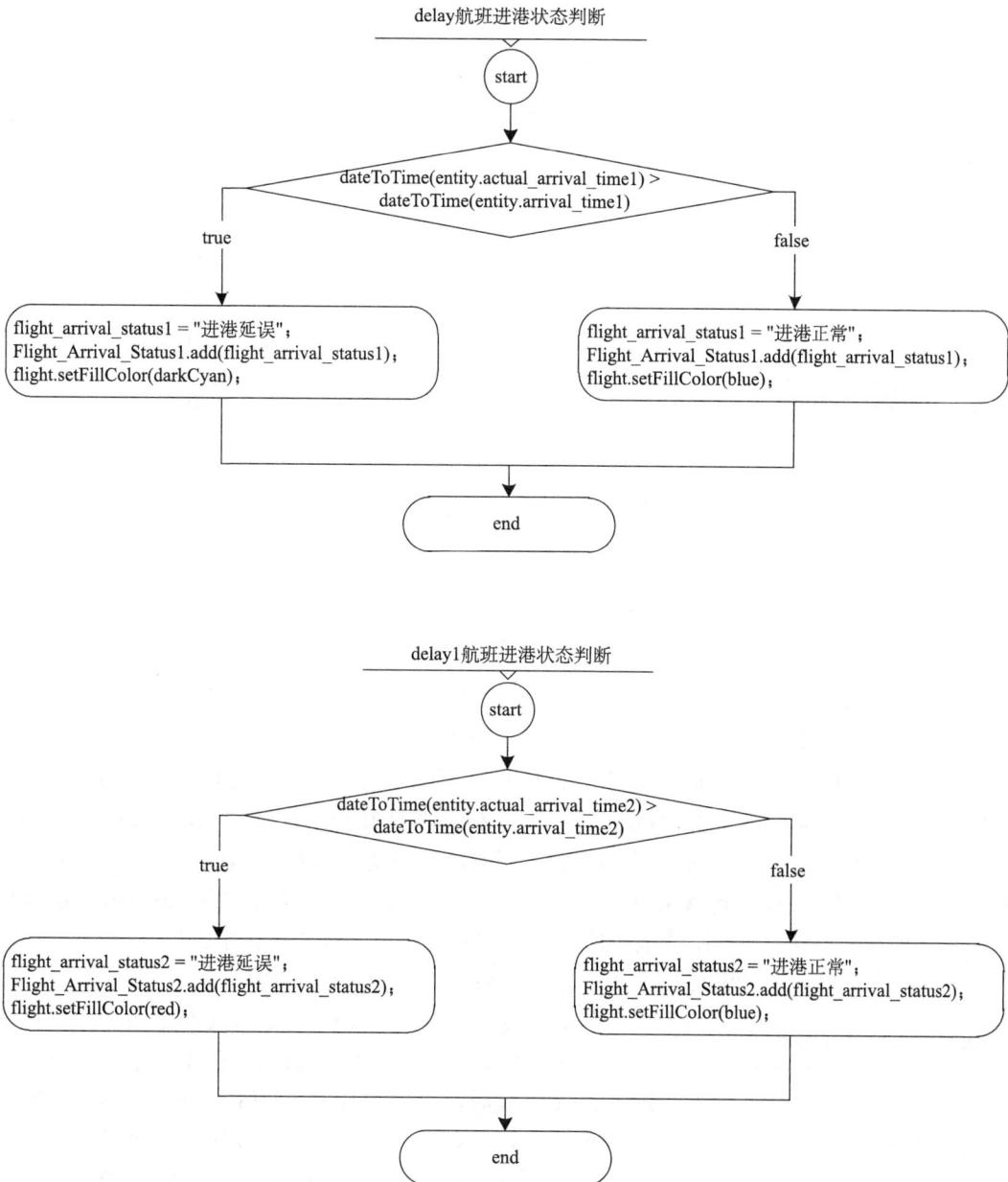

图 3.21　delay 和 delay1 模块航班进港状态判断图

了进港延误，将航班进港状态赋值为"进港延误"，否则将航班进港状态赋值为"进港正常"，根据不同的航班进场状态，改变飞机颜色，如图 3.21 所示。在实体离开该模块时，判断航班过站时间是否小于最小过站时间和航班进港延误时间之和，如果小于最小过站时间和航班进港延误时间之和，说明计划的航班过站时间不能吸收先前航班延误的影响，而将延误传递到了后序航班任务中，后序航班发生了离港延误，将后序航班离港状态赋值为"离港延误"，否则说明计划的航班过站时间能够吸收先前航班延误的影响，延误不会传递到后序航班中，将后序航班离港状态赋值为"离港正常"，并根据不同的航班离港状态，改变飞机的颜色，如图 3.22 所示。

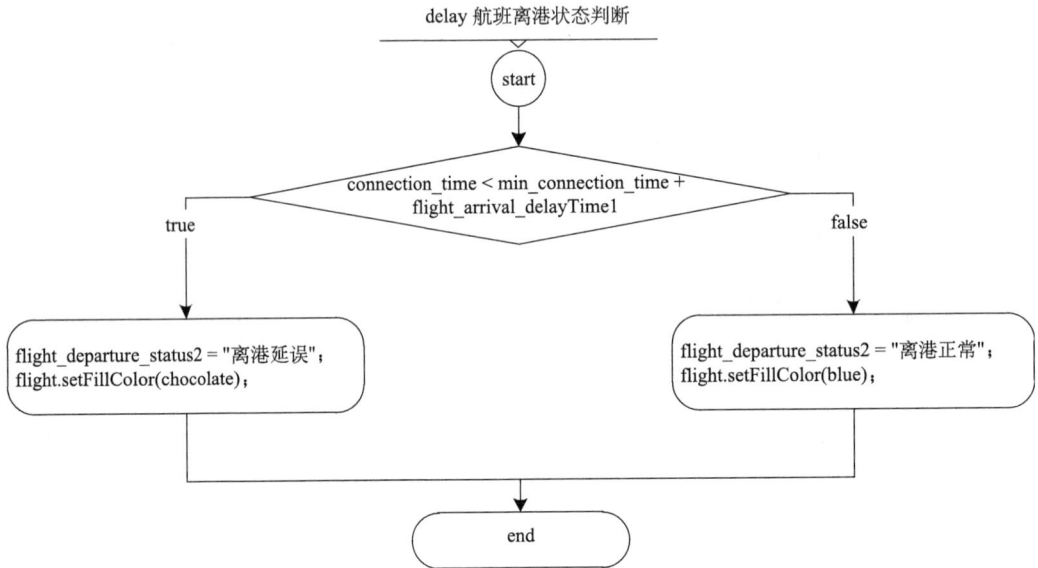

图 3.22   delay 模块航班离港状态判断图

moveTo：把实体转移至或放置至网络中的新位置。实体可以通过距离/速度或行程时间进行移动，在实体移动过程中可以设定需要的动作。

本实验中的航班在 moveTo 和 moveTo1 模块中移动到目的地节点，通过调用 SelectAirport 函数确定航班落地机场。采用定义行程时间的方式，根据 Schedule 表中的航班计划进离港时间差确定实体在该模块的运行时间。在实体进入 moveTo 模块时，获取航班实际离港时间，并添加到 Actual_Departure_Time1 集合中。在实体进入 moveTo1 模块时，获取后序航班实际离港时间，并添加到 Actual_Departure_Time2 集合中。

sink：消失源 sink 通常作为仿真建模的结束，实体在该模块消失。

图 3.23   写航班实际起降时间表

在本实验中，当一架飞机完成 Schedule 表中的航班任务时，该飞机就可以移出仿真系统。在飞机结束飞行任务进入 sink 模块时，调用 WriteActualSchedule 函数，将航班实际离场时间、实际进场时间、离场状态、进场状态、实际过站时间等写入 ActualSchedule 表中，如图 3.23 所示。

2）设置机场内部航班运行逻辑流程

机场内部航班运行逻辑流程采用面板视图中轨道库和流程建模库进行模拟，如轨道设置 RailSetting、列车源 TrainSource、列车目的地 TrainMoveTo、列车消失源 TrainDispose、队列 Queue、资源池 ResourcePool 等模块。本章建立的航班在机场内部运行逻辑流程如图 3.24 所示。

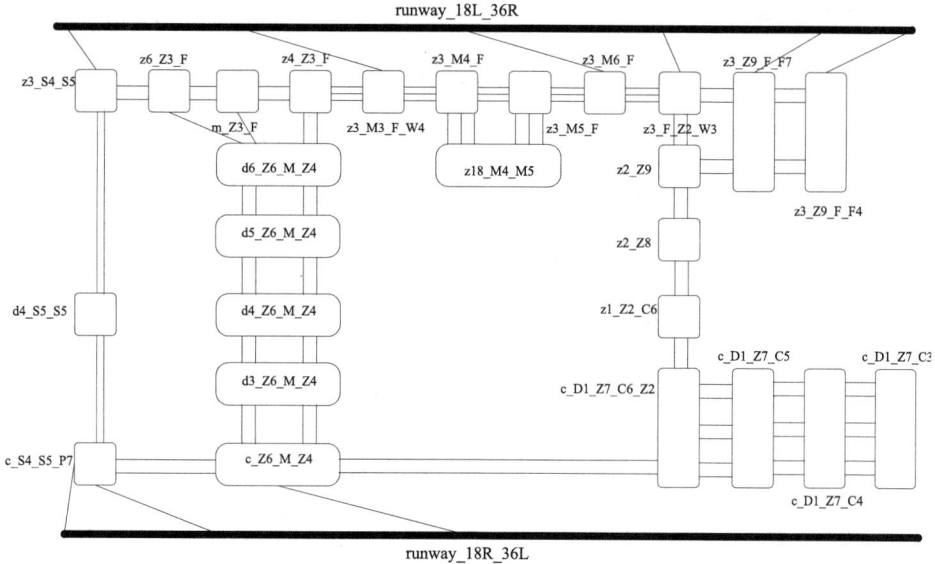

图 3.24　机场内部航班运行逻辑流程图

将机场平面图抽象为上述航班运行逻辑模块，根据飞机在每个模块中可能出现的运行路线，分别编辑每个模块中的航班运行逻辑。根据 Schedule 表中读取到的落地机场 1、落地跑道号、停机位、起飞跑道号、计划起飞时间 2 信息，编写 readPath 函数读取 excelFile_ path 中的跑道-停机位路径信息，通过 inject_Planes_Passengers 循环事件调用该函数，在落地跑道产生飞机实体，并根据路径完成航班在机场内部的运行，如图 3.25 所示。

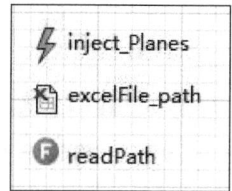

图 3.25　读取机场内跑道-停机位路径

5. 数据获取

为了在仿真过程中分析航班延误次生衍生事件链式波及的程度，需要获得航班实际运行时刻。通过航班实际运行时刻，对其进港和离港延误时间及过站时间进行分析。本实验使用了很多变量存储每架航班实际运行时刻，如图 3.26 所示，并将同一类运行时刻的多个航班值保存在集合中，如图 3.27 所示。

随后通过计算机程序获取航班各个实际运行时刻，以便进一步分析处理。

通过下列代码获取航班各个实际运行时刻，以便进一步分析处理。

离港延误时间 1：

```
entity.flight_departure_delayTime1 =(int)(100 * random());
Flight_departure_delayTime1.add(entity.flight_departure_delayTime1);
Data_Flight_departure_delayTime1.add(entity.flight_departure_delayTime1);
```

图 3.26　航班延误仿真变量图

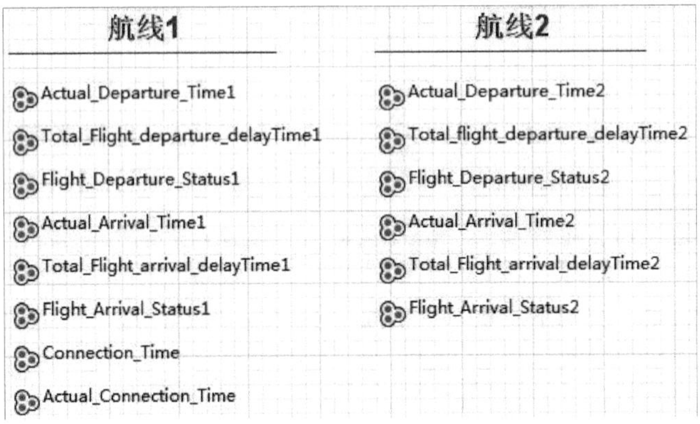

图 3.27　航班延误仿真集合图

实际离港时间 1：

```
entity.actual_departure_time1 = timeToDate(time());
Actual_Departure_Time1.add(entity.actual_departure_time1);
```

实际进港时间 1：

```
entity.actual_arrival_time1 = timeToDate(time());
Actual_Arrival_Time1.add(entity.actual_arrival_time1);
```

进港延误时间 1：

```
entity.flight_arrival_delayTime1 =(int)(dateToTime(entity.actual_arrival_
time1-dateToTime(entity.arrival_ time1));
    Flight_arrival_delayTime1.add(entity.flight_arrival_delayTime1);
    Data_Flight_arrival_delayTime1.add(entity.flight_arrival_delayTime1);
```

实际离港时间 2：

```
entity.actual_departure_time2 = timeToDate(time());
Actual_Departure_Time2.add(entity.actual_departure_time2);
```

离港延误时间 2：

```
entity.actual_flight_departure_delayTime2=(int)(dateToTime(entity.
actual_departure_time2)- dateToTime(entity.departure_time2));
```

```
Actual_flight_departure_delayTime2.add(entity.actual_flight_departure_de
layTime2);
        Data_Actual_Flight_departure_delayTime2.add(entity.actual_flight_departu
re_delayTime2);
```
实际到达时间2：
```
entity.actual_arrival_time2 = timeToDate(time());
        Actual_Arrival_Time2.add(entity.actual_arrival_time2);
```
进港延误时间2：
```
entity.flight_arrival_delayTime2 =(int)(dateToTime(entity.actual_arrival_
time2)- dateToTime(entity.arrival_time2));
        Flight_arrival_delayTime2.add(entity.flight_arrival_delayTime2);
        Data_Flight_arrival_delayTime2.add(entity.flight_arrival_delayTime2);
```
计划过站时间：
```
entity.min_connection_time =(int)(flight_schedule.get(selectedIndex).min_
connection_time);
        entity.connection_time=(int)(dateToTime(entity.departure_time2)-dateToTim
e(entity.arrival_time1));
        Connection_Time.add(entity.connection_time);
```
实际过站时间：
```
entity.actual_connection_time=(int)(dateToTime(entity.actual_departure_t
ime2)-dateToTime(entity.actual_arrival_time1));
        Actual_Connection_Time.add(entity.actual_connection_time);
```

3.3.3　应用举例

本节分别从宏观航空网络和机场内部航班延误波及影响及可能导致的次生衍生事件进行动态仿真模拟。根据 2014 年 12 月 18 日航班时刻表，选取了 20 条航班数据，将其航班号、计划起飞时间、计划落地时间、起飞机场、落地机场等指标进行统计，存储于 Excel 表中，作为航班延误次生衍生事件链式波及效应仿真实验的输入数据，如表 3.6 所示。

表 3.6　输入数据表

注册号	航班号 1	计划起飞时间 1	计划落地时间 1	起飞机场 1	落地机场 1	航班号 2	计划起飞时间 2	计划落地时间 2	起飞机场 2	落地机场 2
B-001	JD5119	06:55:00	08:20:00	北京	呼和浩特	JD5119	09:00:00	12:50:00	呼和浩特	乌鲁木齐
B-007	PN6219	07:05:00	08:30:00	重庆	武汉	PN6219	09:10:00	10:35:00	武汉	福州
B-021	CA1192	07:10:00	08:15:00	昆明	贵阳	CA1192	09:00:00	11:25:00	贵阳	济南
B-006	CA4963	07:15:00	09:05:00	济南	西安	CA4963	09:55:00	11:55:00	西安	贵阳
B-008	MU2759	07:30:00	08:40:00	南京	郑州	MU2759	09:30:00	11:20:00	郑州	西宁
B-015	MU2767	07:40:00	09:05:00	南京	石家庄	MU2767	09:50:00	10:55:00	石家庄	呼和浩特
B-018	ZH9427	07:45:00	09:10:00	沈阳	太原	ZH9427	10:00:00	12:50:00	太原	昆明
B-003	MU2301	07:55:00	08:55:00	银川	西安	MU2301	09:55:00	12:40:00	西安	广州
B-017	3U8839	08:00:00	09:55:00	重庆	南京	3U8839	10:55:00	13:25:00	南京	哈尔滨

注册号	航班号 1	计划起飞时间 1	计划落地时间 1	起飞机场 1	落地机场 1	航班号 2	计划起飞时间 2	计划落地时间 2	起飞机场 2	落地机场 2
B-019	KY9608	08:00:00	10:20:00	沈阳	郑州	KY9608	11:10:00	13:30:00	郑州	广州
B-020	JR2281	08:00:00	09:45:00	南昌	西安	JR2281	10:20:00	11:50:00	西安	西宁
B-005	CZ6569	08:25:00	10:45:00	长春	太原	CZ6569	11:40:00	12:55:00	太原	西安
B-014	CZ9064	08:50:00	10:55:00	南京	西安	CZ9064	11:55:00	15:30:00	西安	乌鲁木齐
B-002	MU5509	09:10:00	10:35:00	上海	济南	MU5509	11:35:00	13:35:00	济南	哈尔滨
B-009	EU2757	10:05:00	11:55:00	太原	长沙	EU2757	12:50:00	14:55:00	长沙	海口
B-010	MF8079	12:50:00	15:05:00	南宁	杭州	MF8079	16:00:00	18:25:00	杭州	沈阳
B-016	CZ9062	13:50:00	16:10:00	南京	银川	CZ9062	16:55:00	19:45:00	银川	乌鲁木齐
B-012	MF7019	13:55:00	16:25:00	石家庄	重庆	MF7019	17:15:00	18:40:00	重庆	南宁
B-011	MU2378	14:25:00	16:00:00	福州	长沙	MU2378	16:50:00	19:05:00	长沙	兰州
B-013	3U8822	14:25:00	16:10:00	西宁	重庆	3U8822	17:00:00	19:10:00	重庆	杭州

1. 航空网络中航班延误波及影响分析

结合航班延误次生衍生事件链式波及效应仿真的航空网络视图，通过读取给定的航班时刻表模拟航空网络中航班延误波及情况，可以从宏观网络层次对航空网络中的航班延误波及效应进行评估，如图 3.28 所示。航班运行状态包括五种：蓝色表示正常状态，即按照计划进/离港时间运行的航班；紫色表示该航班在第一段航线的离港机场发生离场延误，即实际离场时间迟于计划离场时间；绿色表示该航班在第一段航线的落地机场发生进场延误，即实际进场时间迟于计划进场时间；橘色表示该航班在第二段航线的离港机场发生离场延误，即实际离场时间迟于计划离场时间；红色表示该航班在第二段航线的落地机场发生进港延误，即实际进港时间迟于计划进港时间。在仿真实验中，通过航班运行状态颜色的变化可以直观地反映航班在航空网络中的实时运行状态。

在仿真实验运行过程中，点击每架飞机，可以显示出该航班的运行情况信息，如图 3.28 所示。被点击的航班执行航线为北京—呼和浩特—乌鲁木齐，该航班的延误时间关系如下所示：

离港延误时间1总计 = 实际起飞时间1 - 计划起飞时间1

进港延误时间1总计 = 实际落地时间1 - 计划落地时间1

= 实际起飞时间1 + 计划落地时间1 - 计划起飞时间1

+ 进港延误时间1 - 计划落地时间1

= 离港延误时间1总计 + 进港延误时间1

离港延误时间2总计 = 实际起飞时间2 - 计划起飞时间2

= 进港延误时间1总计 + 离港延误时间2

进港延误时间2总计 = 实际落地时间2 - 计划落地时间2

= 离港延误时间2总计 + 进港延误时间2

计划过站时间 = 计划起飞时间2 – 计划落地时间1

实际过站时间 = 实际起飞时间2 – 实际落地时间1

            = 计划起飞时间2 – 计划落地时间1 + 实际起飞时间2 – 计划起飞时间2

            – 实际落地时间1 + 计划落地时间1

            = 计划过站时间 + 离港延误时间2总计 – 进港延误时间1总计

            = 计划过站时间 + 离港延误时间2

航班运行状态:

正常 ■■■■(蓝色)

离港1延误 ■■■■(紫色)

进港1延误 ■■■■(绿色)

离港2延误 ■■■■(橘色)

进港2延误 ■■■■(红色)

FlightInformation:

注册号: B-001
航班号1: JD5119
计划起飞时间1: Thu Dec 18 06:55:00 CST 2014
实际起飞时间1: Thu Dec 18 07:12:00 CST 2014
离港延误时间1: 17
离港延误时间1总计: 17
计划落地时间1: Thu Dec 18 08:20:00 CST 2014
实际落地时间1: Thu Dec 18 08:43:00 CST 2014
进港延误时间1: 6
进港延误时间1总计: 23
起飞机场1: 北京
落地机场1: 呼和浩特
航班离港状态1: 离港延误
航班进港状态1: 进港延误
最小过站时间: 20
计划过站时间: 40
实际过站时间: 49
航班号2: JD5119
计划起飞时间2: Thu Dec 18 09:00:00 CST 2014
实际起飞时间2: Thu Dec 18 09:32:00 CST 2014
离港延误时间2: 9
离港延误时间2总计: 32
计划落地时间2: Thu Dec 18 12:50:00 CST 2014
实际落地时间2: Thu Dec 18 13:31:00 CST 2014
进港延误时间2: 9
进港延误时间2总计: 41
起飞机场2: 呼和浩特
落地机场2: 乌鲁木齐
航班离港状态2: 离港延误
航班进港状态2: 进港延误

图 3.28　航空网络中航班延误波及仿真图

由此可以看出,在航班延误次生衍生事件链式波及效应仿真实验中,可以充分观察航班延误波及特征。例如,JD5119 航班在该机场离港时出现了延误,那么将波及该航班的目的地机场呼和浩特出现进港延误,由于该航班还需执行后序飞行任务(呼和浩特—乌鲁木齐),而且该航班的过站时间不足以吸收航班进港延误的影响,因此延误会进一步向下波及,在呼和浩特机场发生离港延误，其目的地机场乌鲁木齐发生进港延误，而且延误时间会随着延误过程的延迟而增加，最终造成航空网络中更大范围且更加严重的航班延误现象。

根据仿真实验结果统计出每个航班的进港和离港延误时间，如图3.29所示。从图中可以看出，航班延误现象会根据航班时刻表中的航班链向后传播。在整条航班链的初始起飞机场发生延误时，可能延误时间及延误程度并不明显，但随着航班链的延伸，延误也会相应加重，其中，离港1的平均延误时间为21.05min，进港1的平均延误时间为32.15min，离港2的平均延误时间为60.5min，进港2的平均延误时间为73.1min。由此可见，航班在执行后序飞行任务的过程中，进/离港延误时间不断增加，延误时间的平均增长率达到73.18%，使延误形势越来越难以控制。因此，在航班运行过程中，一旦出现航班延误，即使是轻微延误，也应受到相关管理部门的重视，将延误遏制在源头，避免延误波及后序航班或后序航班目的地机场的相关航班的运行。

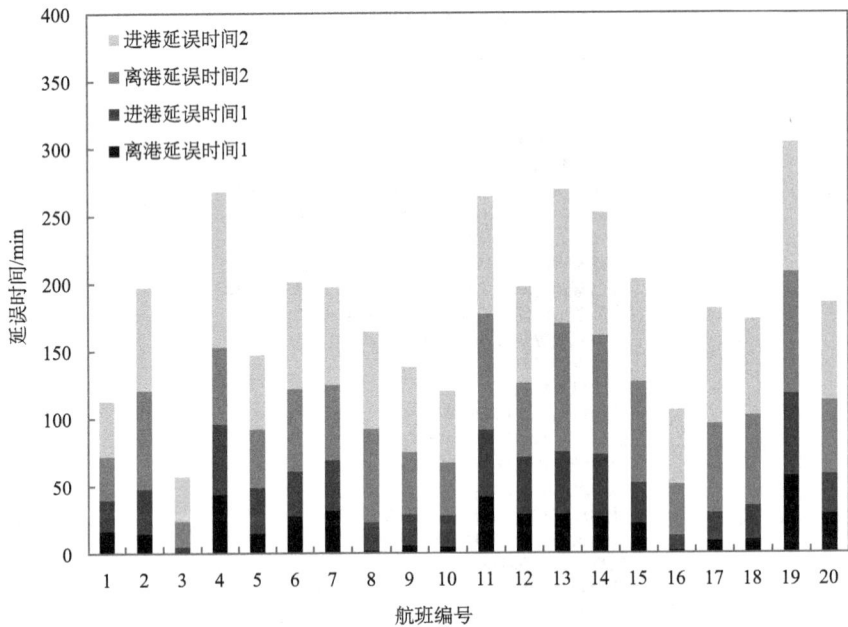

图3.29 航班延误时间统计图

图3.30为航班过站时间统计图，从图中可以看出，航班的实际过站时间明显长于计划过站时间，过站时间平均增长率达到36.3%。由于近几年航空运输的快速发展，航空旅客运输量急剧增加，各个航空公司为了运行更多的航班换取更大的经济利益，将航班计划安排得过于紧密，其中最明显的现象就是尽可能压缩航班过站时间，这样使得航班延误后往往缺乏调整余量，一旦先前航班出现进港延误，很难通过航班过站时间将其延误影响吸收，导致先前航班的进港延误进一步波及后序航班产生离港延误，使航班真实过站时间明显延长。航班实际过站时间与计划过站时间不符，不仅会影响该航班的运行状况，而且会扰乱其他按照计划正常进/离港航班的运行，此外，过站时间的延长也会触发各种次生衍生事件。因此，航空公司需要结合每条航线上的飞机实际运行流量，评估航线的繁忙程度以及是否经常发生延误，以此为参考标准制定符合实际需要的航班计划，在航班计划中适当增加调整余量，实现航班延误后自动恢复。

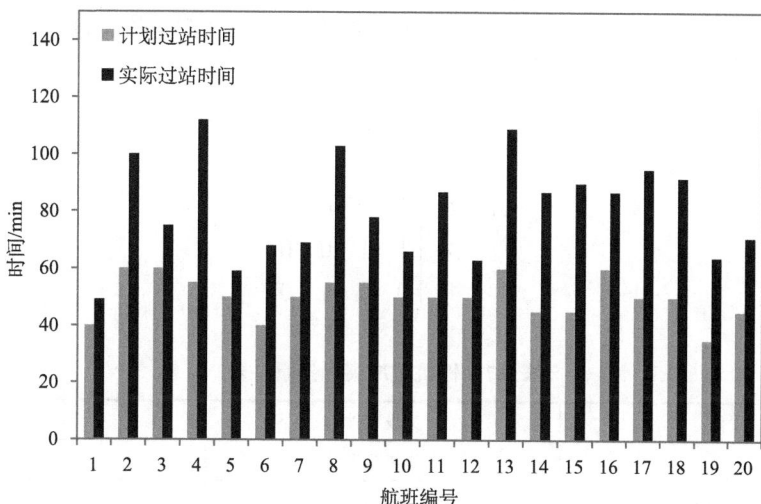

图 3.30　航班过站时间统计图

2. 航班延误停机位冲突次生衍生事件链式效应分析

停机位分为空闲、停机和预定三种状态。若航班发生了离港延误，则会长时间占用停机位，使该时刻本该按计划进港使用该停机位的飞机无法正常使用，导致停机位冲突。假如后序使用该停机位的航班按照计划时间进港，那么需要把它指派到其他可使用的停机位，而在滑行至另一停机位的过程中，该航班可能又会对其他正常滑行的航班造成影响，必然会采取避让措施确保其他正常进/离港航班的运行，其延误时间会进一步延长；如果该时刻机场运行繁忙，没有合适的空闲停机位指派给该航班，则该航班可能由于无法进入停机位，在机场上空盘旋等待，势必会增加该机场的进/离场航班流量，加重管制员工作负荷，不仅该航班自身会发生进港延误，而且会影响该时刻其他进/离场航班的正常运行。

图 3.31 模拟了航班离港延误引发的停机位冲突，针对该场景下的突发事件进行链式效应分析，该场景中共有三个承灾体：JD5119 航班、JP9133 航班、214 停机位。

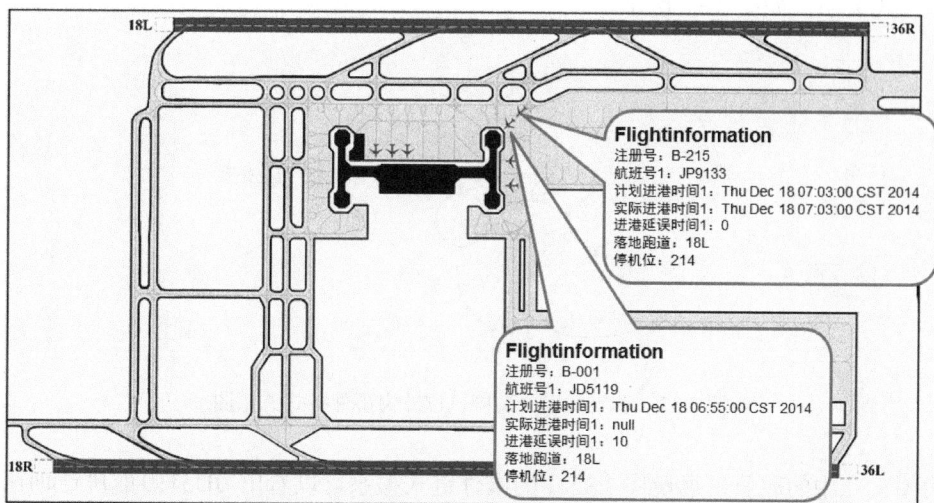

图 3.31　停机位冲突事件链式效应示意图

对该场景中三个承灾体可能引发的 4 个事件 $E_i (i=1,2,3,4)$（表 3.7），次生衍生关系矩阵为

$$A = \begin{matrix} & 1 & 2 & 3 & 4 \\ 1 \\ 2 \\ 3 \\ 4 \end{matrix} \begin{bmatrix} 0 & 1 & 0 & 1 \\ 0 & 0 & 0 & 1 \\ 1 & 1 & 0 & 0 \\ 0 & 0 & 1 & 0 \end{bmatrix} \qquad (3\text{-}26)$$

表 3.7 停机位冲突场景事件表

承灾体	突发事件	编号
JD5119 航班	进港延误	1
	离港延误	2
	碰撞	3
JP9133 航班	进港延误	1
	离港延误	2
	碰撞	3
214 停机位	停机位冲突	4

经计算，得到最终次生衍生关系矩阵为

$$M = \begin{matrix} & 1 & 2 & 3 & 4 \\ 1 \\ 2 \\ 3 \\ 4 \end{matrix} \begin{bmatrix} 1 & 1 & 1 & 1 \\ 1 & 1 & 1 & 1 \\ 1 & 1 & 1 & 1 \\ 1 & 1 & 1 & 1 \end{bmatrix} \qquad (3\text{-}27)$$

根据以上最终次生衍生关系矩阵 M，划分该虚拟机场中的 4 个突发事件，得出以下次生衍生链式关系，如图 3.32 所示。

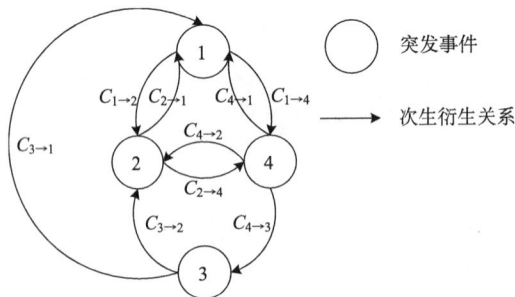

图 3.32 航班延误引发停机位冲突事件链式关系图

由图 3.31 中的航班信息及图 3.32 中的事件链式关系可以看出，JD5119 航班计划在 06:55 起飞，但该航班由于某些原因离港延误了 10min，且会继续延误，实际起飞时间尚未确定，

导致正常进港的 JP9133 航班无法停入该停机位。因此，JD5119 航班在离港延误过程中引发次生衍生事件——停机位冲突，该次生衍生事件使 JD5119 航班的离港延误影响进一步波及，导致 JP9133 航班进港延误，其次生衍生链式效应关系如图 3.32 所示，构成环状结构，形成循环式的演变，往往导致事件的恶性循环，使突发事件的波及范围迅速扩大。

在停机位冲突事件链式关系中，每个次生衍生事件的发生都需要满足一定的触发条件，如图 3.32 中各条边上显示的触发条件函数，各个事件的触发条件函数关系的布尔表达式如下：

$$C_{1\to2} = c_1 \vee c_2 = \begin{cases} 1, & E_1 会引发 E_2 \\ 0, & E_1 不会引发 E_2 \end{cases}$$

$$c_1 = \begin{cases} 1, & T^r_{f,\mathrm{service}} > T^s_{f,\mathrm{service}} \\ 0, & T^r_{f,\mathrm{service}} \leqslant T^s_{f,\mathrm{service}} \end{cases}, \quad c_2 = \begin{cases} 1, & T^r_{f,\mathrm{arrival}} - T^s_{f,\mathrm{arrival}} > T^s_{f,\mathrm{service}} - T^r_{f,\mathrm{service}} \\ 0, & T^r_{f,\mathrm{arrival}} - T^s_{f,\mathrm{arrival}} \leqslant T^s_{f,\mathrm{service}} - T^r_{f,\mathrm{service}} \end{cases} \tag{3-28}$$

式 (3-28) 表示在航班发生进港延误后，需要根据触发条件函数 $C_{1\to2}$ 判断其是否会进一步引发离港延误。其中，c_1 和 c_2 为 E_1 引发 E_2 需要的条件，$T^r_{f,\mathrm{service}}$ 为 f 航班实际服务保障时间，$T^s_{f,\mathrm{service}}$ 为 f 航班计划服务保障时间，$T^r_{f,\mathrm{arrival}}$ 为 f 航班实际进港时间，$T^s_{f,\mathrm{arrival}}$ 为 f 航班计划进港时间。c_1 判断 f 航班实际服务保障时间是否长于计划服务保障时间，如果其实际服务保障时间比计划服务保障时间短，则 c_2 进一步判断节省的服务保障时间能否吸收进港延误的时间，将 c_1 和 c_2 进行逻辑或运算，根据运算结果判定是否会次生衍生出离港延误事件。

$$C_{2\to1} = c_1 \vee c_2 = \begin{cases} 1, & E_2 会引发 E_1 \\ 0, & E_2 不会引发 E_1 \end{cases}$$

$$c_1 = \begin{cases} 1, & T^r_{f,\mathrm{fly}} > T^s_{f,\mathrm{fly}} \\ 0, & T^r_{f,\mathrm{fly}} \leqslant T^s_{f,\mathrm{fly}} \end{cases}, \quad c_2 = \begin{cases} 1, & T^r_{f,\mathrm{departure}} - T^s_{f,\mathrm{departure}} > T^s_{f,\mathrm{fly}} - T^r_{f,\mathrm{fly}} \\ 0, & T^r_{f,\mathrm{departure}} - T^s_{f,\mathrm{departure}} \leqslant T^s_{f,\mathrm{fly}} - T^r_{f,\mathrm{fly}} \end{cases} \tag{3-29}$$

式 (3-29) 表示在航班发生离港延误后，需要根据触发条件函数 $C_{2\to1}$ 判定其是否会继续在其目的机场产生进港延误。其中，c_1 和 c_2 为 E_2 引发 E_1 需要的条件，$T^r_{f,\mathrm{fly}}$ 为 f 航班实际飞行时间，$T^s_{f,\mathrm{fly}}$ 为 f 航班计划飞行时间，$T^r_{f,\mathrm{departure}}$ 为 f 航班实际离港时间，$T^s_{f,\mathrm{departure}}$ 为 f 航班计划离港时间。c_1 判断 f 航班实际飞行时间是否长于计划飞行时间，如果其实际飞机时间比计划飞行时间短，则继续判断节省的飞机时间能否吸收离港延误的时间，将 c_1 和 c_2 进行逻辑或运算，根据运算结果判定是否会次生衍生出进港延误事件。

$$C_{1\to4} = C_{2\to4} = c_1 \wedge c_2 = \begin{cases} 1, & E_1 或 E_2 会引发 E_4 \\ 0, & E_1 或 E_2 不会引发 E_4 \end{cases}$$

$$c_1 = \begin{cases} 1, & \mathrm{card}P_i > 1 \\ 0, & \mathrm{card}P_i \leqslant 1 \end{cases}, \quad P_i = \{p_1, p_2, \cdots, p_n\}, \quad c_2 = \begin{cases} 1, & T^r_{i,f_1,\mathrm{departure}} \geqslant T^r_{i,f_2,\mathrm{arrival}} \\ 0, & T^r_{i,f_1,\mathrm{departure}} < T^r_{i,f_2,\mathrm{arrival}} \end{cases} \tag{3-30}$$

式 (3-30) 表示在航班发生进港或离港延误后，需要根据触发条件函数 $C_{1\to4}$ 或 $C_{2\to4}$ 判定其是否会产生停机位冲突事件。其中，c_1 和 c_2 为 E_1 或 E_2 引发 E_4 需要的条件，P_i 为 i 停机位的航班集合，$\mathrm{card}P_i$ 为 i 停机位的航班数量，$T^r_{i,f_1,\mathrm{departure}}$ 为停在 i 停机位的 f_1 航班实际离港时间，$T^{\mathrm{r}}_{i,f_2,\mathrm{arrival}}$ 为准备停入 i 停机位的 f_2 航班实际进港时间。c_1 判断计划停入 i 停机位的航班数量是否大于 1，如果大于 1，则继续判断 f_1 航班的实际离港时间是否晚于后序准备停入该停机位的 f_2 航班的实际进港时间，将 c_1 和 c_2 进行逻辑与运算，根据运算结果判定是否会次生衍生出停机位冲突事件。

$$C_{4\to1} = c_1 \wedge c_2 = \begin{cases} 1, & E_4\text{会引发}E_1 \\ 0, & E_4\text{不会引发}E_1 \end{cases} \tag{3-31}$$

$$c_1 = \begin{cases} 1, & f \in P_i \\ 0, & f \notin P_i \end{cases}, \quad P_i = \{p_1, p_2, \cdots, p_n\}, \quad c_2 = \begin{cases} 1, & T^{\mathrm{r}}_{i,f,\mathrm{arrival}} \leqslant T_{i,\mathrm{conflict\ resolution}} \\ 0, & T^{\mathrm{r}}_{i,f,\mathrm{arrival}} > T_{i,\mathrm{conflict\ resolution}} \end{cases}$$

式 (3-31) 表示发生停机位冲突后，需要根据触发条件函数 $C_{4\to1}$ 判定其是否会引发进港延误事件。其中，c_1 和 c_2 为 E_4 引发 E_1 需要的条件，P_i 为 i 停机位的航班集合，f 代表某一航班，$T^{\mathrm{r}}_{i,f,\mathrm{arrival}}$ 为计划停入 i 停机位的 f 航班实际进港时间，$T_{i,\mathrm{conflict\ resolution}}$ 为 i 停机位冲突解脱时间。c_1 判断 f 航班是否准备停入 i 停机位，c_2 判断 f 航班的实际进港时间是否早于 i 停机位的冲突解脱时间，将 c_1 和 c_2 进行逻辑与运算，根据运算结果判定是否会次生衍生出进港延误事件。

$$C_{4\to2} = c_1 \wedge c_2 = \begin{cases} 1, & E_4\text{会引发}E_2 \\ 0, & E_4\text{不会引发}E_2 \end{cases} \tag{3-32}$$

$$c_1 = \begin{cases} 1, & f \in P_i \\ 0, & f \notin P_i \end{cases}, \quad P_i = \{p_1, p_2, \cdots, p_n\}, \quad c_2 = \begin{cases} 1, & T^{\mathrm{r}}_{i,f,\mathrm{departure}} \leqslant T_{i,\mathrm{conflict\ resolution}} \\ 0, & T^{\mathrm{r}}_{i,f,\mathrm{departure}} > T_{i,\mathrm{conflict\ resolution}} \end{cases}$$

式 (3-32) 表示发生停机位冲突后，需要根据触发条件函数 $C_{4\to2}$ 判定其是否会引发离港延误事件。其中，c_1 和 c_2 为 E_4 引发 E_2 需要的条件，P_i 为 i 停机位的航班集合，f 代表某一航班，$T^{\mathrm{r}}_{i,f,\mathrm{departure}}$ 为 i 停机位的 f 航班实际离港时间，$T_{i,\mathrm{conflict\ resolution}}$ 为 i 停机位冲突解脱时间。c_1 判断 f 航班是否在 i 停机位，c_2 判断 i 停机位的 f 航班的实际进港时间是否早于 i 停机位的冲突解脱时间，将 c_1 和 c_2 进行逻辑与运算，根据运算结果判定是否会次生衍生出离港延误事件。

$$C_{3\to1} = C_{3\to2} = c_1 \vee c_2 = \begin{cases} 1, & E_3\text{会引发}E_1\text{或}E_2 \\ 0, & E_3\text{不会引发}E_1\text{或}E_2 \end{cases} \tag{3-33}$$

$$c_1 = \begin{cases} 1, & f \in \mathrm{CR} \\ 0, & f \notin \mathrm{CR} \end{cases}, \quad \mathrm{CR} = \{\mathrm{cr}_1, \mathrm{cr}_2, \cdots, \mathrm{cr}_m\}, \quad c_2 = \begin{cases} 1, & f \in K \\ 0, & f \notin K \end{cases}, \quad K = \{k_1, k_2, \cdots, k_n\}$$

式 (3-33) 表示航班之间发生碰撞后，需要根据触发条件函数 $C_{3\to1}$ 或 $C_{3\to2}$ 判定其是否会引发进港或离港延误事件。其中，c_1 和 c_2 为 E_3 引发 E_1 或 E_2 需要的条件，CR 为发生碰撞的航班集合，K 为需要经过碰撞地点的航班集合，f 代表某一航班。c_1 判断 f 航班是否发生了碰撞，c_2 判断 f 航班是否需要经过碰撞地点，将 c_1 和 c_2 进行逻辑或运算，根据运算结果判定是否会次生衍生出进港或离港延误事件。

$$C_{4\to3} = c_1 = \begin{cases} 1, & E_4\text{会引发}E_3 \\ 0, & E_4\text{不会引发}E_3 \end{cases}, \quad c_1 = \begin{cases} 1, & \mathrm{dis}(f_1, f_2) < 0 \\ 0, & \mathrm{dis}(f_1, f_2) \geqslant 0 \end{cases} \tag{3-34}$$

式(3-34)表示发生停机位冲突后，需要根据触发条件函数 $C_{4\to3}$ 判定其是否会发生碰撞事件。其中，c_1 为 E_4 引发 E_3 需要的条件，$\mathrm{dis}(f_1,f_2)$ 为 f_1 航班和 f_2 航班之间的距离。c_1 判断 f_1 航班和 f_2 航班之间是否存在一定的距离，根据 c_1 的结果判定是否会次生衍生出碰撞事件。

3. 航班延误跑道占用冲突次生衍生事件链式效应分析

在实际航班执行时，跑道占用主要分两种情况：一是根据着陆优先的原则，跑道上有飞机正在降落，此时离港飞机需要等候进港飞机离开跑道之后，才能驶入跑道；二是在跑道上发生飞行事故后残留碎片或异物，需要暂时关闭跑道清理异物，此时进/离港的航班需要等到跑道再次开放后方可使用该跑道，因此将出现进场或离场延误。

图 3.33 模拟了由于跑道被占用进而发生离港延误的情况。针对该场景下的突发事件进行链式效应分析，该场景中共有四个承灾体：CA6218 航班、MU3218 航班、CA6721 航班、18L 跑道。

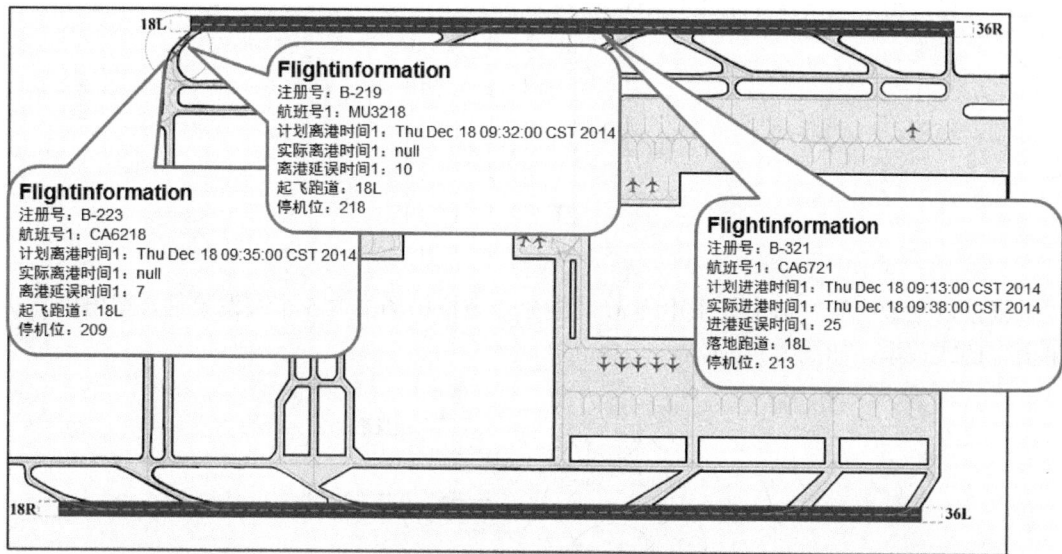

图 3.33　跑道占用事件链式效应示意图

对该场景中四个承灾体可能引发的 5 个事件 E_i $(i=1,2,3,4,5)$（表 3.8），次生衍生关系矩阵为

$$A = \begin{matrix} & \begin{matrix} 1 & 2 & 3 & 4 & 5 \end{matrix} \\ \begin{matrix} 1 \\ 2 \\ 3 \\ 4 \\ 5 \end{matrix} & \begin{bmatrix} 0 & 1 & 0 & 1 & 0 \\ 0 & 0 & 0 & 1 & 0 \\ 1 & 1 & 0 & 0 & 1 \\ 0 & 0 & 1 & 0 & 0 \\ 0 & 0 & 0 & 1 & 0 \end{bmatrix} \end{matrix} \tag{3-35}$$

表 3.8　跑道占用场景事件表

承灾体	突发事件	编号
CA6218 航班	进港延误	1
	离港延误	2
	碰撞	3
MU3218 航班	进港延误	1
	离港延误	2
	碰撞	3
CA6721 航班	进港延误	1
	离港延误	2
	碰撞	3
18L 跑道	跑道占用	4
	跑道残留碎片或异物	5

经计算，得到最终次生衍生关系矩阵为

$$M = \begin{array}{c} \\ 1 \\ 2 \\ 3 \\ 4 \\ 5 \end{array} \begin{array}{ccccc} 1 & 2 & 3 & 4 & 5 \\ \begin{bmatrix} 1 & 1 & 1 & 1 & 1 \\ 1 & 1 & 1 & 1 & 1 \\ 1 & 1 & 1 & 1 & 1 \\ 1 & 1 & 1 & 1 & 1 \\ 1 & 1 & 1 & 1 & 1 \end{bmatrix} \end{array} \tag{3-36}$$

根据以上最终次生衍生关系矩阵 M，划分该虚拟机场中的 5 个突发事件，得出以下次生衍生链式关系，如图 3.34 所示。

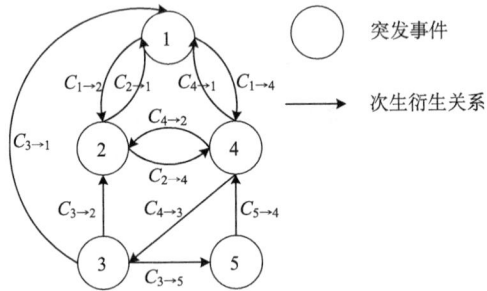

图 3.34　航班延误引发跑道占用事件链式关系图

由图 3.33 中的航班信息及图 3.34 中的事件链式关系可以看出，进港航班 CA6721 发生进港延误，延误时间为 25min，落地跑道为 18L，此时需要使用 18L 跑道起飞的两个航班 MU3218 和 CA6218 无法正常起飞，在跑道头等待 CA6721 航班脱离跑道，延误时间分别为 10min 和 7min，且起飞时间尚未确定，这两个航班的离港延误又会导致其到达下一目的地机场时发生进港延误，从而造成另一机场中的航班无法正常运行。因此，CA6721 航班在进港延误过程中引发次生衍生事件——跑道占用，该次生衍生事件使 CA6721 航班的进港延误影响进一步波及，导致 MU3218 和 CA6218 航班离港延误及后序离港延误，其次生衍生链式效应关系如图 3.34 所示，构成环状结构，形成循环式的演变，使突发事件的波及范围迅速扩大至其他相关机场，造成事件的恶性循环。

在跑道占用事件链式关系中，每个次生衍生事件的发生都需要满足一定的触发条件，如图 3.34 中各条边上显示的触发条件函数，其中触发条件函数 $C_{1\to2}$、$C_{2\to1}$、$C_{3\to1}$、$C_{3\to2}$ 的布尔表达式如式(3-28)、式(3-29)、式(3-33)所示，其他触发条件函数关系的布尔表达式如下：

$$C_{1\to4}=c_1 \wedge c_2=\begin{cases}1, & E_1 会引发 E_4 \\ 0, & E_1 不会引发 E_4\end{cases}$$

$$c_1=\begin{cases}1, & \operatorname{card}L_j>1 \\ 0, & \operatorname{card}L_j\leqslant1\end{cases}, \quad L_j=\{l_1,l_2,\cdots,l_n\}, \quad c_2=\begin{cases}1, & T_{j,f_1,\mathrm{arrival}}^{\mathrm{r}}<T_{j,f_2,out} \\ 0, & T_{j,f_1,\mathrm{arrival}}^{\mathrm{r}}\geqslant T_{j,f_2,out}\end{cases} \tag{3-37}$$

式(3-37)表示在航班发生进港延误后，需要根据触发条件函数 $C_{1\to4}$ 判定其是否会产生跑道占用事件。其中，c_1 和 c_2 为 E_1 引发 E_4 需要的条件，L_j 为计划使用 j 跑道的航班集合，$\operatorname{card}L_j$ 为使用 j 跑道的航班数量，$T_{j,f_1,\mathrm{arrival}}^{\mathrm{r}}$ 为使用 j 跑道的 f_1 航班实际进港时间，$T_{j,f_2,out}$ 为使用 j 跑道的 f_2 航班脱离跑道的时间。c_1 判断计划使用 j 跑道的航班数量是否大于 1，c_2 判断 f_1 航班的实际进港时间是否早于 f_2 航班脱离跑道的时间，将 c_1 和 c_2 进行逻辑与运算，根据运算结果判定是否会次生衍生出跑道占用事件。

$$C_{4\to1}=c_1 \wedge c_2=\begin{cases}1, & E_4 会引发 E_1 \\ 0, & E_4 不会引发 E_1\end{cases}$$

$$c_1=\begin{cases}1, & f\in L_j \\ 0, & f\notin L_j\end{cases}, \quad L_j=\{l_1,l_2,\cdots,l_n\}, \quad c_2=\begin{cases}1, & T_{j,f,\mathrm{arrival}}^{\mathrm{r}}<T_{j,\mathrm{occupy}} \\ 0, & T_{j,f,\mathrm{arrival}}^{\mathrm{r}}\geqslant T_{j,\mathrm{occupy}}\end{cases} \tag{3-38}$$

式(3-38)表示发生跑道占用后，需要根据触发条件函数 $C_{4\to1}$ 判定其是否会引发进港延误事件。其中，c_1 和 c_2 为 E_4 引发 E_1 需要的条件，L_j 为计划使用 j 跑道的航班集合，f 代表某一航班，$T_{j,f,\mathrm{arrival}}^{\mathrm{r}}$ 为使用 j 跑道的 f 航班实际进港时间，$T_{j,\mathrm{occupy}}$ 为 j 跑道的占用时间。c_1 判断 f 航班是否使用 j 跑道，c_2 判断使用 j 跑道的 f 航班的实际进港时间是否早于 j 跑道的占用时间，将 c_1 和 c_2 进行逻辑与运算，根据运算结果判定是否会次生衍生出进港延误事件。

$$C_{2\to4}=c_1 \wedge c_2=\begin{cases}1, & E_2 会引发 E_4 \\ 0, & E_2 不会引发 E_4\end{cases}$$

$$c_1=\begin{cases}1, & \operatorname{card}L_j>1 \\ 0, & \operatorname{card}L_j\leqslant1\end{cases}, \quad L_j=\{l_1,l_2,\cdots,l_n\}, \quad c_2=\begin{cases}1, & T_{j,f_1,\mathrm{departure}}^{\mathrm{r}}<T_{j,f_2,out} \\ 0, & T_{j,f_1,\mathrm{departure}}^{\mathrm{r}}\geqslant T_{j,f_2,out}\end{cases} \tag{3-39}$$

式(3-39)表示在航班发生离港延误后，需要根据触发条件函数 $C_{2\to4}$ 判定其是否会产生跑道占用事件。其中，c_1 和 c_2 为 E_2 引发 E_4 需要的条件，L_j 为计划使用 j 跑道的航班集合，$\operatorname{card}L_j$ 为使用 j 跑道的航班数量，$T_{j,f_1,\mathrm{departure}}^{\mathrm{r}}$ 为使用 j 跑道的 f_1 航班实际离港时间，$T_{j,f_2,out}$ 为使用 j 跑道的 f_2 航班脱离跑道的时间。c_1 判断计划使用 j 跑道的航班数量是否大于 1，c_2

判断 f_1 航班的实际离港时间是否早于 f_2 航班脱离跑道的时间，将 c_1 和 c_2 进行逻辑与运算，根据运算结果判定是否会次生衍生出跑道占用事件。

$$C_{4\rightarrow2} = c_1 \wedge c_2 = \begin{cases} 1, & E_4 会引发 E_2 \\ 0, & E_4 不会引发 E_2 \end{cases}$$

$$c_1 = \begin{cases} 1, & f \in L_j \\ 0, & f \notin L_j \end{cases}, \quad L_j = \{l_1, l_2, \cdots, l_n\}, \quad c_2 = \begin{cases} 1, & T^r_{j,f,\text{departure}} < T_{j,\text{occupy}} \\ 0, & T^r_{j,f,\text{departure}} \geqslant T_{j,\text{occupy}} \end{cases} \tag{3-40}$$

式 (3-40) 表示发生跑道占用后，需要根据触发条件函数 $C_{4\rightarrow2}$ 判定其是否会引发离港延误事件。其中，c_1 和 c_2 为 E_4 引发 E_2 需要的条件，L_j 为计划使用 j 跑道的航班集合，f 代表某一航班，$T^r_{j,f,\text{departure}}$ 为使用 j 跑道的 f 航班实际离港时间，$T_{j,\text{occupy}}$ 为 j 跑道的占用时间。c_1 判断 f 航班是否使用 j 跑道，c_2 判断使用 j 跑道的 f 航班的实际离港时间是否早于 j 跑道的占用时间，将 c_1 和 c_2 进行逻辑与运算，根据运算结果判定是否会次生衍生出离港延误事件。

$$C_{4\rightarrow3} = c_1 = \begin{cases} 1, & E_4 会引发 E_3 \\ 0, & E_4 不会引发 E_3 \end{cases}, \quad c_1 = \begin{cases} 1, & \text{dis}(f_1, f_2) < 0 \\ 0, & \text{dis}(f_1, f_2) \geqslant 0 \end{cases} \tag{3-41}$$

式 (3-41) 表示发生跑道占用后，需要根据触发条件函数 $C_{4\rightarrow3}$ 判定其是否会发生碰撞事件。其中，c_1 为 E_4 引发 E_3 需要的条件，$\text{dis}(f_1, f_2)$ 为 f_1 航班和 f_2 航班之间的距离。c_1 判断 f_1 航班和 f_2 航班之间是否存在一定的距离，根据 c_1 的结果判定是否会次生衍生出碰撞事件。

$$C_{5\rightarrow4} = c_1 = \begin{cases} 1, & E_5 会引发 E_4 \\ 0, & E_5 不会引发 E_4 \end{cases}, \quad c_1 = \begin{cases} 1, & T_{j,\text{clean}} > T_{j,f_1,f_2,\text{interval}} \\ 0, & T_{j,\text{clean}} \leqslant T_{j,f_1,f_2,\text{interval}} \end{cases} \tag{3-42}$$

式 (3-42) 表示跑道残留碎片或异物后，需要根据触发条件函数 $C_{5\rightarrow4}$ 判定其是否会发生跑道占用事件。其中，c_1 为 E_5 引发 E_4 需要的条件，$T_{j,\text{clean}}$ 为 j 跑道清理残留碎片或异物的时间，$T_{j,f_1,f_2,\text{interval}}$ 为使用 j 跑道的前后两个航班 f_1 和 f_2 的间隔时间。c_1 判断 j 跑道清理残留碎片或异物的时间是否长于使用 j 跑道的前后两个航班 f_1 和 f_2 的间隔时间，根据 c_1 的结果判定是否会次生衍生出跑道占用事件。

$$C_{3\rightarrow5} = c_1 = \begin{cases} 1, & E_3 会引发 E_5 \\ 0, & E_3 不会引发 E_5 \end{cases}, \quad c_1 = \begin{cases} 1, & N(f_1, f_2) > N_{\text{crash}} \\ 0, & N(f_1, f_2) \leqslant N_{\text{crash}} \end{cases} \tag{3-43}$$

式 (3-43) 表示发生碰撞后，需要根据触发条件函数 $C_{3\rightarrow5}$ 判定跑道上是否会残留碎片或异物。其中，c_1 为 E_3 引发 E_5 需要的条件，$N(f_1, f_2)$ 为 f_1 航班和 f_2 航班碰撞所受力的大小，N_{crash} 为造成飞机损坏所需力的大小。c_1 判断 f_1 航班和 f_2 航班碰撞所受力是否大于造成飞机损坏所需力的大小，根据 c_1 的结果判定是否会次生衍生出跑道残留碎片或异物。

4. 航班延误滑行道冲突次生衍生事件链式效应分析

延误航班在进/离港滑行过程中，将占用该时刻正常运行航班的资源，扰乱正常进/离港航班的运行秩序，容易发生滑行道冲突，如两航班在同一个路径交叉点相逢、两航班滑行路径一致而且间距不符合安全间隔标准、两航班在相同滑行道对头行驶。航班在相互避让的过程中势必会消耗一定的时间且存在相当大的风险，不仅会使发生冲突的航班产生进/离港延误，而且会引发其他更严重的次生衍生事件，进一步扩大初始航班延误的影响。

图 3.35 模拟了航班延误导致的滑行道冲突现象。针对该场景下的突发事件进行链式效应分析，该场景中共有 5 个承灾体：CA3323 航班、MU6324 航班、CA3305 航班、滑行道、207 停机位。

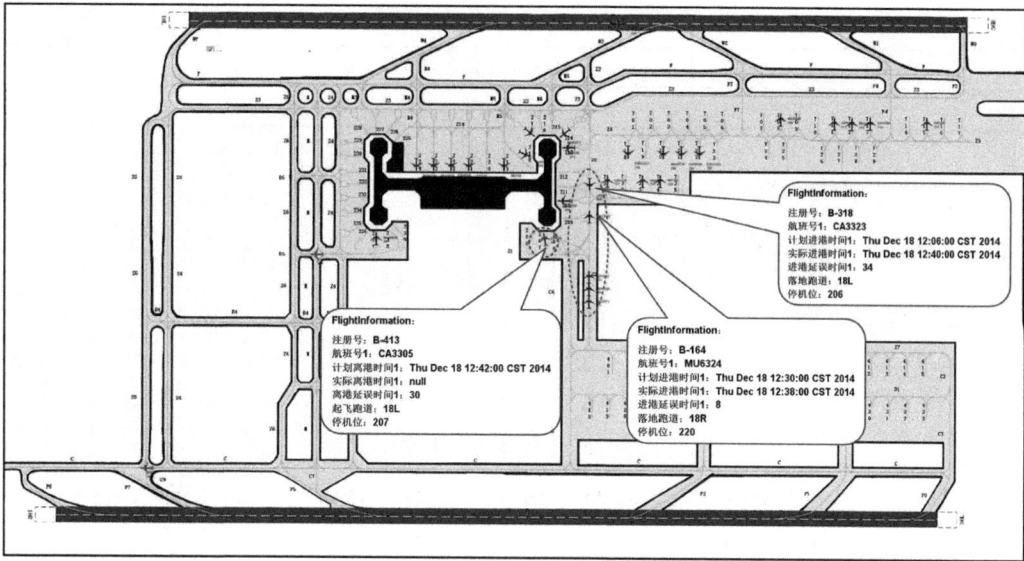

图 3.35 滑行道冲突事件链式效应示意图

对该场景中 5 个承灾体可能引发的 5 个事件 $E_i (i = 1, 2, 3, 4, 5)$ (表 3.9)，次生衍生关系矩阵为

$$
A = \begin{array}{c} \\ 1 \\ 2 \\ 3 \\ 4 \\ 5 \end{array} \begin{array}{c} \begin{array}{ccccc} 1 & 2 & 3 & 4 & 5 \end{array} \\ \begin{bmatrix} 0 & 1 & 0 & 0 & 1 \\ 0 & 0 & 0 & 1 & 1 \\ 1 & 1 & 0 & 0 & 0 \\ 0 & 0 & 1 & 0 & 0 \\ 0 & 0 & 1 & 0 & 0 \end{bmatrix} \end{array} \tag{3-44}
$$

表 3.9 滑行道冲突场景事件表

承灾体	突发事件	编号
CA3323 航班	进港延误	1
	离港延误	2
	碰撞	3
MU6324 航班	进港延误	1
	离港延误	2
	碰撞	3

承灾体	突发事件	编号
CA3305 航班	进港延误	1
	离港延误	2
	碰撞	3
207 停机位	停机位冲突	4
滑行道	滑行道冲突	5

经计算，得到最终次生衍生关系矩阵为

$$M = \begin{array}{c} 1 \\ 2 \\ 3 \\ 4 \\ 5 \end{array} \begin{array}{ccccc} 1 & 2 & 3 & 4 & 5 \\ \left[\begin{array}{ccccc} 1 & 1 & 1 & 1 & 1 \\ 1 & 1 & 1 & 1 & 1 \\ 1 & 1 & 1 & 1 & 1 \\ 1 & 1 & 1 & 1 & 1 \\ 1 & 1 & 1 & 1 & 1 \end{array}\right] \end{array} \tag{3-45}$$

根据以上最终次生衍生关系矩阵 M，划分该虚拟机场中的 5 个突发事件，得出以下次生衍生链式关系，如图 3.36 所示。

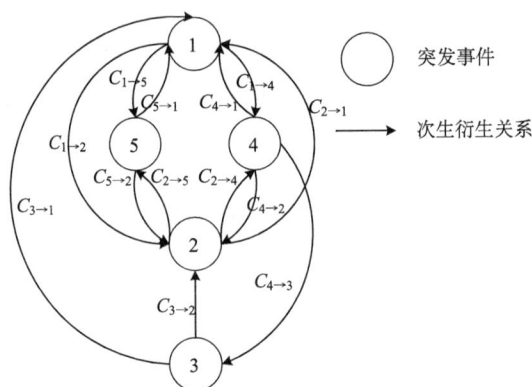

图 3.36　航班延误引发滑行道冲突事件链式关系图

由图 3.35 中的航班信息及图 3.36 中的事件链式关系可以看出，航班 CA3323 进港延误了 34min，在向停机位滑行过程中与另一进港延误航班 MU6324 发生对头冲突，由于冲突解脱措施不及时，占用滑行道使其他航班无法正常通过，并且影响 207 停机位的 CA3305 航班无法正常离港，导致下一进入 207 停机位的航班发生停机位冲突，进而发生进港延误。因此，CA3323 和 MU6324 航班在进港延误过程中引发次生衍生事件——滑行道冲突，该次生衍生事件使 CA3323 和 MU6324 航班的进港延误影响进一步波及，导致 CA3305 航班离港延误、207 停机位冲突以及其他需要经过该段滑行道的飞机产生进/离场延误，其次生衍生链式效应关系如图 3.36 所示，构成环状结构，形成循环式的演变，这种恶性循环式的突发事件不仅会造成该机场部分滑行道瘫痪，更会引起航空网络中更大面积的航班延误。

在滑行道冲突事件链式关系中，每个次生衍生事件的发生都需要满足一定的触发条件，如图 3.36 中各条边上显示的触发条件函数，其中触发条件函数 $C_{1\to2}$、$C_{2\to1}$、$C_{3\to1}$、$C_{3\to2}$、$C_{1\to4}$、$C_{4\to1}$、$C_{2\to4}$、$C_{4\to2}$、$C_{4\to3}$ 的布尔表达式如式 (3-28)、式 (3-29)、式 (3-33)、式 (3-37)、式 (3-38)、式 (3-39)、式 (3-40)、式 (3-41) 所示，其他触发条件函数关系的布尔表达式如下：

$$C_{1\to5} = C_{2\to5} = c_1 \wedge c_2 = \begin{cases} 1, & E_1\text{或}E_2\text{会引发}E_5 \\ 0, & E_1\text{或}E_2\text{不会引发}E_5 \end{cases}$$

$$c_1 = \begin{cases} 1, & \mathrm{card}Z_z > 1 \\ 0, & \mathrm{card}Z_z \leqslant 1 \end{cases}, \quad Z_z = \{z_1, z_2, \cdots, z_n\},$$

$$c_2 = \begin{cases} 1, & T^{\mathrm{r}}_{z,f_1} = T^{\mathrm{r}}_{z,f_2} \\ 0, & T^{\mathrm{r}}_{z,f_1} \neq T^{\mathrm{r}}_{z,f_2} \end{cases} \tag{3-46}$$

式 (3-46) 表示在航班发生进港或离港延误后，需要根据触发条件函数 $C_{1\to5}$ 或 $C_{2\to5}$ 判定其是否会产生滑行道冲突事件。其中，c_1 和 c_2 为 E_1 或 E_2 引发 E_5 需要的条件，Z_z 为计划经过 z 滑行道的航班集合，$\mathrm{card}Z_z$ 为需要经过 z 滑行道的航班数量，T^{r}_{z,f_1} 为 f_1 航班经过 z 滑行道的实际时间，T^{r}_{z,f_2} 为 f_2 航班经过 z 滑行道的实际时间。c_1 判断需要经过 z 滑行道的航班数量是否大于 1，c_2 判断 f_1 航班和 f_2 航班经过 z 滑行道的实际时间是否相同，将 c_1 和 c_2 进行逻辑与运算，根据运算结果判定是否会次生衍生出滑行道冲突事件。

$$C_{5\to1} = c_1 \wedge c_2 = \begin{cases} 1, & E_5\text{会引发}E_1 \\ 0, & E_5\text{不会引发}E_1 \end{cases}$$

$$c_1 = \begin{cases} 1, & f \in Z_z \\ 0, & f \notin Z_z \end{cases}, \quad Z_z = \{z_1, z_2, \cdots, z_n\} \tag{3-47}$$

$$c_2 = \begin{cases} 1, & T^{\mathrm{r}}_{z,f,\mathrm{arrival}} \leqslant T_{z,\mathrm{conflict\ resolution}} \\ 0, & T^{\mathrm{r}}_{z,f,\mathrm{arrival}} > T_{z,\mathrm{conflict\ resolution}} \end{cases}$$

式 (3-47) 表示发生滑行道冲突后，需要根据触发条件函数 $C_{5\to1}$ 判定其是否会引发进港延误事件。其中，c_1 和 c_2 为 E_5 引发 E_1 需要的条件，Z_z 为计划经过冲突滑行道 z 的航班集合，f 代表某一航班，$T^{\mathrm{r}}_{z,f,\mathrm{arrival}}$ 为计划经过冲突滑行道 z 的 f 航班实际进港时间，$T_{z,\mathrm{conflict\ resolution}}$ 为冲突滑行道 z 的冲突解脱时间。c_1 判断 f 航班是否准备经过冲突滑行道 z，c_2 判断 f 航班的实际进港时间是否早于冲突滑行道 z 的冲突解脱时间，将 c_1 和 c_2 进行逻辑与运算，根据运算结果判定是否会次生衍生出进港延误事件。

$$C_{5\to2} = c_1 \wedge c_2 = \begin{cases} 1, & E_5\text{会引发}E_2 \\ 0, & E_5\text{不会引发}E_2 \end{cases}$$

$$c_1 = \begin{cases} 1, & f \in Z_z \\ 0, & f \notin Z_z \end{cases}, \quad Z_z = \{z_1, z_2, \cdots, z_n\} \tag{3-48}$$

$$c_2 = \begin{cases} 1, & T^{\mathrm{r}}_{z,f,\mathrm{departure}} \leqslant T_{z,\mathrm{conflict\ resolution}} \\ 0, & T^{\mathrm{r}}_{z,f,\mathrm{departure}} > T_{z,\mathrm{conflict\ resolution}} \end{cases}$$

式 (3-48) 表示发生滑行道冲突后，需要根据触发条件函数 $C_{5\to2}$ 判定其是否会引发离港延误事件。其中，c_1 和 c_2 为 E_5 引发 E_2 需要的条件，Z_z 为计划经过冲突滑行道 z 的航班集合，f 代表某一航班，$T^{r}_{z,f,\text{departure}}$ 为计划经过冲突滑行道 z 的 f 航班实际离港时间，$T_{z,\text{conflict resolution}}$ 为冲突滑行道 z 的冲突解脱时间。c_1 判断 f 航班是否准备经过冲突滑行道 z，c_2 判断 f 航班的实际离港时间是否早于冲突滑行道 z 的冲突解脱时间，将 c_1 和 c_2 进行逻辑与运算，根据运算结果判定是否会次生衍生出离港延误事件。

3.4 小　结

　　本章针对航班运行过程中由航班延误引发的一系列次生衍生事件，从次生衍生事件链式效应的角度对航班延误问题进行剖析，力图有效预测航班延误的发生发展过程，控制航班延误事态发展，降低航班延误波及引发的次生衍生事件后果与影响。首先探究了航班延误主要因素，挖掘出航班延误波及效应及演化过程，在此基础上，针对相同飞机接连运行多个飞行任务的情况，对航班运行流程进行阶段细分，提出了改进的航班延误波及模型，分析时间轴上的先行航班发生进/离港延误对相关航班的波及影响和程度，实现有效估测相关航班运行状态。进而研究了航班延误次生衍生事件的链式波及效应，针对航班延误的不确定性，从突发事件的角度分析了航班延误事件的构成模式以及作用形式；根据航班延误事件的演变模式，探讨了航班延误次生衍生事件的表现形式及演化方式；基于此，建立了航班延误次生衍生事件链及其链式效应解析模型，通过判定次生衍生事件的触发条件，综合阐述了航班延误次生衍生事件的链式波及效应。最后建立了中国航空网络结构，基于 AnyLogic 仿真软件分别从航空网络视图和机场内部视图两个角度模拟了航班延误次生衍生事件的链式波及效应，对比航班实际运行时间与计划运行时间，真实反映了航班延误波及趋势，通过模拟航班延误可能引发的一系列次生衍生事件，分析了航班延误及其次生衍生事件对后序航班运行的波及影响。

第4章   不正常航班情景下旅客行为演化分析

4.1   概　　述

近年来，由于部分航班延误后的服务过于迟缓，甚至缺位，旅客利益受到侵害，加剧了旅客的愤懑情绪，从而引发旅客群体性事件。目前，国内有关旅客群体性事件的研究集中在群体性事件定义和成因分析上[23, 25]，对群体性事件的触发与演化鲜有涉及。由于群体行为的不可再现性与影响因素的复杂性，近年来人们通过将人工智能领域的认知过程应用到复杂系统建模中开展群体行为仿真研究。常宁宁[42]依据群体心理学理论提出了群体性事件中行为与心理的相互作用机制。赵宇宁和党会森[44]提出了群体性暴力事件仿真模型，模型中引入了影响人行为的 3 个因素：不满、理性、威慑，并构建了行为阈值函数。然而，以上研究对于群体行为中成员行为表现出的非理性和趋同性还缺乏深入的探讨。集群行为产生于社会互动，即人群中的情绪感染是一个"由他人的情绪在自己身上引起同样情绪的过程，它转过来又加剧他人的情绪"[128]。因此，研究群体的情绪感染过程，有助于探索群体行为的触发机制。

情绪感染是个体无意识或有意识模仿他人表情、动作等情绪表达后，内化为自我感受的过程[129]。目前，情绪感染理论在群体行为的研究中得到很好的应用。王丽新和唐好选基于情绪传染模型分析了情绪传染对群体中个体行为的影响[130]。Bispo 和 Paiva[131]对多类情绪的感染过程进行了研究； Pereira 等 [132]在 Bispo 和 Paiva 的工作基础上，提出了通用情绪感染模型，分析社会关系与性格对个体之间的情绪感染的影响。殷雁君等[133]在 Bosse 吸收模型的基础上，提出了群体环境中情绪模型的构建方法，该方法在构建情绪感染过程中充分体现了个性、个体关注度、群体规模的作用。刘箴等[134]将人群中的个体情绪划分成积极情绪、消极情绪，并提出了紧急状态人群的情绪感染模型。以上研究均假设个体不受外界事件刺激，然而，群体行为的涌现往往在谣言等外部事件的刺激下触发。

本章在文献[132]和文献[133]的基础上，考虑到了情绪感染过程中个体受外界事件的影响，改进了情绪传染模型，提出一种外界事件刺激下的情绪传染模型，应用行为阈值函数模拟个体的情绪动态下的行为决策过程，并以航站楼候机厅航班延误引发旅客群体性事件为研究例子，结合社会力模型模拟单个航班延误情境下的情绪传染过程以及旅客群体事件演化过程。对比分析不同应急预案的结果，为制定不正常航班应急预案提供理论支持。

4.2   航班延误及旅客心理分析

4.2.1   航班延误引发旅客投诉概述

根据中国民用航空局官网公布的航空运输消费者投诉情况通报，2017 年 2～5 月共受理消费者投诉统计情况如表 4.1、表 4.2 所示。表 4.1 为 2017 年 2～5 月航班问题、旅客服务问题情况统计。表 4.2 为 2017 年 2～5 月航班问题中航班延误、航班取消情况统计。

表 4.1　航班问题、旅客服务问题情况统计

月份	航班问题	所占比例/%	旅客服务问题	所占比例/%	总投诉事件/件
2	623	45.51	79	5.77	1369
3	577	38.67	102	6.84	1492
4	899	51.55	106	6.08	1744
5	967	53.04	117	6.42	1823

表 4.2　航班问题中航班延误、航班取消情况统计

月份	航班延误	所占比例/%	航班取消	所占比例/%	航班问题/件
2	330	52.97	199	31.94	623
3	274	47.49	232	40.21	577
4	476	52.95	338	37.60	899
5	450	46.54	395	40.85	967

　　如表 4.1 和表 4.2 所示,2017 年 2～5 月总投诉事件平均约为 1607 件左右,其中关于航班问题的投诉占据较大比例,约占 47.70%以上,关于旅客服务问题的投诉所占比例也不可小觑,平均占比不低于 6.29%。在航班问题的投诉事件中,航班延误投诉事件比例最低46.54%,最高 52.97%,几乎占据半壁江山,航班取消投诉事件所占比例在 31%以上。2 月份到 5 月份,随着投诉事件数量的增加,航班问题和旅客服务问题比例持续增加,这说明航班问题与旅客服务问题是航空公司需要提升服务质量,进而增强旅客满意度不可忽略的痼疾,应该予以高度的重视。
　　引发旅客投诉的事件包括航班问题,预订票务、登机、问题,退款问题,行李问题,旅客服务等问题。图 4.1 为航空公司 2 月引发旅客投诉各类事件所占百分比。

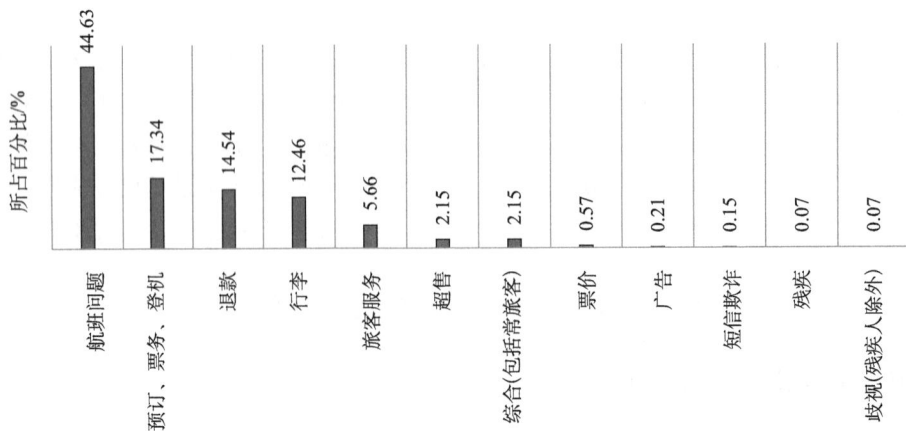

图 4.1　航空公司各类投诉百分比(2 月)

由图 4.1 可知，所有投诉事件占比比较高的为航班问题，预订、票务、登机、退款、行李和旅客服务问题。其中，航班问题占比 54.63%，在所有投诉事件中几乎占据了半壁江山。国内航班投诉事件中，航班问题与旅客服务问题是缓解航空公司与旅客关系，提升旅客满意度的重中之重。而由于航班延误后各种服务不到位所导致的"下跪门""群殴门"等事件的发生也给我们敲响了警钟。因此，航班延误情景下，时刻关注并满足旅客需求便显得尤为重要。

4.2.2 航班延误旅客心理分析

曾经任职过中国民用航空局局长的李家祥先生曾经讲过一起真实经历[29]：当时是在国航由北京飞往巴黎的航班上，一名旅客因飞机晚起飞了 30min 而责问乘务员，乘务员对飞机的晚起飞原因进行反复的解释，说明飞机晚于规定时间起飞是由于飞机晚到。可是乘务员越解释，那名旅客反倒是越生气。此时，李局长对那名乘务员说："你不需要再解释了，你现在要做的是告知机长争取尽快起飞，同时在航程中把延误的时间追回来。"在乘务员将这些情况告诉机长后，旅客情绪立刻得到缓解。乘务员所不知道的是，旅客需要的不是解释，而是有何措施能挽回自己的时间或经济损失。因此，在航班延误情况下，机组人员立即采取补救措施，确保航班及时成行是首要任务。

上面的案例给我们的启示是：在航班延误情况下，最应该关注的是旅客真正的心理需求。根据旅客的需求提供相应服务来达到矛盾的化解，才是缓解旅客不满情绪的根本。从乘客的心理需求出发，乘客从在安检口排队等候、安检、候机口等待、登机、等待起飞，这一系列过程旅客的情绪是有波动的，长时间的等待已经使旅客逐渐失去耐心，变得越发急躁，旅客的情绪波动与自身行程的重要性是成正比的，不满情绪随之而来的是厌烦心理，同时急躁产生的负面影响会使旅客对延误时间有延长的错觉，急躁、不满、厌烦心理使旅客对航班服务的要求增高，甚至会挑剔服务质量，此时如果机组人员并没有采取补救服务对旅客进行情绪的疏导与安抚，极易使旅客情绪失控、与机组人员发生摩擦，进而造成一系列不安全事件，同时对航空公司的信誉度也会产生不好的影响。

由此，航班延误情景下及时掌握旅客心理变化极其重要，旅客心理包括以下几个方面[43]。

1. 自我尊重及被人尊重的心理

旅客在与服务人员沟通的过程中，当其需求达不到满足或者感受到自我意愿不被重视时，维护自我意愿的感觉就会占据上风，虽然外在表现为对服务提出抗议和不满，但是其想要获得尊重的心理才是根本。

那么，航班延误发生后，乘务人员首先要和旅客进行良好的及时沟通，向旅客进行诚恳的致歉并说明延误原因，乘务人员积极良好的态度会让旅客感觉到被重视，告知延误原因从而保证旅客具有知情权。因此，航空公司最好的办法就是在发生航班延误时，尽快将发生原因及解决方法进行及时的通报，从而让旅客的心理上得到满足，感觉受到了足够的尊重。如果此时乘务人员还是一问三不知的情况，试想一下，旅客当然会非常不满。

2. 及时获取信息的心理

旅客在出发之前，对此次旅行全程相关的所有准确的信息都是需要进行及时了解的。

包括乘坐航班的时刻、机型、票价，通过确认所乘航班机票的所有相关信息，进而确定什么时间前往机场，该航班相关的实时信息，特殊服务如餐食、轮椅等的提前确认信息，到达目的地时间的交通情况等，以便提前制定一份舒适、合理的旅程计划，尤其是发生航班延误等状况时，航空公司能否及时地提供信息通报、问询等服务，包括航班延误的原因，特别是告知飞机预计的起飞时间，提供给旅客便捷的改、退签等候机方案，对旅客心理影响都尤为重要。

乘客的信息需求决定了他们将会通过各种方法了解航班的运行状况。航空公司在实际的服务尤其是航班延误过程中应该重视旅客信息需求的心理，减轻旅客的情绪波动。信息的获取从信息来源和传播介质两方面可以进行以下区分。

(1)信息来源：正式和非正式。旅客通过民航官方规定途径获取的信息为正式信息，包括航班的时刻表、票面信息、机舱内安全须知等，这种信息的优点是渠道广、效果好，但缺点是沟通性差，无法取得旅客反馈。而非正式信息的特点是交互快但准确性得不到保障。例如，当航班延误时既没有信息告知也没有人员解释原因，旅客就会胡乱猜测进而虚假信息肆意传播，此时对旅客情绪的波动会造成很大的影响。航空公司应该根据正式信息和非正式信息各自的特点，发挥其长处，达到较好的信息传播、信息沟通效果。

(2)传播介质：口头、书面及电子传递。口头传递灵活，容易理解；书面传递准确、易于反复读取和保存；电子传递传播速度快，传播范围广，对于时效短的信息传递极为有效。传播介质的选取应依据具体情况择优选择。

旅客对信息的需求是旅客由职业、年龄、学历、性别等社会属性以及出行目的、航程、航班类别等出行特征决定的。例如，出行目的为公务型的旅客对时间的要求比较严格，航班一旦延误就会造成巨大的时间成本损失。同时从航空业自身来说，航班运行情况极易受到天气异常等突发情况的影响，这两者同时决定了旅客对信息服务的强烈需求程度。

3. 主观发泄的心理

当旅客的需求得不到满足，利益受到损害时，就会表现为抗议、争执，甚至会发生投诉，来发泄不满情绪，获得心理平衡。如果这时航空公司服务人员用积极良好的态度与旅客进行及时的沟通，充分了解旅客的各种需求，而不是让旅客盲目地长时间等待，旅客的不满情绪就可以得到疏通。盲目长时间的等待只会导致旅客情绪最终爆发，打砸柜台或攻击服务人员，以求发泄心中的不满，希望引起重视。

4. 获得补偿的心理

维权意识的增强使旅客一旦意识到自己的权益受到损害，就会依据相关赔偿条款提出赔偿。在航班延误发生时，航空公司有义务为旅客提供相关延误服务，包括膳食或食宿安排、舒适的候机环境、及时通报延误信息等，必要的时候提供先进赔偿。

旅客在面对服务时有一定的心理预期，它是行为的驱动力。

1)期望良好结果

旅客期望航班延误的赔偿内容能补偿自己的损失，包括货币赔付、票款折扣、升舱或正式道歉等。

2）期望愉快过程

旅客希望赔偿的处理过程是愉快、满意的，同时能够真切感受到航空公司的诚意，如果航空公司在处理赔偿事宜的过程中拖沓、效率低甚至态度恶劣，旅客将会感到不受尊重，进而对处理结果不满意。

航空公司在制定相应的延误处置策略时，应在兼顾旅客需求和自身的运营成本的情况下，尽量满足旅客的合理要求。

5. 及时成行的心理

在发生航班延误的情景下，旅客后序的旅程计划都将受到影响，旅客在这种情况下内心是非常焦虑的。因此，及时成行是旅客的首要目标。便捷的改、退签是弥补旅客心理的有效手段，即航空公司或旅客申请变更机票上所规定的承运人而必须履行的变更手续。可分为旅客自愿和非自愿两种签转方式。对于每一次飞行，航空公司和旅客都希望飞机能够准时到达目的地，但当出现航班延误且责任方为航空公司时，航空公司应重视并尽量满足旅客的诉求，为旅客转签至其他航班。如果出现由于天气状况、流量控制等因素导致的大面积航班延误，旅客即使改签到其他航班也无法及时成行，可以考虑换乘其他交通工具。

4.3 基于情绪感染模型的旅客情绪传播仿真方法

4.3.1 旅客群体性事件相关概述

2004 年 1 月 1 日起实行的《民航航班正常统计办法》（以下简称《统计办法》）明确规定，凡有下列情况之一的为不正常航班：①没有在班期时刻表公布的离站时间后 15 分钟（北京、上海、广州和深圳机场 20 分钟）之内正常起飞的航班；②没有在班期时刻表公布的到达时间开客舱门的航班；③发生返航、改航和备降等不正常情况的航班；④未经中国民用航空或地区管理局主管部门批准，航空公司自行改变计划的航班。《统计办法》列举的不正常航班除了迟延起飞和迟延到达的航班，还包括发生返航、改航和备降等不正常情况的航班以及取消的航班。该《统计办法》关于"不正常航班"的标准清楚、明确。尽管《统计办法》并未明示"不正常"即"延误"，但从其表述中可以看出，《统计办法》中所指"不正常"实际上即是"延误"。

按照合同法原理，航班延误是指承运人未能按照运输合同约定的时间将旅客、行李或者货物运抵目的地点。运输合同约定的时间，一般指承运人的班机时刻表或者机票上载明的旅客抵达目的地的时间和航空货运单上载明的货物运达目的地的时间。航班延误包括迟延起飞和迟延到达。所谓迟延起飞即是承运人未能按照航班时刻表或机票载明的离站时间离站。此处离站时间，根据《国内客规》第 3 条第 28 项规定是指航班旅客登机后，关闭机舱门的时间（旅客通常将航班时刻表或机票载明的离站时间理解为飞机离地起飞的时间是错误的）。所谓迟延到达是指承运人未能按照航班时刻表载明的到站时间到站。关于到站时间现行法律没有特别规定，笔者认为对应到站时间应当理解为打开机舱门的时间。故此，没有在航班时刻表载明的到站时间打开机舱门的航班应当是迟延到达的航班。有人认为，航班只有迟延起飞问题，不存在迟延到达问题，因为机票没有载明到达时间而只有离站时间，《国内客规》《航空公司运输条件》中也仅仅对离站作了明确解释，而没有到站时间的解释。因此，飞机一旦正点起飞就不存在延误。笔者认为这种说法是错误的。第一，2004年1月1日起实施的《民航航班正常统计办法》明确解释了什么是到站时间，班期时刻表公布的航班时间为开关机门时间，或称为离站、到达时间。第二，虽然机票没有载明到站时间，但是，由承运人或其代理人制定的标明航班到站时间的航班时刻表一经公布，就对承运人具有拘束力，承运人的航班未在约定的时间内到达目的地，应当认定为迟延到达。第三，正点起飞的航班在经停地的延误、飞行中因绕飞雷雨区或在目的地机场上空盘旋等待乃至复飞、返航、备降非目的地机场等都可能导致该航班不能在约定的到站时间内到达，造成迟延到达。此外，在民航实践中航班取消通常也作延误处理。不过，《国内客规》关于"延误责任"的规定是(第57条)由于机务维护、航班调配、商务、机组等原因，造成航班在始发地延误或取消，承运人应当向旅客提供餐食或住宿等服务。严格地说，取消航班属于解除合同或合同不能履行而不是航空运输合同的迟延履行。

1. 群体性事件理论

对于群体性事件的研究，不同的学科有着不同的研究视角，在对群体性事件的定义上不尽相同，如"群体性治安事件""群体性突发事件""群体性暴力事件"等。我国对群体性事件的定义主要根据2000年公安部制定的《公安机关处置群体性治安事件规定》：群体性事件是指聚众共同实施的违反国家法律、法规、规章，扰乱社会秩序，危害公共安全，侵犯公民人身安全和财产安全的行为。这里所定义的狭义的群体性事件，也为群体性治安事件，主要包括：①人数较多的非法集会、游行、示威；②集会、游行、示威和集体上访活动中出现的严重扰乱社会秩序或者危害公共安全的行为；③严重影响社会稳定的罢工、罢课、罢市；④非法组织和邪教等组织的较大规模聚集活动；⑤聚众包围、冲击党和国家机关、司法机关、军事机关、重要警卫目标、广播电台、电视台、通信枢纽、外国驻华使馆、领馆以及其他要害部位或者单位；⑥聚众堵塞交通枢纽、交通干线，破坏公共交通秩序或者非法占据公共场所；⑦在大型体育比赛、文娱、商贸、庆典等活动中，出现的聚众滋事或者骚乱；⑧聚众哄抢国家仓库、重点工程物资以及其他公共财产；⑨较大规模的聚众械斗；⑩严重危害公共安全，破坏社会秩序的其他群体性行为。

以上的群体性事件定义应属狭义上的定义，群体性事件定义除了上述的十个范围，还应该指由人民内部矛盾引发的，信念或利益趋同的民众，为表明主张、宣泄情绪、扩大影响、实现目标所采取的非政治性的集体行动。广义概念的群体性突发事件，既可以在法制框架内发生，也可以在法制框架外进行，即有些群体性突发事件可能出现违反有关法律、法规的行为，有些可能并不违反。例如，经政府主管部门批准的游行、示威活动，还有集体上访、越级上访等，如果没有出现故意冲击党政机关和破坏交通秩序的情况，应视为群众的合法行为。因此，正义的、合法的集会、游行、示威可称为群体性突发事件，非正义的、非法的集会、游行、示威也可称为群体性突发事件。在我国构建和谐社会的转型时期，群体性事件作为一种人民内部矛盾引发的不协调、不和谐的社会现象，具有群体性、利益性、突发性、破坏性、组织性等基本特点。

2. 旅客群体性事件理论

综合国内外学者对群体性事件的理解，本书对航班延误引发的群体性突发事件进行如下界定：航班延误群体性事件是由于各种原因引发航班延误而构成的具有共同心理与行为动机的集群，为表达某种利益诉求或宣泄内心不满情绪，采取对航空公司或机场殴打工作人员、破坏安检设施、拥堵安检口和登机口、拦机、霸机等极端方式，对社会秩序造成某些负面影响的违法事件。

本书研究的航班延误情境下旅客群体性突发事件主要包括以下几个要素。

1) 航班延误导致的旅客群体性事件包含一定的社会背景

航班延误是一个世界性难题，也是一个极其复杂的过程，其中任何一个环节出现问题，都会导致航班延误。航班延误引发的群体突发性事件是在我国经济转型中逐渐出现的，是一种十分复杂的社会现象。客观来讲，在某些航班延误事件中，有些旅客的合法权益受到损害，按照正常渠道进行补偿是合理的，但不可否认的是有些少数旅客由于对相关法律法规缺乏一定的了解，认为只有通过极端方式才能维护自身的权益，进而采取极端方式，触犯了法律法规，造成了一定的负面影响。改革开放和社会变迁是21世纪以来我国群体性事件发生的大背景，航班延误引发的群体性突发事件是这一大背景的一朵浪花，只有在大背景下，才能找到引发航班延误旅客群体性突发事件的深层原因，并且提出有针对性的预防措施和处置办法。

2) 旅客群体性突发事件的参与主体复杂

航班延误引发的群体性突发事件主体参与者往往是对航空公司或机场具有共同心理与行为动机的旅客群体。当旅客的相关利益受到损害时，为表达某种利益诉求或宣泄内心不满情绪，采取对航空公司或机场殴打工作人员、破坏安检设施、拥堵安检口和登机口、拦机、霸机等极端方式，来表达自身的利益需求，使呈现的结果具有破坏性，危害航空公司和机场的正常管理，对社会和谐稳定产生了不良影响，所以绝大多数航班延误引发的群体性突发事件属于违法违规的行为。

4.3.2 群体情绪相关理论

1. 情绪理论

情绪是一种复杂的心理活动，许多心理学家对其有不同的理解和定义。许多学者对情绪下过定义，这些定义反映出情绪的某些特点及其与其他心理现象的关系，如 Arnold 对情绪的定义为"情绪是对知觉为有益事物的趋向、对知觉为有害事物的逃避的一种体验，这种体验与相应的趋避生理变化模式相伴"[135]。Lazarus 对情绪的定义为"情绪是对正在进行着的好的环境信息或不好的环境信息的生理心理反应，它依赖于个体对信息暂时的或持久的评价"[136]。这些定义均从不同的角度论述了情绪的表现形式、特点、功能。由于情绪是一种非常复杂的心理现象，至今人类尚不能揭示其奥秘，所以任何对情绪的定义都是有失偏颇的、片面的，我们无法给情绪下一个确切的定义，但可以对情绪的特性作一些描述，与本书研究有关的情绪特性主要有四个方面。

(1) 情绪是多成分的复合结构，它包括内在体验、生理反应和外显表情，这三种成分相互作用、相互影响，并能发动、影响情绪。

（2）情绪是具有多种基本类型的多维结构，如 Izard 认为人类有 8～11 种基本情绪类型，它们是兴趣、愉快、惊奇、厌恶、愤怒、恐惧、悲伤、痛苦以及害羞、轻蔑、自罪感[137]。

（3）情绪具有多种发生机制，情绪的发生机制相当复杂，情绪可以通过感知觉诱发，如疼痛诱发出的情绪。情绪也可以通过认知诱发，如发现危险诱发出恐慌的情绪。情绪的发生可以是有意识的，如听一段感人的故事；也可以是无意识的，如不小心踏空吓出一身冷汗。

（4）情绪具有多种功能，能以其独特的方式对生理、认知、行为产生影响，如情绪有动力功能、强化功能、调节功能、信号功能、感染功能、迁移功能、疏导功能、保健功能、协调功能[138]。

2. 群体情绪相关理论

群体是情绪性的实体，情绪是群体生活的固有部分。当个体属于并认同某一群体时，与群体相关的事件也能诱发强烈的情绪。例如，人们会因为自己喜爱的球队打败强手而欢呼雀跃，也会为球队输掉比赛而黯然神伤。举一些严肃的例子，当战争、恐怖袭击、自然灾害席卷全国，那些对国家怀有归属感的人集体陷入悲伤、愤怒和恐惧，即使他们自己或者亲人朋友并未亲身经历这一影响。此时，这种情绪就称为群体情绪[139]。

所谓群体情绪是指个体对某一特定群体或者社会成员所产生的情绪体验。Smith 和 Conrey 把群体情绪界定为当个体确认属于一个社会群体，并把该群体作为心理自我的一部分时所经历的情绪，此时群体获得了社会和情绪意义，评价与群体有关的事物都会带有情绪色彩，把情绪从个人水平扩展到群体水平[140]。此水平的群体情绪实质上仍是个体情绪，是个体在个人水平上对涉及群体价值事件的情绪。在现实生活中，社会性群体性事件不断升级增多。在集群行为中，由于导火索事件引发的情绪迅速传遍整个群体，在这种共同情绪氛围的渲染下，个体可能表现出独自一人时不常见的行为倾向，甚至直接的暴力行为。此时的群体情绪已经不再局限在个体水平，经过群体内成员的传播和感染，当大多数成员都表现出一致的情绪时，群体水平上的群体情绪就形成了。因此，研究群体范围内的群体情绪显得极其重要。

本章中的群体情绪既包括群体价值的内化，也包含群体范围，即个体将群体价值内化为自我价值的一部分，当他人评价与群体有关的事件时，产生的情绪在两个以上成员组成的群体中分享传播，最终形成大多数成员共有的一致的情绪。

3. 情绪感染概念

情绪感染是一个心理学的术语，这一术语借用了医学的感染一词，主要是因为情绪感染涉及个体、情绪以及情绪传播的心理过程[141]。情绪如同微生物一样，在环境中以信息的形态与情绪觉察者(被感染者或宿主)"接触"，并通过觉察者的无意识"模仿"(复制)，使觉察者产生与情绪信息相同的情绪，从而实现了情绪的"传递"。在情绪感染过程中，也利用了觉察者体内的资源，如注意力、行为、生理反馈、镜像神经系统等，情绪感染的结果不但会影响觉察者的生理运作(如内分泌系统)，也会影响觉察者的心理运作甚至行为取向。通过上述分析可知，"接触"、"传递"和"复制"是感染的重要环节，正因如此，情绪感染有了与医学感染的相似之处，才有理由借用医学的"感染"一词。

情绪感染的发生机制与影响程度均是受意识调节的。究其根源是因为情绪感染的概念不统一，所以，情绪感染概念是情绪感染研究领域中不可回避的问题。

首先，情绪感染必须是无意识的。情绪可以通过模仿他人的行为直接产生，这个模型的基本原理是通过观察他人行为直接触发了觉察者理解该行为的相应的神经物质（镜像神经），通过模仿实现了觉察者与他人之间的行为、感觉、情绪体验的联结。这是一种无意识的、自动化的情绪产生过程，对于这一重要的情绪产生机制需要给它一个科学的且唯一的名称——情绪感染，且这一概念必须区别于其他概念，不能将情绪感染随意扩展而与移情、情绪调节等概念相混淆，否则对于情绪感染这一现象就没有一致的话语平台，也不利于科学研究，最终导致实验设计粗糙，诱发的心理现象庞杂。需要特别说明的是，情绪感染中所强调的无意识性并不是指时程非常短以至于不能在意识层面上对情绪信息进行处理（如阈下情绪启动），而是指时程可以较长，但是觉察者对情绪信息的处理是自动化的、无须意识努力。倘若情绪感染是需要意识参与的，那么就很容易与移情、情绪调节等概念交叉、重叠，正如意识性情绪感染一样使得情绪感染不知所云。

其次，通过情绪感染传递的情绪信息必须是感官情绪信息。由于情绪感染描述的是情绪在人际间"无意识"的传递现象，那么只能是感官情绪信息的传递符合"无意识性"。以往研究没有区分感官情绪信息与高级情绪信息，没有认识到加工这两类情绪信息的心理机制是不同的，由此导致不能从心理加工机制的层面上区分出意识性情绪感染和原始性情绪感染，使意识性情绪感染最终滑向"包罗万象的情绪传递与调节"的迷局。

再次，情绪感染必须符合"感染"这一词源。既然用了"感染"这一词源，就必须符合这一词源的意义，否则就词不达意了，如上所述，"感染"一词最早在医学中出现，意思是"来自接触"，既然是"接触"就需要有两个主体，而且要有物质（微生物）在两个主体间传递，最后导致一个主体被感染上了该种物质，医学中的感染是一种生理反应。沿用到心理学后，"感染"的原意应该与词源保持一致，虽然情绪感染不像医学中的感染一样传递了物质，但是它传递的是"情绪信息"。

综上所述，"感官情绪信息""无意识性"应该是情绪感染概念的本质属性，此外，发生"感染"必须要有主体间性、情绪一致性。由此，可将情绪感染定义为：情绪感染指情绪诱发者的感官情绪信息被觉察者感知并自动化地、无意识地加工成与诱发者相同的情绪状态的心理现象。

4. 情绪感染的发生机制

情绪感染的机制模型应该构建在情绪感染概念的基础之上，如前所述，情绪感染指情绪诱发者的感官情绪信息被觉察者感知并自动化地、无意识地加工成与诱发者相同的情绪状态的心理现象。那么感官情绪信息是如何被觉察者无意识地加工并最终使觉察者"复制"了诱发者的情绪的呢，显然这个"无意识的加工复制"过程，就是情绪感染的发生机制。

1）模仿与反馈在情绪感染中的作用

Hatfield 等的情绪感染理论建立在自动化地、无意识地对观察到的面孔情绪进行快速面孔反应的基础之上。快速面孔反应也称为模仿，由于模仿激活了觉察者的脸部动作，使觉察者产生了相应的情绪，例如，看到某人愁容满面时，觉察者产生愁容的肌肉就会激活起来，这种活动可能是明显的，也常常是下意识的，产生得非常快（1000ms 以内）[142]。Stel

和 Vonk 使用丰富的实验材料(长视频与真实交往)以产生与被模仿者相同的情绪,证明了模仿与移情的因果效应[143]。

2) 情绪感染的神经机制

模仿与生理反馈激活了镜像神经系统,从而诱发出与被观察者相同的情绪体验。有关研究表明,IFO 在两个方面对模仿产生关键作用:一是激活了模仿状态;二是感受自己的状态,模仿与体验均与 IFO 有关[144],IFO 具有在执行这两类任务中必要的传入与传出范式[145]。总之,模仿与生理反馈的本质是心理层面的,且是无意识的。由于模仿与反馈在情绪感染机制中扮演重要角色,因此镜像神经系统在情绪感染中的重要作用就不言而喻了。

5. 情绪与风险决策

对于情绪能够影响风险决策,风险决策的结果反过来又能影响人们所体验到的情绪这一观点,已经毋庸置疑。情绪在风险决策领域中的研究主要经历了两个阶段:最初,情绪仅被视为风险决策的一个影响因素并且这种影响是通过认知评估这一中介而实现的,情绪可以影响风险决策但无法直接决定风险决策;之后,随着研究进一步深入,情绪反应与认知评估才得以分离,情绪可以无须借助认知评估这一中介影响风险决策,相反,情绪可以反过来影响认知评估,并直接决定风险决策行为。

情绪与认知的关系已经有大量的研究积累。Isen 和 Patrick 认为正性情绪对认知具有促进和干扰的影响[146]。孟昭兰进行了各种情绪对认知操作的实验研究,结果表明:正性情绪和负性情绪对认知操作的影响是有显著的差别的[147]。近年来,随着对具体情绪和认知关系研究的深入,对不同情绪影响风险决策过程的认识也逐渐全面和深刻,并形成了不少理论,这些理论大体分为两种类型,一种是情绪泛化假说,一种是情绪维持假说。美国著名的决策研究专家 Hastie 在 2001 年的《心理学年鉴》中提出了决策领域未来需要解决的 16 个问题,而情绪在决策中的作用研究则是其中需要解决的问题之一[148]。

研究者在这一思想的指导下,对情绪与决策领域的研究如火如荼地开展起来,并已取得丰富的研究成果。Yuen 和 Lee 采用实验的方法研究了在重要的生活决策中不同情绪状态对风险偏好的影响。他们把被试随机地分成三组,让他们分别观看一段愉快的、中性的和悲伤的电影片断,以诱发相应的愉悦、中性和悲伤情绪。然后,让被试完成一份两难选择问卷,用以测量被试的风险偏好。研究结果表明:处于中性和积极情绪状态的被试比悲伤的被试更倾向于风险偏好;但中性和愉悦的被试在风险偏好上并没有表现出显著性差异[149]。徐辉的研究发现,决策时的情绪将使被试的风险决策产生与情绪相一致的效应,表现为正性情绪状态下,被试倾向于冒险,并低估知觉到的风险,而在负性情绪状态下,被试倾向于风险回避,并高估知觉到的风险[150]。毕玉芳的研究发现,情绪影响风险决策,积极情绪下的个体倾向于风险规避,而消极情绪(悲伤)下的个体倾向于风险偏好[151]。有关情绪影响风险决策认知神经机制的深入探讨无疑是今后该领域研究的主要趋势。

4.3.3 基于智能体的群体行为仿真框架

群体性事件的演化过程十分复杂,从宏观的角度分析难以掌握其发展过程,因此将人工智能领域的认知过程应用到复杂系统建模中开展群体行为仿真研究,有利于分析定量分析系统中的单个影响因素。基于智能体的建模是一种由底而上的建模方法,它通过定义智能体的简单行为规则及与环境的交互涌现出整个系统的复杂性。如图 4.2 所示，本节基于智能体建模方法构建了群体行为的仿真框架。

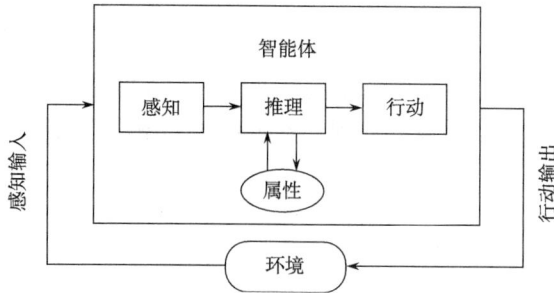

图 4.2　基于智能体的群体行为仿真框架

仿真系统中个体可视为一个智能体，智能体通过感知器感知周围发生的事件及其他智能体的状态，根据智能体自身的属性及认知规则，智能体进行合理的决策，从而表现出不同的行为。本章主要考虑智能体的视觉感知，智能体的感知范围为视觉感知半径和角度围成的扇形区域，智能体的感知半径设为 5m，感知角度设为 110°。智能体属性包括人格、情绪、社会关系。其中，个体人格决定其情绪表达力和对他人情绪的理解力，基于 OCEAN 模型，本章定义智能体的个性 $P=[P_O,P_E,P_N]$，其中：P_O 为开放性，表示个体情绪感受能力，即被他人情绪感染的能力；P_E 为外倾性，表示个体的情绪表达力；P_N 为情绪不稳定性，表示经历消极情绪的持久倾向。情绪是个体对外界认知评价的结果，从群体性事件安全管理的角度，将智能体的情绪划分成积极情绪(如欣慰)、消极情绪(如愤怒)，$I_p(t)\in[0,100]$ 表示智能体积极情绪值，$I_n(t)\in[0,100]$ 表示智能体消极情绪值。社会关系可分为群体角色和亲疏关系，其中依据社会依附理论，亲疏关系可细分为亲属、朋友和陌生人等，在群体性事件中，群体角色定义为参与者、围观者。

4.3.4　旅客情绪感染模型

1. 个体情绪模型

情绪演化可分为增长、维持和衰减等三个过程，本章依据情绪过程与人格因子的关系表达[132]，定义个体情绪增长、衰减过程如下所示：

$$I_s(r,t)=I(r,t)\bullet\lambda\bullet P_N^r\bullet\exp(-\rho\bullet P_N^r\bullet\Delta t) \tag{4-1}$$

$$I_d(r,t)=I(r,t)\bullet\lambda\bullet\exp\left(\frac{-\rho}{P_N^r}\right) \tag{4-2}$$

其中，$I_s(r,t)$ 为个体在时刻 t 情绪增长的强度；$I_d(r,t)$ 为个体在时刻 t 情绪衰减的强度；$I(r,t)$ 为时刻 t 的情绪强度；$\rho\in[0,1]$ 为情绪调节因子，以对不同的情绪衰减程度进行调节；$\lambda\in[0,1]$ 为场合调节因子，以调节不同场合下的情绪增长速度；Δt 为外界刺激的累积时间，表示边际效应对情绪增长的影响；P_N^r 为个体 r 的情绪不稳定性，个体情绪越不稳定，情绪衰减则越快。

个体在外界刺激下，会自然产生情绪，其中影响情绪强度的因素有很多。本章主要考虑外界事件刺激情绪的自我增长、衰减和群体环境中情绪感染对个体情绪的影响。定义个体情绪强度如式(4-3)所示：

$$I(t+1) = I(t) - I_d(t) + \partial \cdot I_c(t+1) + I_s(t) \tag{4-3}$$

其中，情绪感染力 ∂ 为常数，因不同情绪进行调整情绪强度计算；$I_c(t+1)$ 为时刻 $t+1$ 的感染情绪强度值；若个体在时刻 t 没有受到外界事件的刺激，则 $I_s(r,t)=0$；若个体受到外界刺激则 $I_d(t)=0$。

2. 情绪感染过程

在已有研究的基础上[132,133]，本章引入了群体角色、亲疏关系等社会属性，研究积极情绪、消极情绪在群体中的传染机理，以消极情绪为例阐述个体在时刻 $t+1$ 的感染情绪强度值 $I_c^n(t+1)$：

$$I_c^n(t+1) = p_o^r \cdot [\varpi \cdot PS + (1-\varpi) \cdot (GE - I_n(t))] \tag{4-4}$$

其中，$I_n(t)$ 为个体在时刻 t 的消极情绪值；$\varpi \in [0,1]$ 为个体对特殊个体的关注度；PS 为特殊个体的情绪强度，定义为视域范围内与感染者情绪强度具有最大差值的情绪强度，即 $\max\_S\{P_E^s \cdot (I(s,t) - I(r,t)) | s \in G \setminus \{r\}\}$；群体 G 为个体视域范围内消极情绪个体集合，消极情绪个体定义为消极情绪值占主导的个体，即个体只表达当前的主导情绪；GE 为群体情绪，本章称为群体情绪氛围，定义如下：

$$GE = \sum_{i \in G/\{r\}} (\beta_i \cdot \mu_i \cdot I_n(i,t)) \tag{4-5}$$

其中，$\mu_i = P_E^i / \sum_{i \in G} P_E^i$ 定义为个体在群体氛围中所发挥的影响力；β_i 为个体 i 的权威性，表示个体情绪在群体情绪中所发挥的影响力，通常由个体身份、地位等因素决定。本章依据权威性与社会关系特征的关系表达[34]，定义个体 i 的权威性 β_i 为

$$\beta_i = ri \cdot i\_range + rpd \cdot p\_range + c \tag{4-6}$$

其中，$ri \in [0,1]$ 为个体 i 与个体 r 的亲疏关系，取值越大，则两者越亲密；权威系数 $rpd \in [0,1]$ 表示个体 i 相对个体 r 的地位，取值越大，则个体 r 对个体 i 的情绪的敏感度越高；i_range 和 p_range 分别为调节因子，以调节不同情绪及场合的亲疏关系及角色的比重；c 为常数。类似地，可得出个体在时刻 $t+1$ 受到积极情绪感染的强度值 $I_c^p(t+1)$。

4.4 基于改进谣言传播模型的群体信息扩散方法研究

群体性事件是一种多因素共同作用下的特殊社会群体行为[31]，人群在一定的环境下由于某类突发事件受到吸引，通过串联和聚集形成大规模的群体，在现场舆论传播的作用下表现出情绪上的非理性和行为上的高度一致性及攻击性。例如，2013 年 1 月 3 日，因天气原因导致昆明长水国际机场 434 个航班被迫取消，7500 名游客滞留机场，广播和航班显示系统的瘫痪造成航班信息的不透明，随后在谣言的作用下衍生了 36 起旅客冲突事件。目前，对突发自组织群体性事件的应急主要侧重于两个方面，一个是事前的预测预警，另一个则是现场的应急处置，这些应急响应的方式都基于前端可控、警兆明显、因素可调等假设或

者事实基础，然而，群体性事件警兆和影响因素都难以确定，因此，基于多智能体的社会系统建模方法，研究信息缺失条件下谣言在群体中扩散过程及其触发群体愤怒情绪的作用机制成为群体性事件应急管理的迫切需求。

国内外心理学者研究表明，在群体性事件中，由于现场无法及时发布官方的权威信息，导致群体成员情绪的忧虑与不安，人们不得不从其他非官方渠道获取各种真伪信息来填补信息的缺失，由于人们获取的信息在主观上被层层加工，最终导致谣言的产生和扩散。由谣言产生的诱导心理也是群体性事件中不可忽视的心理因素，谣言的传播会扭曲事实，激起群众的情绪反应，进而促使事态的扩大，导致群体异常行为的急剧发展[152]。

信息传播在群体过程中存在涌现现象，其中谣言传播对群体行为的影响较为明显，目前谣言传播动力学的研究中常用模型有以下几种：SIR 模型[153]、SEIR 模型[154]、SIHR 模型[155]、CSR 模型[156]。Nekovee 等[157]提出了通用的谣言传播模型，基于 SIR 模型划分人群为：未接触者、传播者和免疫者；顾亦然和夏玲玲[154]提出了基于在线社交网络的谣言传播 SEIR 模型，且论证了重要熟人免疫策略是解决在线社交网络中谣言抑制问题的最佳方案。Zhao 等[155]改进了 SIR 模型的传播流程，在流程中未知者一旦接触谣言，要么变为传播者，要么变为免疫者，并区别对待传播者与传播者和传播者与免疫者之间的交互。然而，在实际社会网络中，由于个体理性程度以及知识背景的差异，如果在接触谣言之后不确定其真假，则变为潜伏状态，进一步获取信息对谣言进行进一步判断。王辉等[156]在 CSR 模型的基础上结合移动 SNS 网络上的信息传播特点，提出了基于阈值概率的 CSR 模型（M-CSR），模型中修改了 CSR 模型中的接受概率数学模型，考虑了个人接受阈值对接受概率的影响。然而，仿真实验中，节点具有统一的接受阈值，与实际情况仍有差距。Han 等[157]借鉴能量转化理论，并基于谣言的吸引性与个体传播能力的差异性，建立了谣言传播演化模型，实验论证了谣言传播可分为快速增长、维持和缓慢衰弱三个阶段，枢纽节点和普通节点对谣言传播有着不同的影响。Zhang 等[158]克服了以上模型的不足，在谣言传播模型中，传播者具有简单传播或者修改谣言两种行为模式，并研究了谣言修改频率与网络拓扑结构的关系。目前谣言传播研究均以均匀网络、无标度网络为前提条件，缺乏对真实社会网络场景下的基于个体接触的谣言传播机制研究，均假设易感者具有相同的感染概率，忽略了个体之间接触的个体倾向性。另外，谣言传播过程是个体独立选择的结果，个体需要理性地判断谣言的正确性，决定是否传播谣言。

本章针对目前谣言传播模型和情绪感染模型中忽略个体之间的倾向性和社会属性差异，缺乏对干预措施的定量化表达的现状，引入能量分布函数和社会属性来表征群体性事件中的个体差异性，基于干预措施的作用机理，将事件处置人员作为一类特殊的理性者嵌入模型中，在文献[154]和文献[156]的基础上，提出了改进的 SEIR 谣言传播模型，从个体层次描述群体谣言传播行为，模拟信息缺失情景下谣言在旅客群体中的扩散过程，为群体性事件应急管理提供理论支持。

4.4.1 群体谣言相关概述

1. 谣言相关概念

谣言语义研究一直是国内外学者广泛关注的问题，尽管谣言概念的界定至今仍有很多不同的说法，但是研究者普遍对谣言的以下三个特点存在共识：①未知性，即谣言都是未经证实的消息或信息，并且最终谣言可能是真实的，并得到确切的证实；②信息性，谣言的本质是一种信息，一种涉及人、物、时、地、行的信息，但该信息的内容与事实有出入；③传播性，遥言不会只停留在一个或几个人的口头上，而是会像病毒一样在特定的人群中传播开来，并且往往为众多人所相信，在传播过程中，谣言还往往被人们进一步歪曲和夸张化。因此，谣言的传播不但是信息扩散过程，还是一种评论和解释的过程。这种过程具有重复、匿名、爆发、时效和刺激性等特征。谣言的大量相关研究表明：不同时期、不同内容的谣言尽管有其不同的产生条件，但它们都以重要性和模糊性传播作为基本要素。而且还与个人认知差异即批判性思维能力以及事件的反常性和环境因素有关[159]。

孕育期、散播期、控制期是谣言在发生发展过程当中要经历的三个时期，另有研究表明，谣言的传播还具有反复性、变异性、群体性的特点。从谣言传播渠道看，谣言的发生与发展可分为新媒介传播、人际、大众三个阶段。近年来社会科学等领域的研究主要集中于网络谣言的传播过程及传播效果，其理论基础包括谣言的传播、谣言背后的社会学原因、焦虑或恐慌在谣言传播者内心中的作用。这些网络谣言传播研究以个人计算机中介传播形态的互动性、非线性、非同步性等特性为基础，克服了传统检验法和调查法中忽视谣言传播时人与人之间的互动性的缺点，进一步阐明了网络谣言传播是一种展现传播者之间互动性的集体行为，且具有传播渠道多元化、传播速度快、波及范围广、危害力大、复制性导致的版本单一化、科学含量高、可信性强、寿命短、主动变异等特点。研究还发现，网络谣言的传播除了建立在人际传播的链状、树状这两种传播模式的基础上，还有自己独特的传播形态，即放射状和旋涡型复式传播。

2. 谣言传播的影响因素

1) 谣言传播的心理因素

谣言传播主体的心理共性主要有：求证心理和宁信心理、牟利心理、归因心理和次级控制心理、宣泄心理、对抗心理、对媒体和政府的不信任心理、群体从众心理、法不责众心理、传播心理等。谣言无论产生、传播还是接收，都有复杂的心理背景。突出表现为：①民众对信息的需求心理是谣言产生的原动力；②对反常事物的好奇心理是谣言的根源；③心理定式是谣言的助推器；④不科学的心理认知方式是谣言的催化剂；⑤从众心理是谣言的放大器。

2) 正面信息的传播渠道不畅

社会谣言的本质，恰是民众对于信息极度需求的外在表现，当正面信息不能给受众起码的满足时，谣言便会产生。正式传播渠道不畅的原因一方面是我国的大众媒体体制使得传媒的很多行为受限，另一方面是因为媒体的责任心欠缺，它在体制性压力下放弃对真相的追求，甚至出于利益考量发布不实报道，助长谣言的散播。

3) 大面积的社会积怨是谣言传播的社会基础

在经济社会发展的过程中，很难避免既得利益群体和利益受损群体的出现，若两者的比例没有保持在合理的范围内或划分的依据不公平则会引起社会内部结构紊乱，运行失调，以至于民怨沸腾，造成大面积的社会积怨。这种情况下，人们抑或通过造谣、传谣舒缓由此带来的社会压力，宣泄情绪；抑或为了求得安全感，因为人在恐惧和不安中，总是希望与他人缩小空间，缩短人际距离，而传播谣言可以达到这一目的；抑或将自己的压力、对社会的不满、抵抗或恐惧通过谣言的形式传给其他公众等，而谣言散布的匿名性及责任不明确性，进一步为谣言的产生创造了条件。

4) 相关法律体系不完善使谣言阻断乏力

虽然我国目前已初步形成了网络信息传播的法律法规体系，《中华人民共和国突发事件应对法》《中华人民共和国治安管理处罚法》《中华人民共和国刑法》《中华人民共和国计算机信息网络国际联网管理暂行规定》《互联网信息服务管理办法》《计算机信息网络国际联网安全保护管理办法》等，对有害政治信息的传播做出了管理规定。但是，对于重大群体性事件的谣言阻断，上述法律规范仍然暴露出"规范不足"的问题：第一，法规体系不健全、不完善，现有规范针对的管理对象多是传统媒体，对现代媒体缺乏管理的针对性和适应性；第二，法律规范之间的矛盾和冲突较多，对互联网等新媒体的管理依然存在职能交叉、错位、越位和缺位现象；第三，相关法律法规管理色彩较浓，可操作性不强；第四，重大群体性事件谣言阻断机制的人治色彩较浓，法治理念淡薄；第五，现有的司法救济机制受地方政府的制约，难以成为化解冲突的最后防线。以致在面对重大突发群体性事件的谣言阻断时，现有的法律法规不能及时有效地发挥信息管理的作用。

5) 人际传播的随意性是谣言产生的客观因素

谣言传播多是采用人际传播的方式，而人际传播具有自然性、随意性，个人按自己的意愿选择表达手段、方式、内容，人们在交往中意见不仅在传递，也在形成、补充和发展。加之传递中的误差，传播内容随时可能改道，新的谣言不断产生。

6) 公信力降低削弱了政府阻断谣言的能力

在当前社会转型时期，各种制度尚不健全，利益分配不尽合理，关乎民生的许多领域还存在不公平的现象，这都使得政府的公信力、合法性和权威遭受损失，使民众对政府的信任度降低，从而在涉及具体利益和具体事件的处理上，民众不相信政府的说法，反而更愿意相信没有根据的谣言，从而引发重大群体性事件或加剧群体性事件的事态。

4.4.2 谣言传播模型

1. SIR 传播模型

SIR 是研究复杂网络谣言传播的经典模型。采用与病毒传播相似的过程中的 S、I、R 状态代表传播过程中的三种状态。孟繁荣将人群分为 S(传播谣言)、I(没有听到谣言)、R(对谣言不再相信也不传播)[160]。假设没有听到谣言 I 个体与 S 个体接触，以概率 $\lambda\langle k\rangle$ 变为 S 个体，S 个体遇到 S 个体或 R 个体以概率 $\alpha\langle k\rangle$ 变为 R。平均场方程如下：

$$\begin{cases} \dfrac{\mathrm{d}i(t)}{\mathrm{d}t} = -\lambda\langle k\rangle i(t)s(t) \\[2mm] \dfrac{\mathrm{d}s(t)}{\mathrm{d}t} = \lambda\langle k\rangle i(t)s(t) - \alpha\langle k\rangle s(t)[s(t)+r(t)] \\[2mm] \dfrac{\mathrm{d}r(t)}{\mathrm{d}t} = \alpha\langle k\rangle s(t)[s(t)+r(t)] \end{cases} \tag{4-7}$$

2. SEIR 谣言传播模型

谣言在人际关系网络中的散布与病毒传播和扩散很相似。因此根据病毒在网络中的传播规律，以及结合真实社交网络中用户对待谣言的态度，我们把社交网络中的节点分为四类：健康节点、潜伏节点、传播节点、免疫节点。健康节点表示该节点用户新鲜事中未曾出现过谣言，即有概率收到谣言。潜伏节点表示该用户的新鲜事中出现过谣言，由于新鲜事中的状态不断更新，用户不一定看到该谣言。传播节点表示潜伏节点用户重视或相信了来自邻居节点散布的谣言，并具有传播该谣言的能力。免疫节点表示潜伏节点中对谣言没有兴趣或不相信谣言的节点，或已经传播过谣言的传播节点。考虑免疫节点的前一状态，若是潜伏节点，则有可能会因为接触传播节点的次数达到一定数量从而对谣言产生兴趣或相信谣言，继而以一定的概率变成传播节点。网络图中节点在健康状态 S、潜伏状态 E、传播状态 I 和免疫状态 R 之间的转移遵循以下传播规则[154]。

(1) 如果一个健康节点与一个传播节点接触，则健康节点会以一定概率成为潜伏节点，其中健康节点与传播节点的接触率为 p_1，由具体网络模型的拓扑结构而定。

(2) 潜伏节点会以一定的概率 p_2 变成传播节点，以概率 p_3 变成免疫节点。

(3) 传播节点传播一次以后，以概率 1 变成免疫节点。

(4) 前一状态是潜伏节点的免疫节点不会永久免疫下去，会以一定的概率 p_4 变成传播节点。

针对上述在线社交网络中的谣言传播状态转移，将 t 时刻在线社交网络中的用户数分为健康者 $S(t)$、潜伏者 $E(t)$、传播者 $I(t)$、免疫者 $R(t)$。总用户数量为 N，则有 $N = S(t) + E(t) + I(t) + R(t)$。SEIR 模型可以用下列微分方程组描述：

$$\begin{cases} \dfrac{\mathrm{d}S(t)}{\mathrm{d}t} = -p_1 S(t) I(t) \\[2mm] \dfrac{\mathrm{d}E(t)}{\mathrm{d}t} = p_1 S(t) I(t) - (p_2 + p_3) E(t) \\[2mm] \dfrac{\mathrm{d}I(t)}{\mathrm{d}t} = p_2 E(t) + p_4 R(t) - I(t) \\[2mm] \dfrac{\mathrm{d}R(t)}{\mathrm{d}t} = p_3 E(t) + I(t) - p_4 R(t) \end{cases} \tag{4-8}$$

式 (4-8) 中第一个式子表示健康节点的变化率；第二个式子表示潜伏节点的变化率；第三个式子表示传播节点的变化率；第四个式子表示免疫节点的变化率。

3. CSR 谣言传播模型

CSR 模型是基于在线社交网络上谣言传播特点提出的传播模型[156]，模型中把在线社交网络中的节点分为以下三类：①轻信者 (Credulous)，这个轻信者类似于流行病传播模型中的易染者，是指在传播初态没有听过谣言而且是非常轻信谣言的人；②传播者 (Spreader)，轻信者在接受了谣言后即成为谣言的新传播者；③理性人 (Rationals)，在这里理性人类似于流行病传播模型中的免疫者，但不同的是，在这个模型中理性人由三部分人群构成，一小部分理性人在传播的开始之前就会存在 (社会心理学的研究表明有部分人群是不相信任何谣言的理性人），另外一部分是传播者失去传播兴趣后成为理性人，最后一部分是在传播过程中遇到了理性人从而转变为理性人。传播模型中的传播规则如下：①轻信者在收到传播者传播的谣言后，以接受概率 p 接受这个谣言，并变为新的传播者，传播概率 p 是与双向社会加强有关的概率函数；②传播者在遇到理性人后以概率 v 接受理性人的说服变为理性人。

谣言传播的过程中显然充满了基本单元周围局部信息的影响，在抛开这些具体细节，仅考虑全局的、平均的传播可能性的情况下，我们就可以得出本模型的传播动力学方程：

$$\begin{cases} \dfrac{dc(t)}{dt} = -p\langle k \rangle c(t)s(t) \\ \dfrac{ds(t)}{dt} = p\langle k \rangle c(t)s(t) - \langle k \rangle vs(t)r(t) \\ \dfrac{ds(t)}{dt} = \langle k \rangle vs(t)r(t) \end{cases} \tag{4-9}$$

以上公式中，$c(t)$、$s(t)$、$r(t)$ 分别表示轻信者、传播者和理性人在人群中的密度；$\langle k \rangle$ 表示网络中平均度的大小。

4.4.3 改进 SEIR 谣言传播模型

本章考虑到了个体差异性，引入了能量分布函数、社会属性，在文献[55]和文献[57]的基础上，改进了 SEIR 谣言传播模型，从个体层次描述群体谣言传播行为。模型中个体被划分为易感者、潜伏者、传播者和免疫者，理性者细分为普通理性者、管理者，普通理性者由三部分人群组成，小部分普通理性者在传播开始之前就存在，一部分普通理性者是潜伏者遇到理性者转化而来，另外一部分是传播者遇到传播者或者理性者而转变为普通理性者。管理者为谣言应急管理的人员，不受外界谣言的影响，始终为免疫状态，负责对周围的谣言进行辟谣。易感、潜伏、传播和免疫状态分别用 S、E、I、R 表示，如图 4.3 所示，其传染机制可描述如下。

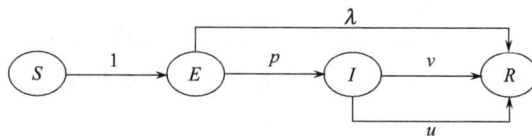

图 4.3　基于个体接触的 SEIR 谣言传播模型

（1）如果易感者（即未听到谣言的个体）与传播者接触（即携带谣言并传播谣言的个体），则未接触者会以概率 1 成为潜伏者（即听到谣言但不知道谣言的真假的个体）。

（2）潜伏者以概率 p 接受谣言成为传播者，本章借鉴个体与病原体接触时间和被感染的概率分布函数[158]，定义接受概率函数 $p(m)$ 如下：

$$p(m) = 1 - (1-a)\exp(-\beta(m-1)), \quad 0 \leqslant \beta \leqslant 1 \tag{4-10}$$

其中，a 为首次接触谣言时接受谣言的初始概率；β 为常量，表示潜伏者接触谣言时被感染的概率，与潜伏者的个体性格特征、知识背景及其与毗邻的传播者的连接强度相关；m 为潜伏者接触谣言的累计次数(接触传播者的累计人数)。在此基础上，本章考虑到正向的社会加强效应[156]，进一步考虑个体接受阈值对谣言传播的影响，若潜伏者接触传播者，以概率 p 得到一个正的剂量 $\Delta E(m)$；若潜伏者接触免疫者，则以概率 p 得到一个负的剂量 $\Delta D(m)$，依据能量转化理论[157]，定义能量吸收分布函数为

$$\Delta E(m) = c \cdot w \cdot T_0 / \lg(10 + m) \tag{4-11}$$

$$\Delta D(m) = w \cdot d_0 \tag{4-12}$$

其中，c 表示潜伏者对谣言的辨识能力；w 表示潜伏者与传播者或免疫者的社会关系权重，本章中仅考虑个体之间的亲密程度，亲属、朋友和陌生人之间的权重分别为 0.5、1、1.5；T_0 表示谣言的初始吸引度；m 为潜伏者接触谣言的累计次数；d_0 表示潜伏者接触免疫者吸收的初始剂量。潜伏者吸收的正剂量、负剂量总量分别定义为

$$E(m) = \sum_{i=0}^{m} \Delta E(m) \tag{4-13}$$

$$D(m) = \sum_{i=0}^{m} \Delta D(m) \tag{4-14}$$

其中，$E(m)$、$D(m)$ 分别表示潜伏者第 m 次接触传播者、免疫者所吸收的总能量。因此潜伏者与传播者接触 m 次时吸收的总能量定义为

$$E_{\text{sum}}(m) = E(m) + D(k) \tag{4-15}$$

其中，k 表示潜伏者与传播者接触 m 次时，潜伏者与免疫者接触的总次数。

综合式(4-10)、式(4-15)定义考虑个体接受阈值情况下的谣言接受函数为

$$P(m) = 1 - (1 - a)\exp(-\beta(m - 1)), \quad E_{\text{sum}}(m) \leqslant d_i^* \tag{4-16}$$

$$P(m) = 1, \quad E_{\text{sum}}(m) > d_i^* \tag{4-17}$$

其中，d_i^* 表示个体 i 接受谣言的阈值。

(3)潜伏者以概率 λ_1 (即传播者遇到普通免疫者被其说服)或者传播者以概率 λ_2 (即传播者遇到管理者被其说服)变成普通免疫者。

(4)传播者以概率 v_1 (即传播者遇到普通免疫者被其说服)或者传播者以概率 v_2 (即传播者遇到管理者被其说服)或者概率 u (即传播者遇到其他传播者后失去传播兴趣)变成免疫者。

4.5 民航机场旅客群体性事件仿真原型系统

目前，正值我国民航业的黄金发展期，伴随着严重的航空器事故或者恶劣气象条件，大面积航班延误已成为航空承运人及旅客所面临的一道难题。航空公司延误后服务不到位往往引发旅客的攻击性行为，衍生旅客群体性事件，严重影响到民航的安全运行及航空公司的信誉。然而，目前我国关于这方面的研究仍停留在定义及原因分析层面，缺乏对事件本质上的演化机制研究。在旅客群体性事件中，群体行为非常复杂、涉及诸多因素(角色、心理)。因此，群体行为仿真技术在群体行为分析及预警方面扮演着重要的角色。本节在提

出多智能体仿真模型的基础上，应用 AnyLogic 构建了旅客暴力行为仿真原型系统，为旅客行为分析提出基础平台。

4.5.1　基于多智能体的仿真模型架构

智能体的行为过程分为情景识别、知识推理及行为决策和动作执行三个组件，智能体具有动态属性，例如，视觉、听觉和触觉范围、情绪状态；静态属性，如知识背景、性格特征及自我控制能力等。旅客智能体，首先通过视觉感知器感知周围环境中所发生的事件、物体及旅客智能体；然后根据自己的静态、动态属性，推理后更新自身状态，并移动路径、参与旅客群体事件作决策；进一步实施暴力行为。基于多智能体的旅客行为仿真架构如图 4.3 所示。

4.5.2　基于社会力模型的个体流动模拟

本节在考虑个体自身情况、个体间相互作用及环境对个体影响的基础上模拟人体的流动，社会力模型[161, 162]的基本特征如下。

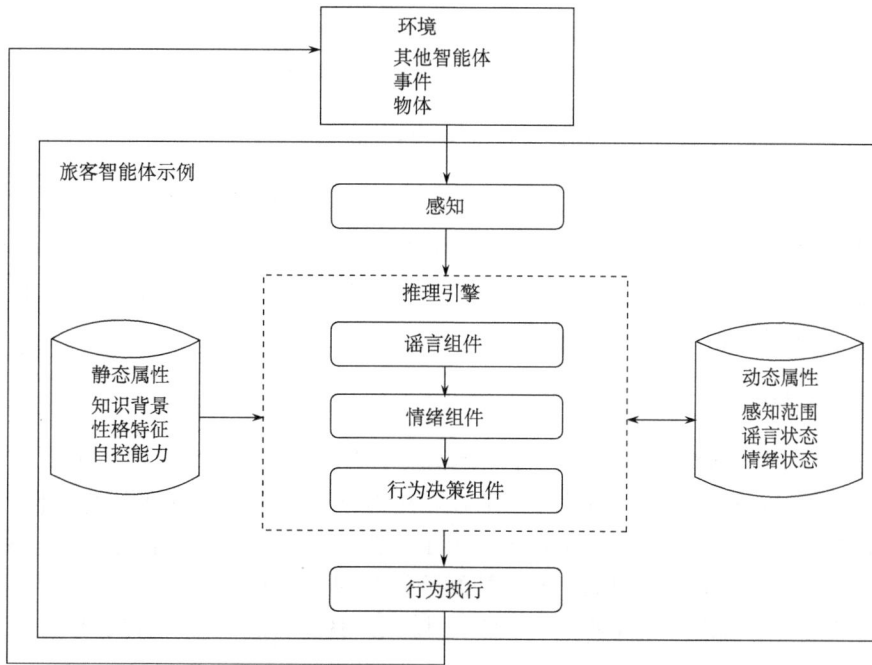

图 4.4　基于多智能体的旅客行为仿真模型

行人之间的相互作用力 f_{ij} 表述为

$$\begin{cases} f_{ij} = f_{ijn}n_{ij} + f_{ijt}t_{ij} \\ f_{ijn} = A_i \exp[(r_{ij} - d_{ij}) / B_i] + kg(r_{ij} - d_{ij}) \\ f_{ijt} = \kappa g(r_{ij} - d_{ij})v_{ji}^t \end{cases} \tag{4-18}$$

其中，f_{ijn} 和 f_{ijt} 分别表示 f_{ij} 的法向和切向分量的大小；$n_{ij} = (n_{ij}^1, n_{ij}^2) = (r_i - r_j) / d_{ij}$ 代表从 i

到 j 的标准化矢量；$t_{ij} = (-n_{ij}^2, n_{ij}^1)$ 表示从 i 到 j 的切向标准化矢量；A_i、B_i、k 和 κ 为常量，A_i 代表相互作用的强度，B_i 代表排斥力的范围；k 表示身体压缩反抗力系数；κ 表示滑动摩擦力系数；$r_{ij} = r_i + r_j$ 代表 i 和 j 之间的半径和，d_{ij} 表示 i 和 j 质心之间的距离，$v_{ji}^t = (v_j - v_i) \cdot t_{ij}$，表示两人在切线方向的速率差；函数 $g(x) = \begin{cases} 0, x \leqslant 0 \\ x, x > 0 \end{cases}$，当 $x > 0$ 时，表示两行人的半径之和大于两者之间的距离，两人之间有身体接触。

类似地，行人与障碍物之间的作用力 f_{iw} 可表示为

$$\begin{cases} f_{iw} = f_{iwn} n_{iw} + f_{iwt} t_{iw} \\ f_{iwn} = A_i \exp[(r_i - d_{iw}) / B_i] + kg(r_i - d_{iw}) \\ f_{iwt} = \kappa g(r_{iw} - d_{iw}) v_{wi} \end{cases} \tag{4-19}$$

其中，f_{iwn} 和 f_{iwt} 分别表示 f_{iw} 的法向和切向分量的大小；$n_{iw} = (n_{iw}^1, n_{iw}^2)$ 代表障碍物指向 i 的单位向量；$t_{iw} = (-n_{iw}^2, n_{iw}^1)$；$d_{iw}$ 表示 i 的质心到障碍物表面的距离，其他参数同式(4-18)。

行人之间的吸引力可表示为

$$\begin{cases} f_{iq} = f_{iqn} n_{iq} \\ f_{iqn} = -C_{iq} \exp[(r_{iq} - d_{iq}) / B_{iq}] \end{cases} \tag{4-20}$$

其中，C_{iq} 是同行旅客之间的吸引强度；B_{iq} 表示吸引范围；其他参数同式(4-18)。

4.5.3 基于自适应模糊神经网络的旅客行为决策模型

本节主要依据成本收益理论、自我控制理论研究旅客群体性行为的决策机制。其中，本节提出的旅客决策模型包含 3 个输入变量(自控能力、情绪强度、成本等级)和 1 个输出变量(暴力行为等级)。每个旅客根据自身的状态及周围环境评估参与群体性事件所带来的收益，进一步决策是否参与群体性事件。

1. 神经网络概述

人工神经网络(ANN)由大量人工神经元连接而成，用于模拟脑神经系统的结构和功能。人工神经网络可以视为以人工神经元为节点，用有向加权弧连接起来的有向图。人工神经元模拟生物神经元，有向加权弧轴突、突出、树突对。有向弧的权值代表相互连接的两个神经元之间相互作用的强弱。人工神经网络是对生物神经网络的近似与模拟，主要从生理结构和实现机理、功能两个方面进行模拟，具有自适应性、非线性和学习能力的特点。

目前，有多种比较著名的神经网络，按照神经网络的拓扑结构与学习算法，可将神经网络分为前馈网络、竞争网络、反馈网络和随机网络四类。其中具有代表性的神经网络有 MP 模型、感知机神经网络、自适应线性神经网络、BP 神经网络、径向基神经网络、自组织竞争神经网络、自组织特征映射神经网络、反传神经网络、自适应共振理论神经网络、学习向量量化神经网络、Elman 神经网络、Hopfield 神经网络和 Boltzmann 神经网络。神经网络可实现函数逼近、数据聚类、模式分类、优化计算等功能。因此，其广泛应用于人工智能、自动控制、目标识别等领域。基于本章的需求，本章将重点介绍 MP 神经网络、BP 神经网络两类典型的神经网络。

1) 神经元模型

人工神经模型构成了神经网络模型，其结构如图 4.5 所示。其主要由输入、连接权、求和部分、激活函数和输出五个要素组成[163]。

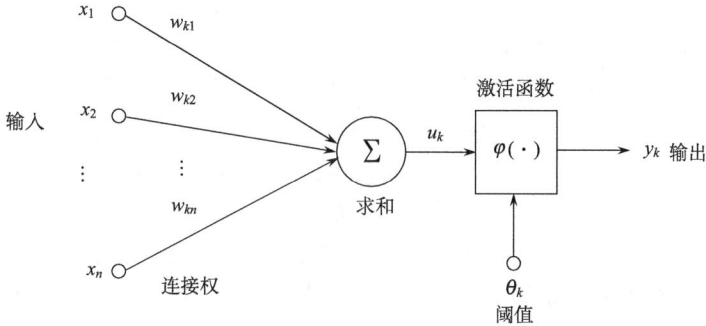

图 4.5　人工神经元模型

(1) 输入。输入部分为网络的训练样本数据，根据每个研究领域的不同，输入变量的维度有所差异。

(2) 连接权。连接权模拟生物神经元的突触，神经元之间的相互作用强度由连接权的值表示，权值为正即激活，为负即抑制。

(3) 求和部分。如式(4-21)所示，求和部分根据神经元相连接的神经元的输入值及相互间的权值对所有输入信号求取加权和：

$$u_k = \sum_{j=0}^{n} w_{kj} x_j \tag{4-21}$$

(4) 激活函数。激活函数也称为传输函数，具有非线性映射作用，将人工神经元输出的幅度限制在一定的范围内，一般限制在 $(0，1)$ 或 $(-1，1)$ 区间内。根据偏值 θ_k，其输出值 y_k 可表示为

$$y_k = \varphi(u_k - \theta_k) \tag{4-22}$$

其中，$\varphi(\cdot)$ 为激化函数，具有以下几种形式。

① 阶跃函数，函数表达式为

$$\varphi(x) = \begin{cases} 1, & x \geqslant 0 \\ -1, & x < 0 \end{cases} \tag{4-23}$$

② 分段线性函数，函数表达式为

$$\varphi(x) = \begin{cases} 1, & x \geqslant 1 \\ \dfrac{1}{2}, & -1 < x < 1 \\ -1, & x \leqslant -1 \end{cases} \tag{4-24}$$

③ Sigmoid 型函数，最常用的 Sigmoid 函数表达式为

$$\varphi(x) = \frac{1}{1 + \exp(-ax)} \tag{4-25}$$

其中，参数 a 可以控制函数的斜率。式(4-25)所表示的是非对称 S 型函数，另外一种双曲

正切对称函数可表示为式(4-26)。这类激活函数有平滑和渐近线，并保持单调性。

$$\varphi(x) = \frac{1 - \exp(-x)}{1 + \exp(-x)} \tag{4-26}$$

2) BP 神经网络[164]。

1986 年，Rumelhart 和 McClelland 提出了 BP 神经网络，其利用误差反向传播训练算法调整网络的结构，属于具有隐含层的多层前馈网络，有效解决了多层网络中隐含层连接权的学习问题。其主要在模式识别、函数逼近和数据压缩等方面得到很好的应用。BP 网络的学习算法为梯度最速下降法，核心思想为通过调整神经元之间的连接权值使整个网络的总误差最小。网络学习过程为误差边向后传播边修正权系数的一个过程。BP 网络的学习过程可分为正向传播和反向传播两个阶段。在正向传播阶段，网络的输入信号从输入层传到隐含层，经隐含层最终传向输出层。如果得到希望输出则学习过程结束，否则进入反向传播阶段，将误差信号沿原路反向传播，通过调整各层神经元的连接强度，使误差信号变小，直到全局误差信号最小。BP 网络的处理单元(输入层除外)为非线性的输入输出关系，一般选用 S 型函数作为激活函数，一般的 BP 网络结构如图 4.6 所示。网络中具有 M 个信号输入节点，L 个信号输出节点，网络的隐含层共有 q 个神经元，y_L 为网络的第 L 个节点的实际输出，t_k 为网络的第 k 个节点的目标输出，$e_k(k=1,2,\cdots,L)$ 为网络的输出误差。

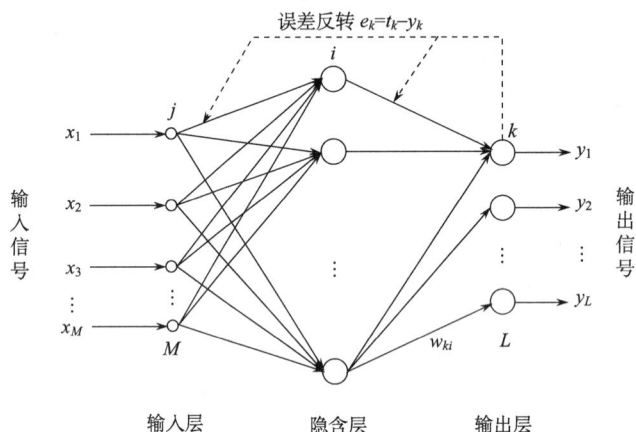

图 4.6　BP 神经网络结构

2. 模糊系统概述

模糊性普遍存在于生活中，其反映人类对事物认识的不确定性，随着模糊理论的发展，模糊控制在工业过程控制、机器人、交通运输、故障诊断、专家系统、航空工业等诸多领域得到了很好的应用。

1) 模糊集合及隶属函数概述

一般情况下，集合指具有某种属性的、确定的、彼此之间可以区别的事物的全体。将组成集合的事物称为集合的元素或元。通常用大写字母如 $A,B,C,\cdots,X,Y,Z$ 表示某一个集合，用小写字母 $a,b,c,\cdots,x,y,z$ 表示集合内的元素。所研究的对象的所有有关的元素的整体称为论域，可以用大写字母 U 表示。

Zadeh 在 1965 年对模糊集合进行了定义，给定论域 U，U 到 $[0，1]$ 闭区间内的任一映射 μ_A，其可以表示为式(4-27)。论域 U 的模糊集合 A，μ_A 称为模糊集合 A 的隶属函数，常用的隶属函数有高斯型、Γ 型、戒上型、戒下型、三角形、梯形等。其反映了模糊集合 A 中的元素属于该集合的程度。如果 A 中的元素用 x 表示，我们称 $\mu_A(x)$ 为 x 属于 A 的隶属度：

$$\mu_A : U \to [0,1] \tag{4-27}$$

(1)高斯型隶属函数。高斯型隶属度函数的形式可表示如下：

$$\mu(x) = \mathrm{e}^{-\left(\frac{x-a}{b}\right)^2}, \quad b > 0 \tag{4-28}$$

(2)Γ 型。Γ 型隶属度函数的形式可表示如下：

$$\mu(x) = \begin{cases} 0, & x < 0 \\ \left(\dfrac{x}{\lambda \nu}\right)^{\nu} \cdot \mathrm{e}^{\nu - \frac{x}{\lambda}}, & x \geqslant 0 \end{cases} \tag{4-29}$$

(3)戒上型。戒上型隶属度函数的形式可表示如下：

$$\mu(x) = \begin{cases} \dfrac{1}{1+[a(x-c)]^b}, & x > c \\ 1, & x \leqslant c \end{cases} \tag{4-30}$$

(4)戒下型。戒下型隶属度函数的形式可表示如下：

$$\mu(x) = \begin{cases} 0, & x < c \\ \dfrac{1}{1+[a(x-c)]^b}, & x \geqslant c \end{cases} \tag{4-31}$$

2)模糊逻辑系统结构

模糊控制系统由模糊控制器、控制对象组成，可分为模糊化、知识库、模糊推理和清晰化计算等四个主要组成部分[165]，如图 4.7 所示。

(1)模糊化。模糊化阶段主要负责将训练数据输入的精准量，变换为便于系统识别、推理的模糊量，其中所指的输入量可以理解为参考输入、系统状态等数据量。

(2)知识库。知识库由所研究领域的相关知识及要求的目标构成。其一般由案例知识库和储存的模糊推理规则组成。

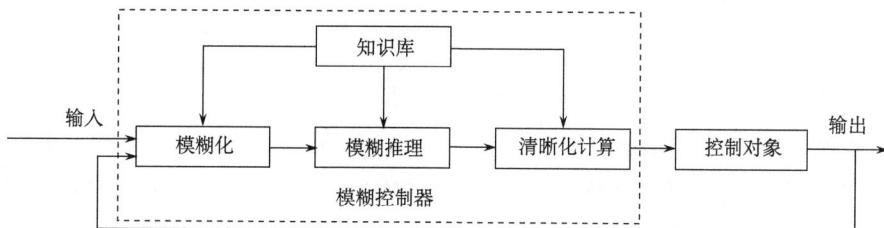

图 4.7　模糊控制系统结构示意图

(3)模糊推理。基于模糊理论中的蕴含关系、推理规则，该部分主要负责知识推理，探索案例之间所蕴含的关系，其模拟人对模糊概念的推断能力。

（4）清晰化计算。清晰化计算阶段主要负责将模糊推理得到的模糊控制量转化为易于应用的清晰量，包含两个模块，第一模块为经清晰化变换，将模糊量转化为论域范围内的量；第二部分为变量尺度缩放，将其控制在实际的范围内。

3. 模糊神经网络

结合神经网络与模糊逻辑的优点，克服两者的缺点，派生出了自适应模糊逻辑推断系统，ANFIS 是一种模糊神经网络，其每个节点依据输入信号执行某一个特定的函数（根据选定的隶属函数）[166]。其综合了神经网络的学习能力和模糊逻辑系统的推断能力，因此具有非常有效的任意非线性函数的匹配能力。根据本书以后章节的安排，以一阶 Sugeno 模糊模型为例阐述模糊逻辑系统的工作机制，如图 4.8 所示。图中包含两类节点，其中圆形代表固定节点，方形节点代表自适应节点。

第一层：在这一层，根据不同类型的隶属度函数，每一个节点属于相对应的适应节点。本章选取高斯函数作为隶属度函数，因此这一层的每一个节点经过运算后的输出量可以表示为

$$A_{ij} = \mu_{ij}(x_i), \quad i = 1, 2, \cdots, n, \quad j = 1, 2, \cdots, m \tag{4-32}$$

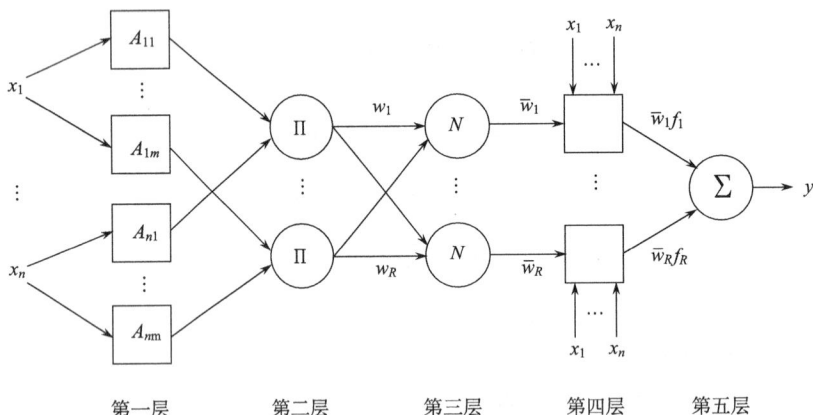

图 4.8　基于 Takagi-Sugeno 模型的推断系统结构示意图

式中，μ_{ij} 表示对应于第 i 个输入变量的第 j 个隶属度函数；A_{ij} 代表相应的模糊语言变量（低、中、高）。A_{ij} 可以描述为

$$A_{ij} = \exp\left\{-\frac{(x_i - c_{ij})^2}{\sigma_{ij}^2}\right\} \tag{4-33}$$

式中，c_{ij} 和 σ_{ij} 分别表示高斯函数的中心、宽度。所有在这一层的节点均称为先验节点。

第二层：在这一层，每一个节点属于相对应的固定节点，其值取决于模糊与操作。第 k 个节点的输出值表示为

$$w_k = \prod \mu_{ik}(x_i), \quad i = 1, 2, \cdots, n, \quad k = 1, 2, \cdots, R \tag{4-34}$$

式中，w_k 可以理解为固定强度；R 表示推理规则的总数目。

第三层：在这一层，每一个节点也属于相对应的固定节点，其输出值表示对规则固定

强度的标准化。具体计算公式如下：

$$\bar{w}_k = \frac{w_k}{\sum_{k=1}^{R} w_k} \tag{4-35}$$

第四层：在这一层，每一个节点也属于相对应的适应节点，其输出值是与其相连接的输入节点的线性加权组合值。其数学计算公式如下：

$$O_k^{(4)} = \bar{w}_k f_k, \quad f_k = \sum_{i=1}^{n} a_{ik} x_i + a_{i0}, \quad k = 1,2,\cdots,R \tag{4-36}$$

式中，f_k 表示对应于第 k 条规则的输出值；a_{ik} 和 a_{i0} 称为随后参数。

第五层：在这一层，每一个节点通过加权平均计算输出信号 y，其函数定义为

$$y = \sum_{k=1}^{R} \bar{w}_k f_k \tag{4-37}$$

为了优化系统的输出变量，提出了基于最小二乘法和最速梯度下降法的有机融合算法，其主要目的是调整参数 c_{ij}、σ_{ij}、a_{ik} 和 a_{i0}。学习过程分为两个阶段，第一个阶段应用最小二乘法优化第四层的因变参数。第二个阶段根据模糊集，采用最速梯度下降法优化第一层的参数。

4. 旅客暴力行为决策模型

这里主要基于成本收益、自控能力等相关理论知识研究旅客暴力行为的决策原理。根据上述模糊神经网络模型的描述，构建旅客暴力行为决策模型。模型中有三个输出变量（SCS、EI 和 CL）和一个输出变量（VBS）。

1）旅客暴力行为分析

收益、成本和自控能力是影响旅客个体暴力行为决策的重要因素。相关研究表明，三个因素同时影响了个体的攻击性行为的决策过程，具有较强的自控能力和风险识别能力，呈现出较低的暴力倾向。模型中 EI 表示旅客愤怒情绪强度（愤怒在某种程度上表征了航班延误后旅客利益的损失）。CL 表示旅客暴力行为给自身带来的风险期望值，例如，如果一个旅客攻击了航空公司地面服务人员，其可能会被机场公安局的工作人员逮捕而受到相应的惩罚，本章根据式(4-38)评估风险值的大小：

$$\text{Cost} = \mu \cdot \frac{n_{\text{police}}}{n_{\text{violence}}} + S_{\text{punish}} \tag{4-38}$$

式中，μ 为调整系数；$\dfrac{n_{\text{police}}}{n_{\text{violence}}}$ 表征旅客实施暴力行为而被机场公安局工作人员逮捕的概率；n_{police} 和 n_{violence} 分别表示旅客个体邻域内的警察数目、暴力行为实施者数目；S_{punish} 表示惩罚力度。

自控能力是评估个体控制冲动情绪的能力的稳定性格特征[69]。本章借鉴自述调查问卷评估旅客的自控能力等级，其中调查问卷总共有 36 个子项，参与问卷填写的旅客根据自身的实际情况选择从 1~5 的选项。1 代表完全不符合，5 代表完全符合[70]。暴力行为等级表示旅客实施暴力行为的可能性，本章提出了攻击性行为等级调查问卷，其包含 25 个子项，用于测试接受调研的旅客的暴行倾向等级。受访者根据自身情况选择选项。总共有 5 个选项，其中 0 代表完全不符合，4 代表完全符合。例如，当旅客非常愤怒，而且旅客实施暴力行为不需要承受很大的惩罚时，下面选项发生的可能性。攻击航空公司地面服务人员或

者砸损航空公司服务设施设备，其中分值越高预示受访者暴力行为的等级越高。

鉴于人观念的模糊性，本章应用高斯隶属函数描述旅客的愤怒情绪等级（非常低、低、中等、高、非常高）。以相同的方式，描述风险程度等级为非常低、低、中等、高、非常高；描述自控能力等级为非常差、差、中等、强、非常强。

2) 调研数据收集与处理

本章在乌鲁木齐国际机场总共随机选取250名旅客，年龄波动范围为18~50岁，平均年龄为30岁。填写问卷的流程为，第一阶段旅客填写自控能力测试问卷，为了测试旅客固有的情绪自控能力等级。第二阶段旅客填写暴力行为等级测试问卷，旨在获取旅客不同情境下的行为模式。考虑到基于MATLAB平台的旅客决策模型的训练速度和精度，收集到的数据通过标准化处理，使输入数据范围为[0，1]。

3) 暴力行为决策模型

本节基于自适应模糊神经网络模型，建立了旅客暴力行为决策模型，模型中愤怒情绪自控能力、情绪强度等级和风险指数等级作为输入变量。旅客暴力行为倾向等级作为输出变量，其表示旅客参与群体暴力行为的可能性。在仿真实验中，旅客智能体首先向模型中传递自身的控制能力、情绪状态及风险指数等级，已经通过测试与验证的模型自动推测旅客参与暴力活动的概率。

4.5.4 基于 AnyLogic 仿真平台的原型系统

本节以国内某机场航站楼为原型，如图 4.9 所示。基于 AnyLogic 仿真软件建立群体性事件仿真原型系统，下面分别从仿真平台架构、逻辑流程、仿真界面及应用举例等几方面对原型系统进行详细阐述。

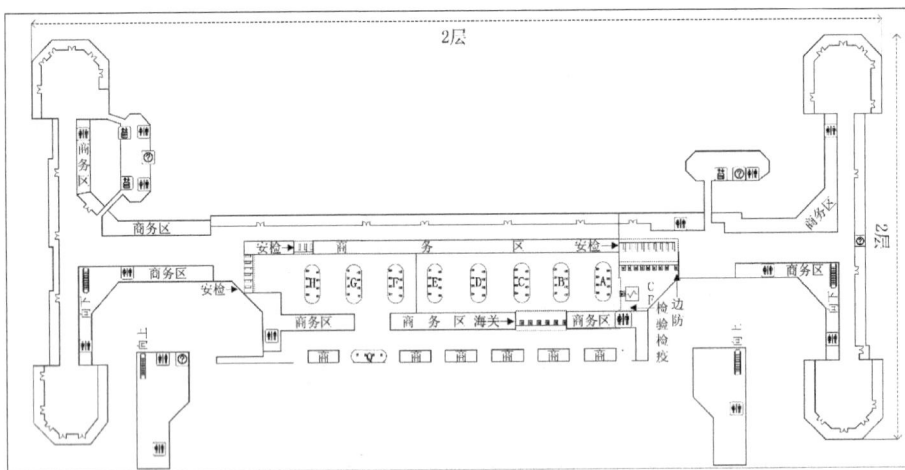

图 4.9　航站楼候机厅平面布局

1. 仿真平台架构

原型系统以 AnyLogic 仿真软件作为主要平台，MATLAB 软件作为子平台，MATLAB 软件主要用于模拟智能体的模糊决策，AnyLogic 中的旅客智能体根据自身的状态，每隔一段时间调用 MATLAB 软件中的模糊神经网络推断系统进行决策。仿真场景、逻辑关系、后台代码均在 AnyLogic 仿真软件中实现。

2. 逻辑流程

原型系统共有旅客、航空公司员工、警察等三类智能体。根据智能体的行为属性设计不同的逻辑流程。如图 4.10 所示，旅客的逻辑流程可分为到达机场、值机、安检、候机、参与群体性事件；如图 4.11 所示，航空公司员工的逻辑流程可分为到达候机厅、提供完善的服务、离开候机厅；如图 4.11 所示，警察的逻辑流程可分为到达候机厅、控制群体性事件态势、离开候机厅。

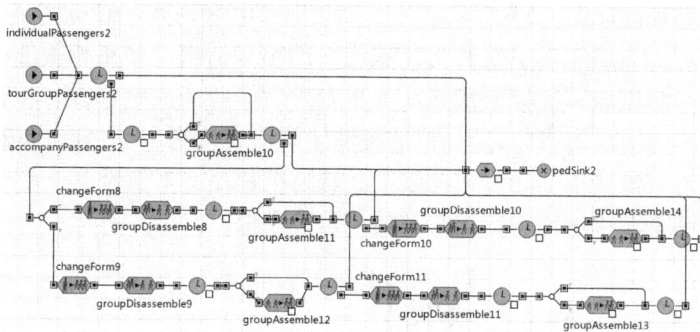

图 4.10　旅客逻辑流程图

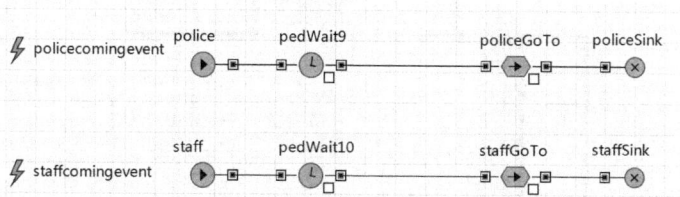

图 4.11　警察、航空公司员工逻辑流程图

3. 仿真界面

根据机场航站楼的真实流程，原型系统包含了旅客正常办理登机等相关手续、旅客群体性事件两个仿真场景。AnyLogic 模拟场景示意图，如图 4.12、图 4.13 所示。

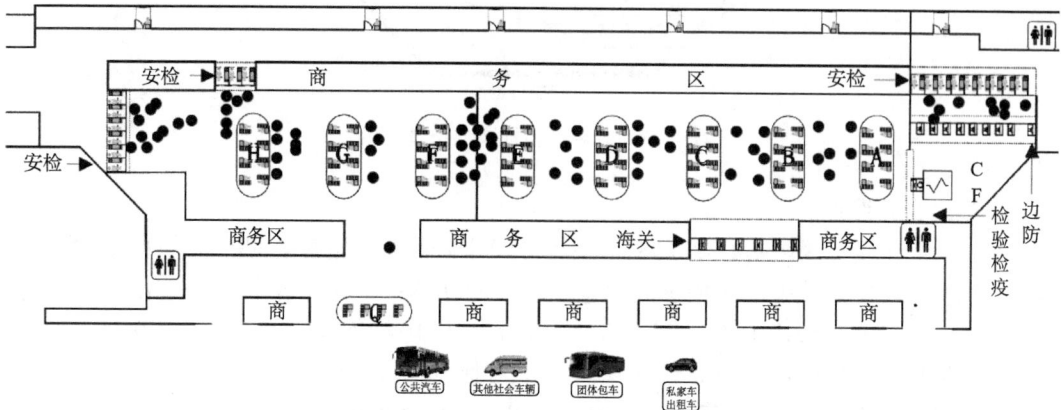

图 4.12　旅客值机、安检仿真场景

4.5.5 应用举例

本节依据调研数据及建立模型，分别建立了可实现数据自动导入、输出的人机交互航站楼旅客群体性事件仿真实验。下面将对每组实验的参数设置、结果分析进行描述。

1. 旅客情绪传播实验仿真及数据分析

1）模拟场景描述

本节采用 AnyLogic 仿真软件作为仿真平台，构建了航班延误引发的航站楼候机厅旅客群体性事件虚拟场景，如图 4.13 所示。图中实线矩形区域为旅客候机区域，实线六边形区域为旅客登机区域，航班延误引发候机区域旅客的不满情绪，如果相关部门不及时采取应急预案，会进一步加剧旅客的愤懑情绪，如果管理者不给予高度重视，旅客正常的诉求得不到满足，若旅客的消极情绪超过阈值(消极情绪阈值设置为50)，则向候机区域聚集引发群体性事件，若消极情绪小于阈值则在候机区域随机移动。本节设置 4 组情景实验，对航站楼场景中情绪感染演化过程进行 100 次随机仿真模拟。

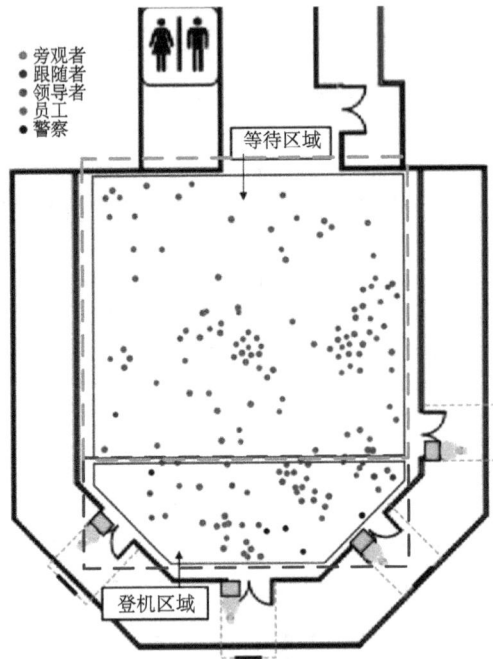

图 4.13　旅客群体性事件仿真场景

2）对比实验设置

实验 1：在候机区域初始化 255 个旅客智能体，不考虑旅客之间的社会关系，所有旅客均为散客，实验中旅客的相关参数设置如表 4.3 所示；考虑旅客之间的情绪传播，初始状态中消极情绪的智能体个数为 20，其消极情绪值 $I_n(0)$ 均为 20；关注度 $\varpi = 0.3$，$c = 1$ 表示初始时群体较为松散，$\partial = 0.5$；开发性 P_O、外倾性 P_E 和情绪不稳定性 P_N 随机生成且服从[0，1]区间的均匀分布；调节因子 $i\_range = 0.5$、$p\_range = 0.5$；场合调节因子 $\lambda = 0.05$，

情绪调节因子 $\rho = 0.1$。参数 $k = 4 \times 10^4 \, \mathrm{kg/s^2}$、$\kappa = 6 \times 10^4 \, \mathrm{kg/s^2}$ 描述旅客移动过程中身体接触效应。假设旅客遭受长时间的航班延误，若旅客视野范围内有管理人员，则不受外界事件刺激，否则旅客持续受外界延误事件的刺激，仿真结果如图 4.14 所示。

表 4.3　旅客结构分类及参数设定

旅客类型	组规模	$A_i / (\mathrm{m/s^2})$	B_i / m	$C_{iq} / (\mathrm{m/s^2})$	B_{iq} / m	r_i
团体出行	Uniform(15，40)	2.1	0.18～0.3	−2.1	0.45～1.2	1
家庭出行	Uniform(2，6)	2.1	0.18～0.3	−1.2	0～0.45	0.5
散客	1	2.1	0.18～0.3	0	1.2～3.6	0

实验 2：仍采用实验 1 的场景，旅客细分为团体出行、家庭出行和散客三种类型，三种类型旅客的比例分别为 39.6%，34.1% 和 26.3%。不同类型旅客之间的亲疏关系 r_i、吸引强度 C_{iq} 等参数存在差异，实验中不同类型旅客的相关参数设置如表 4.3 所示。仿真结果如图 4.14 所示。

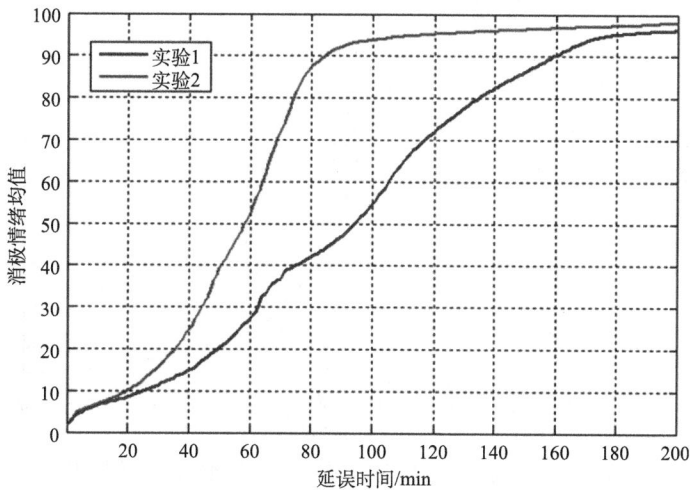

图 4.14　实验中旅客群体消极情绪均值趋势图

实验 3：在实验 2 的场景中加入管理员，负责告知旅客航班延误的原因及航班状态或者为旅客提供改签、膳食服务或者经济补偿。在候机区域、登机区域初始化管理员智能体(航空公司航班延误服务管理人员)，设管理员消极情绪值 $I_n(0)$ 分别为 0、20、40，分别代表服务态度的好坏；旅客对管理员的关注度 $\varpi = 0.5$；开放性 $P_O = 0$、外倾性 $P_E = 1$ 和情绪不稳定性 $P_N = 0$ 表示管理人员具有情绪感染能力，情绪不受外界事件影响，且情绪不易被他人感染。通过实验分析不同服务态度及不同服务人员数目对旅客情绪演化的影响。图 4.15 对应于管理员不同出现时机的仿真结果。图 4.16 对应于航空公司服务人员不同服务态度情境下的仿真结果。

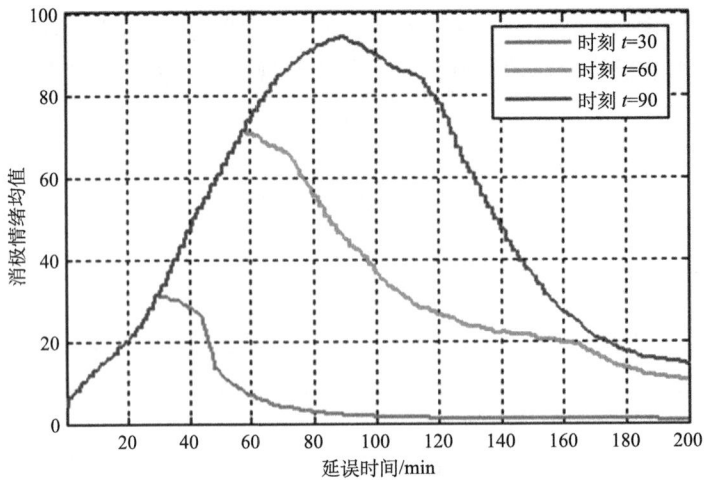

图 4.15 管理员不同出现时机旅客群体消极情绪均值趋势图

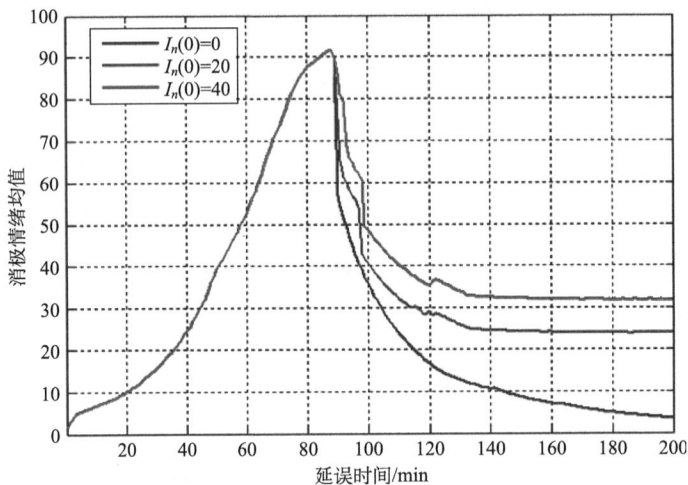

图 4.16 不同服务态度时旅客群体消极情绪均值趋势图

实验 4：在实验 2 的场景中，其他参数不变，设场合调节因子 λ（表征旅客群体性事件的外生因素）分别为 0.025、0.05、0.075、0.1。通过实验观测旅客消极情绪趋势，分析不同的民航环境对引发旅客消极情绪及传播的影响，图 4.17 对应于不同调节因子情境下的仿真结果。

3）实验结果分析

在 4 组情景实验中，旅客群体消极情绪均值、参与者数量随时间变化趋势如图 4.14～图 4.17 所示。

如图 4.14 所示，随着航班延误时间的延长，旅客愤怒情绪不断增长，向登机口不断聚集，当旅客行为阈值函数超过暴力行为阈值时，旅客实施暴力行为，其周围旅客的消极情绪会受其感染，消极情绪不断增长，从而导致聚集人群的规模不断扩大，实施暴力行为者人数不断增多。因此，延误时间和情绪感染为引发旅客群体性事件的重要影响因素，航空公司应当采取相应的措施，缩短航班延误时间，防止旅客消极情绪发。

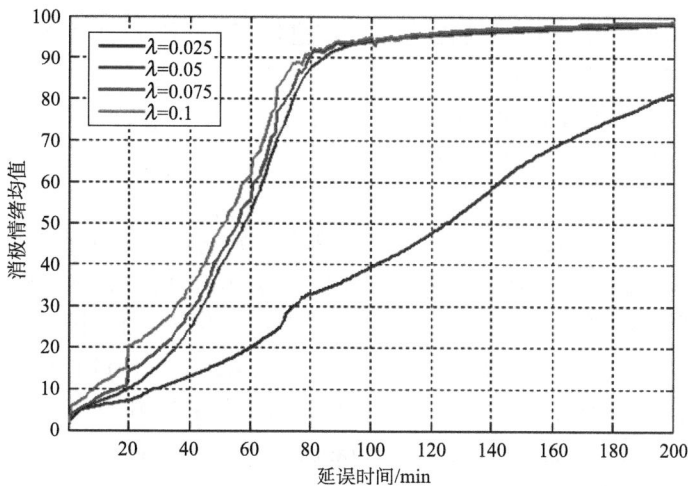

图 4.17　不同场合调节因子下旅客群体消极情绪均值趋势图

如图 4.14 所示，实验 1 中的群体平均消极情绪明显小于实验 2，结果表明旅客的组成结构及亲疏关系是情绪感染的重要影响因素，在关系较为亲密的旅客之间，情绪的相互影响更大。

如图 4.15 所示，实验 3 加入管理员后，负责告知旅客航班延误的原因及航班状态或者为旅客提供改签、膳食服务或者经济补偿，能够有效地缓解旅客的不满情绪，有效控制群体消极情绪及暴力参与者的规模。然而管理员的出现时机不同，防控的效果明显不同，管理员在时刻 30 分钟出现时，旅客的消极情绪快速平息，不会导致大规模旅客群体性事件；管理员在时刻 60 分钟出现时，需要很长时间才能缓解旅客的消极情绪，管理员在时刻 90 分钟出现时，很难控制群体性事件的态势。因此，当发生航班延误时，相关部门应当启动航班延误紧急预案，提供人性化的善后服务，从而提高民航运行的安全性。

如图 4.16 所示，实验 3 中的实验结果表明，当航空公司服务人员服务态度较好时，能够感染旅客，使其焦躁不安的情绪得到缓解，从而避免旅客不满情绪的快速爆发。另外当航班延误时，应该多增派服务人员，以免服务人员无暇顾及、服务不周到，成为旅客愤懑情绪爆发的导火索。

如图 4.17 所示，实验 4 中设置不同场合调节因子时，旅客情绪演化程度明显不同。因此，和谐的民航环境对旅客群体性事件也有着重要的意义。管理部门采取积极主动的策略，及时解决因航班延误引发的利益纠纷，提高服务质量，改善航空公司与旅客的关系，提高民航的社会声誉，可以有效缓解旅客群体性事件的发生频率及规模。

2. 旅客群体谣言波及实验仿真及数据分析

1）仿真实验描述

本节采用 AnyLogic 仿真软件作为仿真平台，构建了航班延误引发的航站楼候机厅旅客群体性事件虚拟场景，如图 4.13 所示。图中实线矩形区域为旅客候机区域，实线六边形区域为旅客登机区域，航班延误引发候机区域旅客的不满情绪，如果相关部门不及时发布官方的权威信息，旅客不得不从其他非官方渠道获取各种真伪信息来填补信息的缺失，最终导致谣言的产生和扩散，进一步加剧旅客的愤懑情绪，若旅客的消极情绪超过阈值(消极情绪阈值设置为50)，则向候机区域聚集引发群体性事件，若消极情绪小于阈值则在候机区域随机移动。本章设置 4 组情景实验，对航站楼场景中信息缺失情景下的谣言传播过程及情绪感染过程进行 100 次随机仿真模拟。

2) 对比实验设置

实验 1：在候机区域初始化 255 个旅客智能体。旅客细分为团体出行、家庭出行和散客三种类型，三种类型旅客的比例分别为39.6%、34.1%和26.3%。不同类型旅客之间的亲疏关系 ri、吸引强度 C_{iq} 等参数存在差异，实验中不同类型旅客的相关参数设置如表 4.3 所示。初始状态中消极情绪的智能体个数为 100，其消极情绪值 $I_n(0)$ 均为 80；关注度 $\varpi = 0.3$，$c = 1$ 表示初始时群体较为松散，$\partial = 1$；开放性 P_O、外倾性 P_E 和情绪不稳定性 P_N 随机生成且服从[0, 1]区间的均匀分布；调节因子 i_range = 0.5、p_range = 0.5；场合调节因子 $\lambda = 0.1$，情绪调节因子 $\rho = 0.1$。参数 $k = 4 \times 10^4 \, \text{kg/s}^2$、$\kappa = 6 \times 10^4 \, \text{kg/s}^2$，描述旅客移动过程中的身体接触效应。假设不受外界事件的刺激，仿真结果如图 4.18 所示。

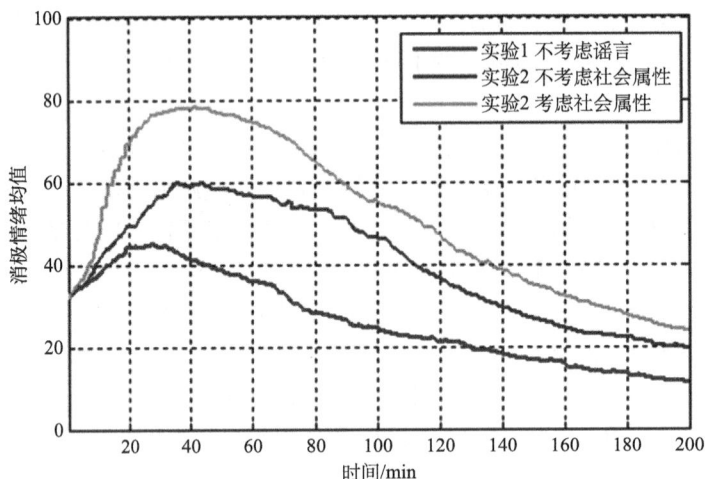

图 4.18 实验 1、实验 2 中不同因素下群体消极情绪均值趋势图

实验 2：在实验 1 的场景中，考虑信息缺失条件下的谣言产生及扩散对情绪感染的影响。假设初始状态只有一个传播节点，即 $S_0 = 254$，$E_0 = 0$，$I_0 = 1$，$R_0 = 0$。谣言初始接受概率 $a = 0.5$；考虑到个体差异性，个体感染率 β 服从[0, 1]区间的均匀分布，个体接受谣言阈值 d_i^* 随机生成且服从[10, 30]区间的均匀分布；概率 v_1、概率 u 均设为 0.01，概率 λ_1 设为 0.01；谣言的初始吸引度 $T_0 = 10$；潜伏者对谣言的辨识能力 $c = 0.5$；表示谣言的初始吸引度 $T_0 = 5$；潜伏者接触免疫者吸收的初始剂量 $d_0 = -1$；若个体在时刻 t 为传播者，则根据式 (4-1) 计算情绪增长值，情绪衰减值 $I_d(t) = 0$；否则情绪增长值 $I_s(r, t) = 0$，根据式 (4-2) 计算情绪衰减值。仿真结果如图 4.18 所示。

实验 3：考虑航空公司信息的权威性、公信力对旅客之间谣言传播的影响及其对群体性事件演化态势的影响。在实验 3 的场景中，其他参数不变，分别设置初始谣言接受概率 a 为 0.3、0.4、0.5、0.6。通过实验分析不同航空公司信息的权威性、公信力对旅客情绪演化及群体性事件的影响。仿真结果如图 4.19 所示。

实验 4：在实验 2 的场景中，在候机区域、登机区域初始化 5 个管理员智能体，负责告知旅客航班延误的原因及航班状态，对现场的谣言进行辟谣；潜伏者遇到管理者转变为普通免疫者的概率 λ_1 设为 0.01，传播者遇到管理者转变为普通免疫者的概率 λ_2 设为 0.1；其消极情绪值 $I_p(0)$ 均为 0，表示管理员安抚周围旅客的消极情绪；旅客对管理员的关注度 $\varpi = 0.5$；开放性 $P_O = 0$、外倾性 $P_E = 1$ 和情绪不稳定性 $P_N = 0$ 表示管理人员具有情绪感染能力，情绪不受外界事件影响，且情绪不易被他人感染。仿真结果如图 4.20 所示。

3）实验结果分析

在 3 组情景实验中，旅客谣言传播者、群体消极情绪均值随时间变化趋势如图 4.17、图 4.18、图 4.19 所示：

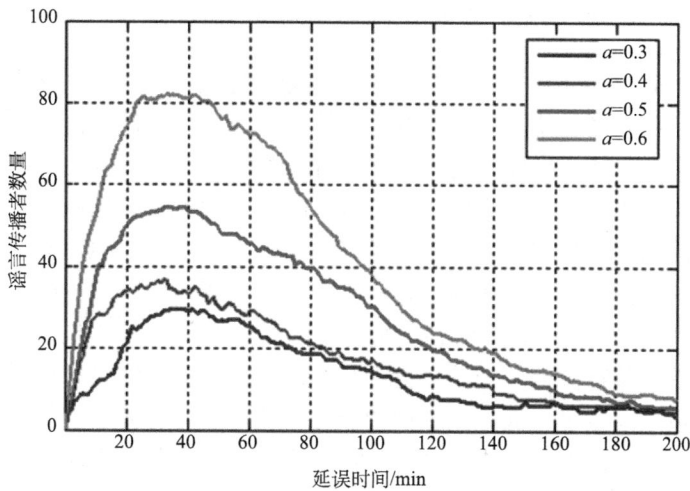

(a) 谣言传播者数量

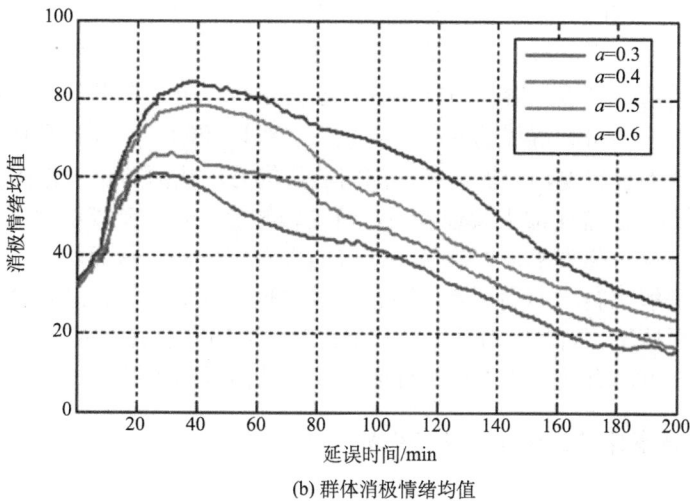

(b) 群体消极情绪均值

图 4.19　实验 2 中不同初始谣言接受概率下谣言传播者数量与群体消极情绪均值趋势图

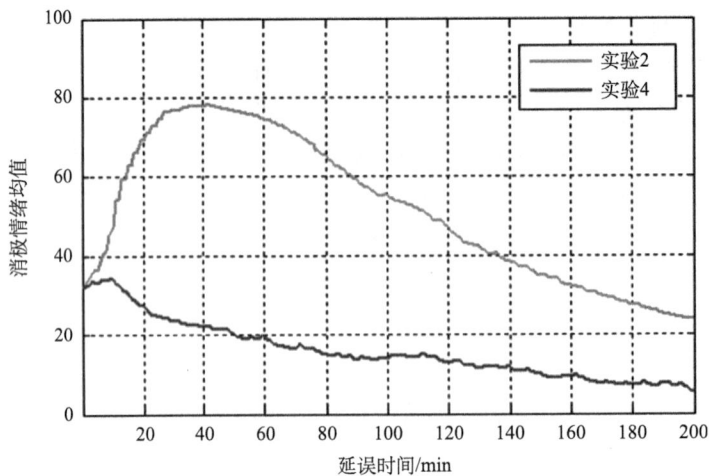

图 4.20 干预策略下的群体消极情绪均值趋势图

如图 4.18 所示，实验 1 中的群体平均消极情绪先增加，随后逐渐减少，最终衰减至接近于零，这表明，群体情绪感染加剧了群体情绪融合，延长了群体消极情绪持续的时间，然而由于群体没有受到外部事件的刺激，群体情绪慢慢平复。如图 4.18 所示，实验 2 中加入了谣言传播者，传播者向周围个体散播谣言，随着个体不断向目标区域聚集，群体密度增加，个体之间的接触次数增加，加快了谣言的传播，随着群体中传播者的增多，传播者由于多次接触其他传播者而失去传播谣言的兴趣，逐渐变为免疫者。谣言的扩散使愤怒的个体受到第二次刺激，加剧了消极情绪的增长、融合。如图 4.18 中红色实线所示，当不考虑个体的社会属性，忽略群体之间的社会关系时，群体的消极情绪增量明显少于考虑个体亲疏关系时的消极情绪增量，因此，个体的社会属性是研究群体谣言传播和情绪感染的不可或缺的因素，本章所提出的方法更接近于实际的场景，提高了仿真的真实性。

如图 4.19 所示，不同的初始谣言接受概率对群体消极情绪的影响明显不同，初始谣言接受概率小于谣言传播阈值时，谣言难以在群体中蔓延，而初始谣言接受概率大于谣言传播阈值时，谣言快速传播，群体消极情绪快速融合，凝聚力增强，难以控制态势的发展。最终导致群体消极情绪高涨，容易引发群体性暴力事件，危害公共安全。这说明微小的外界刺激事件(谣言)，会引起群体的共鸣，导致态势难以控制。因此，群体事件应急管理中谣言的产生及传播不容忽视，应提高管理部门的公信力，从而防止谣言在群体中散播。

如图 4.20 所示，实验 4 加入管理者后，负责告知旅客航班延误的原因并对现场的谣言进行辟谣；提高了谣言免疫率，抑制现场谣言的大面积传播，从而防止谣言进一步刺激旅客，能够有效地缓解旅客的不满情绪，防止旅客向目标区域聚集，避免消极情绪的蔓延，有效控制群体消极情绪。因此，当发生航班延误时，现场应急管理人员应当提高沟通技巧，保持积极的服务态度，有效防止群体事件的爆发，从而提高民航运行的安全性。

3. 旅客群体性事件实验仿真及数据分析

1)仿真实验描述

本节为了验证所提出的旅客行为仿真模型的有效性，采用 AnyLogic 6.7.0 仿真软件作为仿真平台，构建了航班延误引发的航站楼候机厅旅客群体性事件虚拟场景，如图 4.13 所示。图中浅色虚线区域为旅客候机区域，深色虚线区域为旅客登机区域。航班延误触发旅客的不满情绪，如果相关部门不及时发布官方的权威信息，旅客不得不从其他非官方渠道获取各种真伪信息来填补信息的缺失，最终导致谣言的产生和扩散，进一步加剧旅客的愤懑情绪，若旅客的消极情绪超过阈值(消极情绪阈值设置为 50)，则向候机区域聚集引发群体性事件，攻击航空公司服务人员或者砸毁机场设施设备；若消极情绪小于阈值则在候机区域随机移动。随着旅客群体性事件的演化，群体核心者、跟随者、围观者角色也会发生转变。本章设置 6 组情景实验，对航站楼场景中信息缺失情景下的谣言传播过程及情绪感染过程进行 100 次随机仿真模拟。

2) 对比实验设置

实验 1：在候机区域初始化 255 个旅客智能体，不考虑旅客之间的社会关系，所有旅客均为散客，实验中旅客的相关参数设置如表 4.3 所示；不考虑旅客之间的情绪传播，个体在时刻 $t+1$ 的感染情绪强度值 $I_c^n(t+1)$ 设为 0。初始状态中消极情绪的智能体个数为 20，其消极情绪值 $I_n(0)$ 均为 20；开放性 P_O、外倾性 P_E 和情绪不稳定性 P_N 随机生成且服从[0，1]区间的均匀分布；场合调节因子 λ =0.05，情绪调节因子 ρ =0.1。调整参数 μ 设为 0.5，惩罚力度 S_{punish} 设为 0.2，旅客暴力行为阈值设为 0.9，当旅客暴力行为倾向等级超过阈值时，参与到旅客群体性事件中。参数 $k = 4 \times 10^4 \text{kg/s}^2$、$\kappa = 6 \times 10^4 \text{kg/s}^2$ 描述旅客移动过程中身体接触效应。假设旅客遭受长时间的航班延误，若旅客视野范围内有管理人员，则不受航班延误刺激，否则旅客持续受外界延误事件的刺激，仿真结果如图 4.21 所示。

实验 2：在实验 1 的基础上，考虑旅客社会关系及旅客之间的情绪传播。旅客细分为团体出行、家庭出行和散客三种类型，三种类型旅客的比例分别为 39.6%、34.1%和 26.3%。不同类型旅客之间的亲疏关系 ri、吸引强度 C_{iq} 等参数存在差异，实验中不同类型旅客的相关参数设置如表 4.3 所示。初始状态中消极情绪的智能体个数为 20，其消极情绪值 $I_n(0)$ 均为 20；关注度 $\varpi = 0.3$，$c = 1$ 表示初始时群体较为松散，$\partial = 1$；开放性 P_O、外倾性 P_E 和情绪不稳定性 P_N 随机生成且服从 [0，1] 区间的均匀分布；调节因子 $i\_\text{range} = 0.5$、$p\_\text{range} = 0.5$；场合调节因子 λ =0.05，情绪调节因子 ρ =0.1。调整参数 μ 设为 0.5，惩罚力度 S_{punish} 设为 0.2，旅客暴力行为阈值设为 0.9，当旅客暴力行为倾向等级超过阈值时，参与到旅客群体性事件中。参数 $k = 4 \times 10^4 \text{kg/s}^2$、$\kappa = 6 \times 10^4 \text{kg/s}^2$ 描述旅客移动过程中身体接触效应。假设不受外界事件的刺激，仿真结果如图 4.21 所示。

实验 3：在实验 2 的场景中，考虑了信息缺失条件下的谣言产生及扩散对情绪感染的影响。假设初始状态只有一个传播节点，即 $S_0 = 254$，$E_0 = 0$，$I_0 = 1$，$R_0 = 0$。谣言初始接受概率 a=0.5；考虑到个体差异性，个体感染率 β 服从[0，1]区间的均匀分布，个体接受谣言阈值 d_i^* 随机生成且服从[10，30]区间的均匀分布；概率 v_1、概率 u 均设为 0.01，概率 λ_1 设为 0.01；谣言的初始吸引度 T_0=10；潜伏者对谣言的辨识能力 c=0.5；表示谣言的初始吸引度 T_0=5；潜伏者接触免疫者吸收的初始剂量 $d_0 = -1$；若个体在时刻 t 为传播者，则根据式 (4-1) 计算情绪增长值，且因航班延误及谣言的共同刺激，因此场合调节因子为只受到航班延误刺激源的两倍，情绪衰减值 $I_d(t)$=0；若旅客视野范围内有管理人员，则不受航班延误刺激，且不是传播者，则情绪增长值 $I_s(r,t)$=0，根据式 (4-2) 计算情绪衰减值。考虑了智能体在群体性事件中所扮演的角色对情绪感染的影响，初始状态中智能体角色均为围观者，随着旅客情绪及其周围态势的变化，根据暴力行为决策模型，推断是否参与到旅客群体性事件中，普通参与者转化为群体核心者的概率为 0.2。若周围旅客为核心者，则权威系数 rpd =1；若为围观者则权威系数 rpd =0。仿真结果如图 4.21 所示。

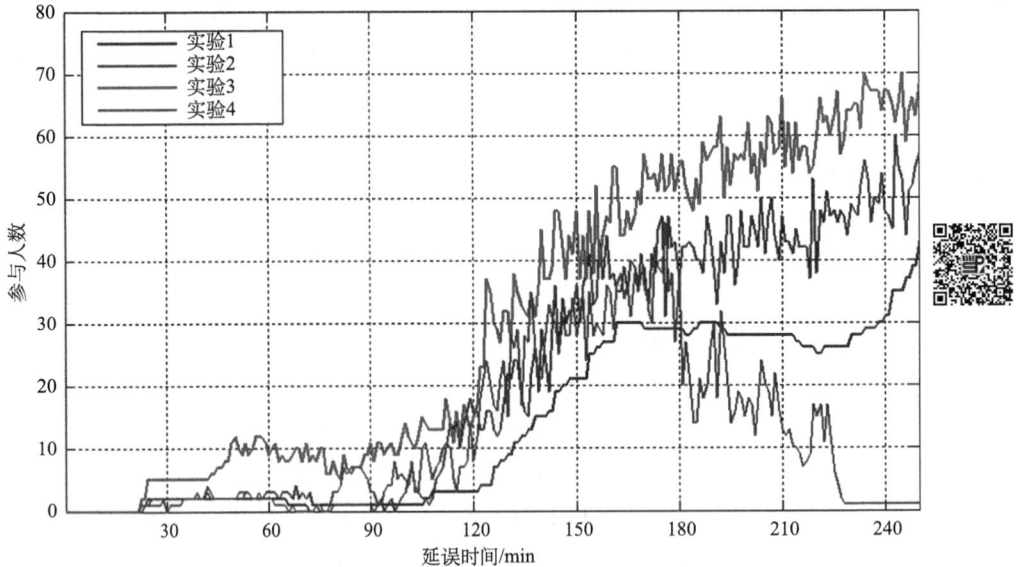

图 4.21　4 组实验中旅客群体事件参与者数量趋势图

实验 4：在实验 3 的场景中，加入两组干预措施。

(1) 在候机区域、登机区域初始化 5 个管理员智能体，负责告知旅客航班延误的原因及航班状态，对现场的谣言进行辟谣；潜伏者遇到管理者转变为普通免疫者的概率 λ_1 设为 0.01，传播者遇到管理者转变为普通免疫者的概率 λ_2 设为 0.1；其消极情绪值 $I_p(0)$ 均为 0，表示管理员安抚周围旅客的消极情绪；旅客对管理员的关注度 $\varpi = 0.5$；开放性 $P_O = 0$、外倾性 $P_E = 1$ 和情绪不稳定性 $P_N = 0$ 表示管理人员具有情绪感染能力，情绪不受外界事件影响，且情绪不易被他人感染。

(2) 在候机区域、登机区域初始化 5 个机场公安局人员，维护现场秩序，对实施暴力行为者(砸毁设施设备、攻击航空公司服务人员)进行随机控制。仿真结果如图 4.21 所示。

实验 5：在实验 4 的场景中，其他参数不变，机场公安局人员出现时机分别为 30min、60min、90min；通过实验分析不同机场公安局人员出现时机对群体性事件的影响。仿真结果如图 4.22 所示。

实验 6：在实验 4 的场景中，其他参数不变，惩罚力度 S_{punish} 分别设为 0.2、0.4、0.6。通过实验分析不同机惩罚力度对群体性事件的影响。仿真结果如图 4.23 所示。

3) 实验结果分析

(1) 旅客决策模型训练结果。

本节采用 MATLAB (版本 2009a) 软件中的模糊逻辑工具包对提出的基于模糊神经网络的决策模型进行编程建模，并根据 4.5.3 中的数据处理方法对在机场采集的数据进行处理，把处理过后的数据作为模糊神经网络的训练样本，对网络进行训练，结果如图 4.24 所示。结果显示：在训练阶段，RMSE 的值变化范围为 0.0141～0.0798；在验证阶段，RMSE 的

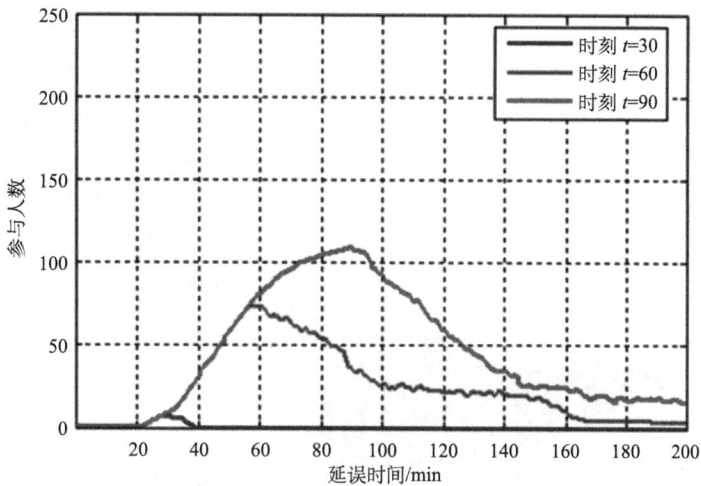

图 4.22 不同出警时机下旅客群体事件参与者数量趋势图

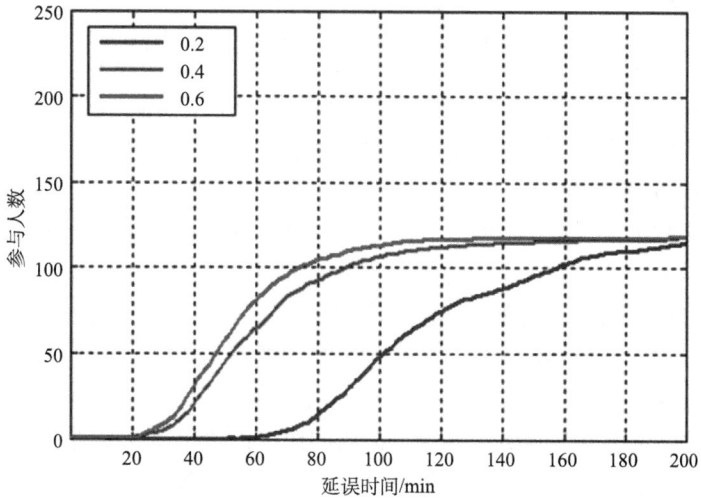

图 4.23 不同惩罚力度下旅客群体事件参与者数量趋势图

值变化范围为 0.0138~0.0799；在测试阶段，RMSE 的值变化范围为 0.0162~0.0795。本章所提出的决策模型具有三个输入变量，由于 MATLAB 工具箱中只能显示三维的结果图，因此如图 4.24 所示，训练结果仅显示 2 个输入变量(自控能力、不满情绪强度)和 1 个输出变量(暴力行为等级)。旅客的愤怒情绪的强度越高，自身的控制能力越差，旅客越容易成为旅客群体性事件的参与者；相反即使旅客的愤怒情绪的强度很高，但由于自身的控制能力好，旅客也不太可能实施暴力行为。

(2)6 组对比实验结果及分析。

根据实验的设置，重复仿真 100 次，前 4 组实验中的平均群体事件参与者数量趋势如图 4.21 所示。结果表明，随着航班延误时间的增加，群体事件参与人数不断增加，从宏观的角度，候机区域的旅客人群密度持续增加。由于旅客之间的交互作用忽略，所以实验 1 的旅客群体事件参与者规模增长速率在 4 组实验中最慢，这不能反映旅客的认知机制，与实际情景不相符。

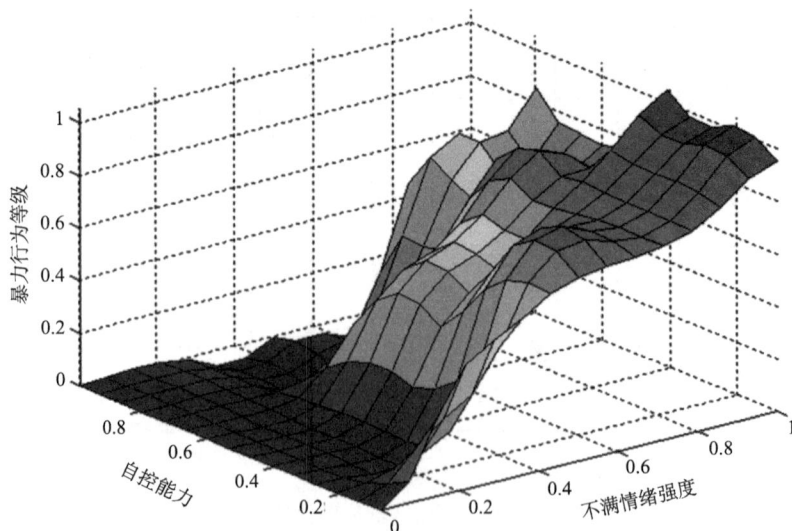

图 4.24   旅客暴力行为自适应决策模型

在实验 2 中，随着人群密度的增加，旅客之间出现了情绪传播现象。由于考虑了旅客之间的亲密度和社会地位，围观者的情绪强度受周围领导者的影响而快速增长，如图 4.21 所示。

实验 3 中的群体消极情绪高于实验 2，表明旅客在群体性事件中所扮演的角色对旅客之间消极情绪感染的影响不容忽视，随着群体性事件核心者的出现，自由、松散的旅客群体变得有组织、有领导，从而加剧了群体个体之间的消极情绪的感染。因此，在群体事件应急管理中，应该及时对核心者进行疏导、隔离，防止其煽动周围旅客，导致旅客消极情绪的爆发。实验 3 中团体出行旅客、家庭出行旅客、散客在群体性事件中的参与比例分别为 43.4%、34.4%、22.2%，其中团体出行旅客相对参与比例最大，家庭出行次之。在旅客群体性事件的预防与处理中应当重点关注团体旅客，防止团体旅客之间愤怒情绪的快速扩散，难以控制。

实验 3 中的参与人数一直多于实验 2，结果表明了群体间的谣言传播在自组织旅客群体性事件中扮演者十分重要的角色。由于缺乏实时的精确的航班延误原因及预计航班延误时间发布，旅客倾向于编造谣言填补信息缺少，容易造成旅客遭受第二次刺激，不可避免地加剧了旅客的愤怒情绪，更多的围观者参与到群体性事件中。

实验 4 中的参与人数一直少于实验 3，结果表明了所采取的发布实时信息、提供食物或者免费改签等优质服务等应急管理措施，能够缓解旅客的不满情绪。

如图 4.22 所示，实验 5 中机场公安局现场维护人员越多，出警越早，对旅客进行疏导、对关键闹事人员进行威慑或者隔离，越能降低大规模群体性事件发生的可能性。然而机场公安局警力有限，不能面面俱到，因此，应当加强各应急部门、单位的沟通，根据事件态势的缓急轻重合理调配警力，防止危害民航运输安全的恶性事件的发生。

如图 4.23 所示，当加大对参与群体暴力事件者的惩罚力度时，由于增加了旅客实施暴力行为的风险成本，参与到群体性事件的人数减少，能有效防止态势恶化，把事件限制在可控的范围之内。然而，旅客群体性事件往往由于航班延误引起，旅客为了维护自己的合法权利而参与到群体性事件中，因此即使实施暴力行为也会从轻处理，这样一来会形成不良的社会风气，为暴力事件的防控带来难度。

第5章 不正常航班引发旅客群体性事件预警

5.1 概　述

航班延误后服务不到位往往引发旅客群体性事件，严重影响到民航的安全运行及航空公司的信誉。旅客群体性事件严重影响了民航的发展，而目前仍缺少有效的应急处置方法，虽然中国民用航空局颁发了相关的指导意见，各航空公司也制定了航班延误补偿标准，但是由于缺少法律依据，旅客与航空公司之间的矛盾纠纷仍悬而未决，使得旅客与民航的矛盾不断升级，成为严重的社会问题。目前关于旅客群体性事件的应急处置，各个部门各自为营，缺乏应急单位之间的相互协调及信息的顺畅流通。除此之外，应急管理部门对旅客群体性事件的案例重视程度不够，没有建立相应的事件案例库，从而未能获取旅客群体性的预警信息，没有吸取旅客群体性事件的处置经验。

本章分别介绍两类目前针对航站楼群体性事件预警最为常用的预警方法。第一类是基于指标体系的预警方法，基于国内外的旅客群体性事件的研究成果，提出航站楼旅客群体性事件预警体系；第二类是基于视频数据挖掘的群体性事件预警方法，主要通过借助计算机视觉技术对航站楼内监控视频画面进行处理，获取有效旅客群体特征，并通过数据挖掘方法发现群体特征与群体行为状态的深度关联以实现预警。

5.2 基于指标体系的旅客群体性事件预警

旅客群体性事件伴随着民航的发展，其事件形势不断演化。本节通过对前期国内外研究成果的深入调研，剖析了影响旅客群体性事件的重要因素，并将影响旅客群体性事件的因素分为内生因素和外生因素[167]。

5.2.1 影响旅客群体性事件的内生因素

内生因素是引发旅客群体性事件的潜在因素，主要分为旅客、航空公司、机场和机场公安局等四个方面。

1. 旅客

如今随着我国机场群的增多，机场覆盖率明显提高。另外，小航空公司如雨后春笋般出现，我国的航线网络也不断健全，选择航空出行不再是一件困难的事。这也导致了旅客社会属性的多样化，增加了群体性事件的风险。主要体现在旅客素质参差不齐、法律意识不强、对民航的期望值过高等方面。由第 4 章的实验结果可以得出，航班涉及的人数较少的时候，很难形成较大的团体，团体之间的凝聚力难以增加，不易诱发大规模群体性事件，相反随着旅客人数的增加，旅客之间的情绪互动增强，增加了旅客群体性事件的严重性及可能性。另外，突发性旅客群体性事件一般会在领导者的言语煽动下进一步恶化，因此，应急人员应该注意情绪激动、言行过激的团体领导者，把其作为旅客群体性事件预警的警源，并采取缓解其情绪或者隔离等方式，避免其他旅客在其组织、策划、煽动下参与到群体暴力事件中。除此之外，机场应该加强机场关键区域的旅客人数监测，重点关注人群聚集地，根据人群密度等级划分优先级，合理分配人力、物力，采取应急措施，及时疏散聚集旅客，防止旅客之间的接触，以免为不满情绪传播及谣言扩散提供基础。

2. 航空公司

航空公司作为航班延误的主要负责单位，应该承担旅客服务、赔偿等责任。根据公司自身情况制定合理的赔偿规则，面对航班延误时，根据航班的取消或者延误程度给予旅客相应的赔偿，积极向旅客解释延误的原因及公司为挽救旅客的损失所付出的努力。从旅客的角度，为旅客提供住宿、膳食及免费改签等优质服务，缓解旅客的不满情绪。延误时间为旅客群体性事件的重要警源，是引发旅客群体性事件的直接原因。航班延误引发的旅客群体性事件往往是旅客忍受不了长时间的延误，滋生焦虑、不满情绪。因此，应急部门应该实时掌握本航空公司所延误的航班的延误情况，提前采取处置方案，加强航班保障设施设备的建设，有利于航班延误的快速反应，防止大面积航班延误的出现。采取航班延误恢复策略，缩短航班延误时间，使旅客顺利出行，从而避免矛盾的激化。缓解旅客情绪，防止事态恶化。

3. 机场

机场是航班延误引发的旅客群体性事件的衍生场所，因此，机场诸多方面的服务水平、应急能力对旅客群体性事件的衍生及恶化有着非常深刻的影响。例如，机场应对大面积航班延误的应急恢复能力、机场咨询台的服务态度及掌握信息的准确度、机场对航班延误程度（延误航班数量、航班平均延误时间、受影响的旅客数量）、航站楼旅客的服务水平指标监测（人群密度、空气质量、信息广播频率）能力都会影响旅客对航班延误的态度变化。

4. 机场公安局

虽然目前针对旅客群体性事件已经出台了应急预案，规定了相关应急部门的职责与操作规范，然而各部分之间信息的传递及相互之间的配合仍存在很多问题。尤其是机场公安局，作为事件的主要协调、处置部门，其对群体性事件的发展起到了举足轻重的作用。由第 4 章的实验结果可以得出，机场公安局的介入处理时机越早、警力力量越恰当，及时疏导聚集旅客，维护现场秩序，越不容易引发旅客群体性事件。如果机场公安局存在侥幸的心理，在接到报警电话后，拖延出警，延误了最佳战机，将会导致群体性事件的规模增大、群体的愤怒爆发，使整个事件难以控制。另外，旅客社会属性的差异性，导致了旅客群体性事件处理的难度，如何根据不同的航班延误情景增派相应的警力，是机场公安局管理当局面临的难题。因此，机场公安局的预警意识、警力数量及处理技巧在很大程度上影响着旅客群体性事件的演化。

5.2.2 影响旅客群体性事件的外生因素

外生因素主要指旅客群体受外部不良干扰因素产生的警源，民航作为复杂的开放系统，始终处于多变的环境中，外部环境的变化给民航带来机遇的同时也会带来一定的挑战。民航发展的市场化、国际化和多元化特征与外部环境的连接越来越紧密，受外部环境的影响也越来越显著。外生警源是旅客群体性突发事件的外显因素，主要包括以下三个方面：①高速发展的民航背景；②国家的相关政策；③社会维权意识的普及。随着民航的快速发展，旅客吞吐量日益增多，其与空域资源、机组资源、机队资源等不足的矛盾日益显著，旅客经常会遭遇航班延误。相关政策法规的不健全导致不同航空公司的赔偿标准和操作程序不一致，进一步加剧旅客的愤懑情绪，旅客心中长期积累的不满情绪为群体性事件提供着火点。

第 4 章的实验中通过场合调节因子(表征旅客群体性事件的外生因素)的不同值的设置，观测群体性事件的参与人数趋势，实验结果显示，调节因子的增加，加快了旅客的不满情绪，从而加速旅客群体性事件的演化速度。因此，外生因素可以作为旅客群体性事件的预警因素。应急管理部门通过开展问卷调查或者为旅客提供一个便捷的情绪表达、纠纷投诉渠道，收集旅客对航空公司服务态度、航班延误补偿法律法规的一些意见。筛选出比较突出的航空公司与旅客的利益纠纷，及时察觉可能引发旅客群体性事件的潜在外生因素。采取积极主动的应对策略，不断缓解旅客群体的群体埋怨情绪，以防矛盾积重难返，为旅客群体性事件提供了环境基础。

5.3 基于视频数据挖掘的群体性事件预警

基于视频数据的群体性事件预警方法中，目前较为常见的是以所提取出的区域人群密度特征作为关键预警指标的方法，该类方法预警指标相对单薄，忽略了更多的群体特征。因此本节在密度特征基础上融合旅客群体聚集外形、群体聚集速度以及群体移动速度等特征，挖掘以上视频数据特征与群体性突发事件爆发的深度关联，进而构建多特征融合的群体性突发事件预警模型，以触发及时准确的群体性突发事件警示。

5.3.1 运动目标检测

计算机视觉领域中，监控视频图像被理解为由前景与背景区域组成，即当视频图像序列同一位置处像素发生显著变化时视为前景点，发生微弱变化或不变化时视为背景点[168]。基于视频图像信息完成的研究分析，一般情况下的研究主体均是视频中运动的物体，如行走的人或动物、运动的车等。前景目标检测是进行基于计算机视觉技术完成的所有后续研究的基础，如进一步进行的目标识别、目标跟踪、特征提取、行为分析等工作。因此为实现航站楼内旅客群体行为分析，本节首先需要研究如何能高效地将旅客群体尽可能完整与准确地从视频图像中检测出来。

1. 目标检测方法综述

学者经过大量的研究，现在已将对视频图像中运动物体的统计分析转化成对较小的图像背景像素进行建模分析，且提出了大量检测方法。而监控视频中图像的背景有的比较稳定，有的动态变化，根据这个特点现在使用较广泛的检测方法有 3 类：帧差法、光流法和背景减除法。

1) 帧差法

帧差法的计算原理[169]为先得到由序列图像中连续的两帧或多帧图像的像素灰度值差值所确定的一个新的图像灰度值，然后需要利用事先设定的阈值与新得的灰度值相比较，这样就可以将灰度值分为大于阈值与小于阈值两类，大于阈值的像素集合区域，则可被认为是从图像中提取出的运动目标区域，反之，则为背景区域。帧差法过程简单，易用计算机程序实现，且计算量小，所以帧差法是较常用的检测方法。

但是帧差法对于环境噪声非常敏感，且其检测效果非常依赖于阈值的选择。阈值选择较小，不能有效减少噪声的影响；但若阈值较大，又可能漏掉有用的运动目标。且在面对颜色不变，尺寸较大的运动目标时容易检测出多余的像素值，形成重影或使内部目标出现漏洞，提取出模糊或者不完整的运动目标。

2) 光流法

光流的概念最先在 1950 年被 Gibson 提出，由于多种因素的影响，同一物体在不同视频帧图像中的灰度值不尽相同，当有物体运动时，在图像上对应区域的灰度值也随其变化，便可以认为图像的灰度似物体一样具有矢量速度，且用光流表示这一速度。光流法就是根据图像中相邻帧灰度数值，分析其变化情况，理解前一帧对当前帧的影响并找出它们的相关性，从而学习得到物体在相邻帧之间的运动模式。光流法的检测原理[170, 171]是，在满足合适的约束条件背景下，分别赋予所有像素一个矢量值，随着物体的移动便会产生一个运动场，且物体与背景必然会产生相对运动，使图像灰度模式也产生运动从而形成一个光流场，然后通过对该运动场的计算与变化分析实现运动物体分离。

视频图像是三维空间的投影，则图像上某些区域的二维速度矢量是该区域对应物体在三维空间中矢量速度的投影，可推知二维图像中像素特征值改变所得的光流场，对应着三维空间中物体运动所产生的运动场。光流信息能同时用于描述物体的运动模式信息与三维结构信息的特点，使其被广泛应用。一直以来光流计算法层出不穷，总结起来大致可分为三类：基于特征或区域的算法、基于频域的算法及基于梯度的算法。通过以上分析易知光流法实现前景检测的技术核心正是光流场的计算，光流场计算时基本的数学原理如下。

在假设图像中物体像素保持不变，运动随时间变化慢且同一图像的像素点做相同运动的情况下，光流场的计算目标是找到图像中每个像素的速度矢量 $r = (u, v)$，我们利用如下步骤进行计算。

假设 $E(x, y, t)$ 为 (x, y) 点在时刻 t 的灰度值。设 $t+\mathrm{d}t$ 时刻该点运动到 $(x+\mathrm{d}x, y+\mathrm{d}y)$ 点，它的灰度值为

$$E(x+\mathrm{d}x, y+\mathrm{d}y, t+\mathrm{d}t) \tag{5-1}$$

由于对应同一个点，所以：

$$E(x, y, t) = E(x+\mathrm{d}x, y+\mathrm{d}y, t+\mathrm{d}t) \text{——光流约束方程} \tag{5-2}$$

将式 (5-2) 的等号右边部分进行泰勒展开，并令 $\mathrm{d}t > 0$，有 $E_x u + E_y v + E_t = 0$，其中

$$E_x = \mathrm{d}E/\mathrm{d}x \tag{5-3}$$

$$E_y = dE / dy \tag{5-4}$$

$$E_t = dE / dt \tag{5-5}$$

$$u = dx / dt \tag{5-6}$$

$$v = dy / dt \tag{5-7}$$

上面方程中的 E_x、E_y、E_t 的计算很简单，但是变量成立的方程只有一个，不足以求出 u、v，因此需建立更多的约束方程以进行方程求解。然后同样比较计算所得光流速率 $V(x,y)$ 与阈值 T，若 $V(x,y) > T$，则认为点 (x,y) 为前景，否则为背景。光流法的检测效果虽然会更好，但由于计算复杂程度较大而难以符合实时要求，实际应用较少。

3) 背景减除法

背景减除法是在固定摄像机环境下检测运动目标最常见的方法，该方法计算较简单，提取出的运动目标相对完整，且实时性良好。背景减除法的基本原理[172, 173]是，针对背景构建数学模型以描述对应的像素区域，然后根据当前帧图像与该数学模型匹配时的差异大小来实现目标检测。背景减除的具体算法现在已经提出了多种模型和分割策略，其中某些算法类似光流法的计算，需要满足一定的特定条件，如它需要适用于平缓或迅速的光照变化、运动变化、复杂的背景和背景的变化等。建立的背景模型是在不断实验与改进中得到的，以尽可能消除视频中运动前景的变化对模型的影响及噪声和光照的干扰。该类算法又可大致分为三类：非参数化、参数化与基于特征值的算法。

(1) 非参数化算法。

① 中值滤波算法。

该算法用像素点的某邻域内所有像素点灰度的中间值取代其原灰度值。中值滤波算法简单，易于实现，更能在保证图像边缘不被模糊的条件下，有效地滤除无规律噪声。另外还有简单的帧间差分法，是将相邻两帧相减，若结果大于某个阈值，则认为该区域有物体进行了异常，反之没有，公式如下：

$$\mathrm{ID}_L(x,y) = \begin{cases} d, & d \geqslant T \\ 0, & d < T \end{cases} \tag{5-8}$$

帧差法算法虽然也简单，但是它只能提取出目标的轮廓而不能将其完整取出，且不存在基于中值滤波的方法的快速算法，所以计算需要时间和内存空间。由于没有相应的理论支持，对不同场景视频图像区别背景时，如何设置合适的阈值仍是个问题。

② 核密度估计方法。

针对某些非参数化算法存在的无法连续地对图像分布进行描述等问题，Elgammal 等提出了核密度估计方法，该方法的思想是完全用视频数据来得到用于背景差分的背景模型，不需要假设背景的概率分布模式，又因为没有参数，也不用对模型进行参数估计和参数优化[174]。取视频序列的前 N 帧图像为样本，将 N 帧视频图像中所覆盖的像素值分成若干个相同区间，同一目标在每帧上的样本值都对应着一个相同分布的核函数，然后将这 N 个核函数累加起来，一般情况下，每个区间上所得和值不尽相同，可连成一条曲线。这条曲线便是对图像像素点连续的概率密度描述，且是所取 N 帧样本的一个统计。核密度估计方法的目标检测手段同样是将像素是背景的概率与一个阈值进行比较，大于阈值为背景，反之为前景。

在使用核密度估计方法时，区间大小的取值需要注意，区间太小，所得的概率曲线会出现小的折线，不够光滑，而区间太大会使曲线过于光滑不利于估计。Elgammal 等还研究出了一种借助相邻图像绝对差 m 的中位数来计算区间宽 ∂ 的算法，其计算公式为

$$\partial = \frac{m}{0.68\sqrt{2}} \tag{5-9}$$

(2) 参数化算法。

此类方法中主要以平均背景法、单一高斯模型和混合高斯模型为代表，其中平均背景法和单一高斯模型较适用于摄像头固定不变、背景微小变化的场景，但实际运用中的场景许多具有变动的背景，因此在单一高斯模型基础上，混合高斯模型被提出，后面详细介绍后者。简单来说，平均背景法就是求得连续帧的图像像素的平均值，并以此来表示图像背景信息，并通过为所获的像素平均值匹配相应的阈值范围来构建背景模型。在应用检测过程中，若被检测图像中某位置的像素值超出了背景模型中为该位置区域对应设置的阈值范围，则认为该位置为前景区域，反之为背景区域。

对于单一高斯模型，各点的像素值被认为是基本不会发生较大变化的，即可认为它们服从一维正态分布，并分别为每个点构建一个如式 (5-10) 所示的高斯模型：

$$P(i_{x,y}) = \frac{1}{\sqrt{2\pi\delta_{x,y}^2}} \exp\left[-\frac{(i_{x,y} - \mu_{x,y})^2}{2\delta_{x,y}^2}\right] \tag{5-10}$$

其中，$P(i_{x,y})$ 表示该点像素值等于 $i_{x,y}$ 的概率；$\delta_{x,y}$ 表示该点高斯模型的方差；$i_{x,y}$ 表示点 (x, y) 对应的像素值；$\mu_{x,y}$ 表示该点高斯模型的均值。单一高斯模型是根据有运动目标出现的图像中，某些点的像素值会发生大幅度的变化的事实来进行前景检测的。即用某像素点的新像素值与均值 $\mu_{x,y}$ 的差值 $d_{x,y}$ 进行检测，若 $d_{x,y} > T$ 则该点为前景点，$d_{x,y} \leqslant T$ 则为背景点。

单一高斯分布计算相对简单，对适用场景的背景描述较准确，但当场景背景较复杂或者存在一些细微重复运动的物体时，单一高斯背景模型就难以准确地描述背景了。

(3) 基于特征值的方法。

特征值方法是包括主成分分析 (PCA) 和特征值分解等的一类算法，主要是通过把视频序列图像数据降维到一组特征向量上来分离前景和背景。

Oliver 等[175]提出的特征值分解算法的基本过程是，首先进行训练，以通过部分视频先得到 n 个对应最大特征值的特征向量，然后把结果储存在特征向量矩阵中用于后续实验。而实验中，用训练阶段的平均值对视频像素进行中心化，随后投影到那 n 个特征向量上，再进行一次反投影重新得到图像像素。而进行特征值分解时，因相对训练视频来讲，新出现的目标像素的占比不大，容易由于特征值很小而被略过，因此反投影后其坐标接近于 0，即图像的运动前景基本被消除。在最终分类阶段，用原始图像减去几乎只有背景的二次投影图像，最后再将结果与设定的阈值进行比较，大于阈值则认为该点是前景，反之为背景。

2. 混合高斯背景模型

背景减除法需要图像中有背景，且不受光照和环境变化的影响，因此在实际检测中背景中其他移动物的干扰、光线的明显变化、运动目标突然短暂停留，都会使背景发生变化，

导致获得的背景与真实背景差别大从而引起检测结果的失真,因此为获得良好的检测效果,构建一个有效的背景模型,以及选择合适的模型更新方法均显得十分必要。航站楼内摄像机固定,适用于背景减除法,但航站楼内人员密集遮挡情况严重,阳光照射使光线变化都会引起视频图像背景的变化,为检测到较完整的运动目标,本章采用能较好适应光感的变化的基于混合高斯算法建立的背景模型方法。混合高斯模型算法的原理是,将图像的像素值认为是按前景高斯分布和背景高斯分布两种模型分布的,因此可知混合高斯检测前景的思想是,若某点像素值符合前景高斯分布,就可看成前景点;若符合背景高斯分布,则为背景点。

1)背景建模

为序列图像中的任何一点建立 K 个高斯分布,用这 K 个分布的加权结果之和来表示图像场景。一般情况下每点建立的模型越多,算法就越能适应背景的细微变化,但算法复杂程度也随之增加。K 值的增大确实能更好地处理背景干扰,但也不能一味地认为 K 值越大越好,因为当 K 达到一定值后,随着 K 值的增加,算法处理干扰能力改善程度明显减小,而运算速度却降低很多,得不偿失, K 值一般在 3～7 选取。这 K 个高斯分布用来描述背景和前景,意味着同时构建了背景和前景模型,利于检测出准确的运动目标。

计算描述时我们用 $\eta(x, u, \sum)$ 来表示概率密度函数,其中 x 表示观察值,u 表示均值,$\sum$ 表示协方差矩阵。混合高斯背景模型算法的实现建立在画面中的任意点的像素均符合前景与背景高斯分布的混合分布的假设之上,即任意像素点的像素 x_i 的概率密度函数可由以下 K 个三维高斯函数来描述:

$$p(x_i) = \sum_{i=1}^{K} w_i \eta(x_i, u_i, \sum_i) \qquad (5-11)$$

其中, $u_i = (u^R, u^G, u^B)^T$,且 u^R、u^G、u^B 分别代表了该点颜色值的 R、G、B 分量;$\eta(x_i, u_i, \sum_i)$ 则表示 t 时刻的第 i 个高斯分布,且权值 $w_i \geqslant 0, i = 1, 2, \cdots, K$,同时 $\sum_{i=1}^{K} w_i = 1$, $\sum_i$ 是协方差矩阵,且 $\sum_i = \sigma_i^2 I$,其中 σ_i 是方差, I 是单位矩阵。

其中

$$\eta(x_i, u_i, \sum_i) = \frac{1}{2\pi^{\frac{n}{2}} |\sum|^{\frac{1}{2}}} e^{-\frac{1}{2}(x_i - u)^T \sum^{-1}(x_i - \mu)}, \quad i = 1, 2, \cdots, K \qquad (5-12)$$

其中, n 是 x_i 的维数。在初始化阶段,其 K 个分布的均值由最新检测到的第一帧图像中每点的颜色向量值来表示,各分布取较大方差值且拥有一致的权重。

2)背景模型实时更新

新获取像素值 x_i 是否满足已有的 K 个高斯分布,决定了模型的背景是否更新,若满足就需要为其建立 K 个新的分布,其权值、均值和方差按式(5-13)进行计算并得以更新:

$$
\begin{aligned}
w_{i,t} &= (1-a)w_{i,t-1} + \alpha M_{i,t} \\
\mu_{i,t} &= (1-\rho)\mu_{i,t-1} + \rho x_{i,t} \\
\sigma_{i,t}^2 &= (1-\rho)\sigma_{i,t-1}^2 + \rho(x_{i,t} - \mu_{i,t})^T(x_{i,t} - \mu_{i,t}) \\
\rho &= \alpha h(x_i, \mu, \sum)
\end{aligned}
\qquad (5-13)
$$

其中，α 表示更新速率，且 $\alpha \in [0,1]$；$M_{i,t}$ 取值为1。由式(5-13)可知，α 增大，背景更新速度随之变大，同时模型的环境适应力随之变强。反之，α 减小，背景更新的速度随之变慢，且模型的环境适应力也随之变弱。对于未匹配的像素点，建立一个新的分布，替代将原有 K 个分布按 $s = w_{i,t} / \sigma_{i,t}$ 来排降序时最后的那个分布，且该新建模型的均值与方差均未改变，权值则按式(5-13)变化，式中 $M_{i,t}$ 取值为0。

3) 检测运动目标

K 个高斯分布据 s 值的大小排成降序序列，然后根据式(5-14)来检测运动目标：

$$B = \arg_b \min \left(\sum_{K=1}^{B} W_K > T \right) \tag{5-14}$$

式(5-14)表明用前 B 个高斯分布来描述背景，若当前图像某点 X_m 是否与前 B 个高斯分布中某一个分布相匹配，即其对于该分布满足条件 $|X - \mu_{i,t-1}| \leqslant 2.5\sigma_i$，则可判断该点为背景点，反之则为前景点。

3. 基于 YCbCr 颜色空间和拓扑切割的阴影去除算法

群体行为的分析与群体密度特征关联最为直接，甚至很多研究将密度特征作为群体性事件预警的唯一影响因素，所以密度特征提取准确率对本章的研究同样非常关键。而由于航站楼光照等因素的影响，使用基于混合高斯背景模型的前景检测方法时，目标阴影极易伴随着前景一并被检测出来，阴影的存在很大程度上影响着群体密度估计以及行为分析结果，因此阴影去除非常必要。本章则在混合高斯背景模型(GMM)前景检测方法的基础上，提出了一种基于 YCbCr 颜色空间和拓扑切割的阴影去除算法，以实现高效精确地去除阴影。

1) 基于 YCbCr 颜色空间的初步阴影检测

基于颜色空间实现阴影去除的基本原理均为，利用在颜色空间中前景和阴影像素区域与背景像素区域的颜色分量差异来实现阴影检测。常见的颜色空间类型有 RGB、HSV、YUV 和 HIS 等颜色空间。RGB 是基础颜色空间，一般可转换计算得到其他种类的颜色空间。由于使用 RGB 颜色空间容易带来较大数据存储压力，本章选择在 YCbCr 颜色空间内进行检测。

RGB 颜色空间中 R、G、B 分别代表红色信息、绿色信息、蓝色信息。RGB 颜色空间定义了一个三维空间，其坐标原点 $(0,0,0)$ 代表黑色，点 $(0,0,1)$、$(1,0,0)$、$(0,1,0)$、$(1,1,1)$ 分别代表蓝色、红色、绿色和白色，因此图像上任意一点的颜色均可用一个三维坐标来表示，如图5.1所示。

YCbCr 颜色空间的三个分量 Y、Cb、Cr 分别代表图像的亮度信息、偏蓝色信息和偏红色信息，且亮度信息与后两种色度信息互不影响。该颜色空间算法的理论依据为阴影区域像素的亮度与背景和前景区域像素的亮度存在明显差异，而与背景区域像素的偏蓝色与偏红色信息基本相同。YCbCr 颜色空间可由 RGB 颜色空间由如下公式转化而得

$$\begin{bmatrix} Y \\ Cb \\ Cr \\ 1 \end{bmatrix} = \begin{bmatrix} 0.2990 & 0.5870 & 0.114 & 0 \\ -0.1687 & -0.3313 & 0.5 & 128 \\ 0.5 & -0.4187 & -0.0813 & 128 \\ 0 & 0 & 0 & 0 \end{bmatrix} \begin{bmatrix} R \\ G \\ B \\ 1 \end{bmatrix} \tag{5-15}$$

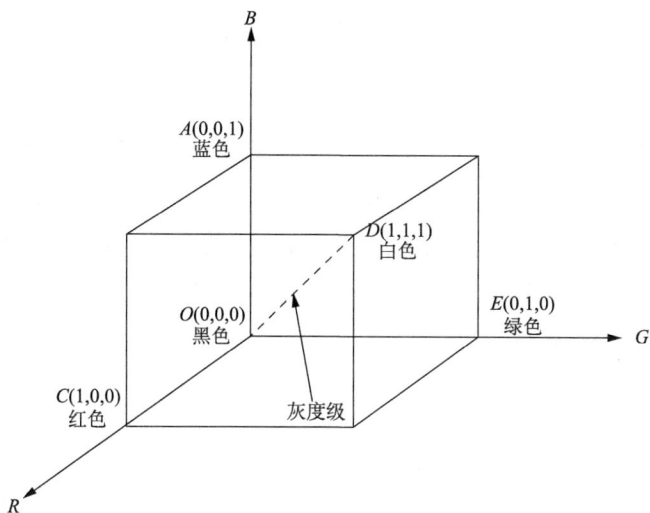

图 5.1 RGB 颜色空间

从而可将前景图像与对应背景图像分别映射到 YCbCr 颜色空间中，并得到映射后的前景与背景图像中各像素的 Y、Cb、Cr 三个分量，且当某像素点满足下式时，可判定它为阴影：

$$
\begin{cases}
\left| F_k^Y(a,b) - B_k^Y(a,b) \right| \leqslant T_Y \\
\left| F_k^{Cb}(a,b) - B_k^{Cb}(a,b) \right| \leqslant T_{Cb} \\
\left| F_k^{Cr}(a,b) - B_k^{Cr}(a,b) \right| \leqslant T_{Cr}
\end{cases}
\tag{5-16}
$$

其中，$F_k^Y(a,b)$、$F_k^{Cb}(a,b)$、$F_k^{Cr}(a,b)$ 分别表示第 k 帧前景图像像素点 (a,b) 的 Y 信息、Cb 信息和 Cr 信息；$B_k^Y(a,b)$、$B_k^{Cb}(a,b)$、$B_k^{Cr}(a,b)$ 分别表示第 k 帧背景图像中对应像素点 (a,b) 的 Y 信息、Cb 信息和 Cr 信息；T_Y 表示 Y 信息差分阈值；T_{Cb} 表示 Cb 信息差分阈值；T_{Cr} 表示 Cr 信息差分阈值。

2）拓扑图像切割

基于 YCbCr 颜色空间的初步阴影识别，由于背景与前景区域的色度信息差异较小，易造成前景空洞，且亮度信息的影响噪声较多，群体目标前景的完整性仍需提高。因此本章引入图像分割技术，以优化阴影像素点与目标前景点的界限，填补前景目标的漏洞点以及提升阴影去除的精度。图像分割中较常用的是由 Boykov 和 Kolmogorov 提出的最大流/最小割算法[176]，本章所选用的拓扑切割的原理则正是在原有寻找最大流的算法基础上考虑拓扑约束，即将拓扑约束作为全局约束条件，使图像切割的全部过程均处于符合拓扑约束的环境中。

（1）目标能量函数。

拓扑切割算法实际就是寻找如下目标能量函数公式的最优解的过程：

$$
\inf_{x_p, p \in \gamma} \left\{ \sum_{p \in \gamma} D(x_p) + \sum_{(p,q \in \delta)} V_{pq}(x_p, x_q) \right\}
$$
$$
\text{s.t. } \Gamma = \Gamma_{\text{init}}
\tag{5-17}
$$
$$
\text{with } x_p \in \{0,1\}, p \in \gamma
$$

其中，γ 和 δ 分别表示图像像素点以及像素之间的配对关系；$D\left(x_p\right)$ 是定义像素点 p 为标签 x_p 时的惩罚，代表数据项；$V_{pq}\left(x_p,x_q\right)$ 是定义两个相邻像素点 p 和 q 之间若不连续的惩罚，代表平滑项。当满足 $D\left(x_p\right)=D_p^t\left(1-x_p\right)+D_s^p x_p$、$V_{pq}\left(x_p,x_q\right)=W_{pq}\left(\left(1-x_p\right)x_q\right)$ $+\left(1-x_q\right)x_p$ 且 $W_{pq}\geqslant 0$ 时，可定义一个源端为 s，终端为 t，顶点为 $p(p\in\gamma)$ 的新图 ϑ。D_s^p 表示从 s 到任意点 p 的容量，D_p^t 表示从任意点 p 到 t 的容量，W_{pq} 表示两邻近点 p 和 q 之间的容量。Γ 表示 0/1 标记图像的拓扑信息，Γ_{init} 表示分配给图像的初始拓扑信息。为符合本书需要，进行如下定义：

$$D\left(x_p\right)=10\left(\left(u_p-c^F\right)^2\left(1-x_p\right)+\left(u_p-c^B\right)^2 x_p\right)$$

$$V_{pq}\left(x_p,x_q\right)=\left(1-x_p\right)x_q+\left(1-x_q\right)x_p \tag{5-18}$$

其中，u_p 表示像素点 p 的 Y 信息分量；c^F、c^B 分别表示图像中所有标签为 F 和标签为 B 的像素点的平均 Y 信息分量。

(2) 初始 F/B 标签。

进行图像分割时，常用的 s/t 分割不能确保符合拓扑约束，因此一个新的 F/B 顶点标签属性[44]被提出，在分割的最开始将 F/B 标签分配给图像，S 和 T 树中的每个点被标记为 F 或 B，因此如图 5.2 所示，S 和 T 树可被分成四个子树集：S_F、S_B、T_F、T_B。值得注意的是，不考虑拓扑约束时根据 F/B 标签进行的图像分割等同于 s/t 分割。当 S 树中的所有顶点均被标记为 F，且 T 树中的所有顶点均被标记为 B 时，表明已得出最优切割方案。

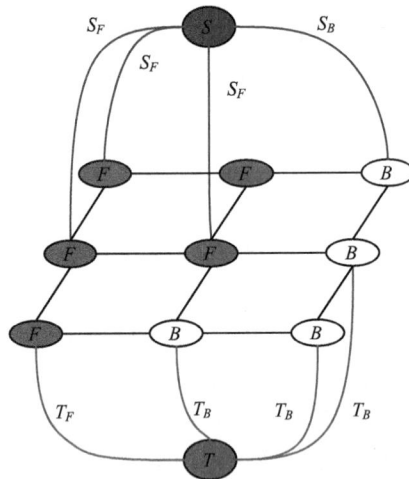

图 5.2　S 和 T 树的四个子树集

F/B 标签初始化的规则为：首先取若干个初始区域，该区域中的所有点被标记成 F，其余点被标记为 B。再使图像中各点到源端或终端的任意一边处于饱和状态，若某点到源端的边为不饱和，则该点属于 S 树；若某点到终端的边为不饱和，则该点属于 T，由此可得到四个初始子树集。同时，任一像素点在计算时存在两种状态：活跃与被动，其中活跃像素点表示该点处存在不饱和边，而被动像素点则表示该点处连接边已达饱和状态。

4. 标签间/标签内最大流检测

标签初始化结束之后，需要在图像中开始检测最大流，拓扑切割通过改变顶点标签属性实现最大流的计算，在此过程中为确保计算符合拓扑约束，首先搜索 S_F-T_B、S_B-T_F 间的增广路径，该步骤也称为标签间最大流检测。当所有不同标签间的路径均为饱和时，再搜索相同标签间的增广路径，即 S_F-T_F、S_B-T_B，该步骤也称为标签内最大流检测。本章的目标在于优化分割阴影点与前景点，因此本章感兴趣的点总是那些最靠近不同标签边缘的点，而最大流检测过程也可称为不同标签边缘传播的过程，因此为确保在计算时总能找到最靠近边缘的点，提出一个新的定义：DIS，用来表示任一像素点距离边缘的距离。当某点为最新更新标签的点，其新的距离值为相同标签的相邻像素点中拥有的最小距离值减去 1，如式 (5-19) 所示，即可保证下次计算时关注的仍为最接近边缘像素点。

$$\mathrm{DIS}(n_i) = \min_{n_j,(n_i,n_j)\in\delta,\mathrm{Label}(n_i)=\mathrm{Label}(n_j)} \mathrm{DIS}(n_j) - 1 \qquad (5\text{-}19)$$

标签间/标签内最大流检测的具体实施方法如下。

对于标签间最大流检测，在每个检测步骤中，我们要么找到一个增广路径；要么当满足一定条件时，通过吸收具有非饱和边的每个活跃节点的相邻节点作为其新的连接节点来扩张这些子树集。当新寻找到的节点 q 的原始标签与该核心活跃节点 p 的标签不同时，便更新节点 q 的距离值和标签。

通过活跃点 p 吸收一个新的相邻节点 q 的条件如下：点 q 与点 p 标签相同，且点 q 为自由点；点 q 与点 p 标签不同，且点 q 是一个简单点，则当满足下述任一条件时可吸收点 q 为子点：q 为自由点；p 与 q 所属的树有关联。

对于标签内的最大流检测，当满足下述任一条件时可更新点 p 的标签：点 p 的相反标签与点 p 所属的树相关联；点 p 为简单点。

值得注意的是，在更新某点标签之前，总是需要检查该点是否为简单点以确保该点标签的更新不会改变图像的拓扑结构，因此本章的阴影去除算法得以"拓扑保持"的方式实现。

在完成标签间/标签内最大流检测之后，若所有标记为 F 的节点均属于 S 树或为自由点；若所有标记为 B 的节点均属于 T 树或为自由点，则可认为目标能量函数公式，即式 (5-17) 取得最优解，即最终实现阴影像素和前景像素的最优切割。

5. 实验验证

1）阴影检测方法对比实验

为验证本章的阴影去除算法，对某航站楼通道监控视频以及 Bootstrap[178] 视频数据库序列图像进行了验证实验。为实现对比，本章在基于高斯混合模型前景检测方法所得前景检测图像基础上，使用了仅基于 YCbCr 颜色空间的阴影检测方法进行了初步阴影检测，然后在初步检测结果基础上分别采用了基于拓扑切割以及基于图论的分割算法进行最终阴影去除。实验采用 OpenCV 2.4.9 和 VC++ 编程语言，并在 Intel Xeon E5-1620 (3.60GHz) 的 CPU，Windows 7 64bit 操作系统下实现。所得结果如图 5.3 所示。

从两组实验可以清晰地发现，本章所提出的基于 YCbCr 颜色空间与拓扑切割的阴影去除效果，相较于单独的基于 YCbCr 颜色空间的去除结果及 YCbCr 颜色空间与图论切割相结合的去除结果，均拥有更为平滑的边缘以及更完整的目标前景，且以上三类算法的速度可见表 5.1。

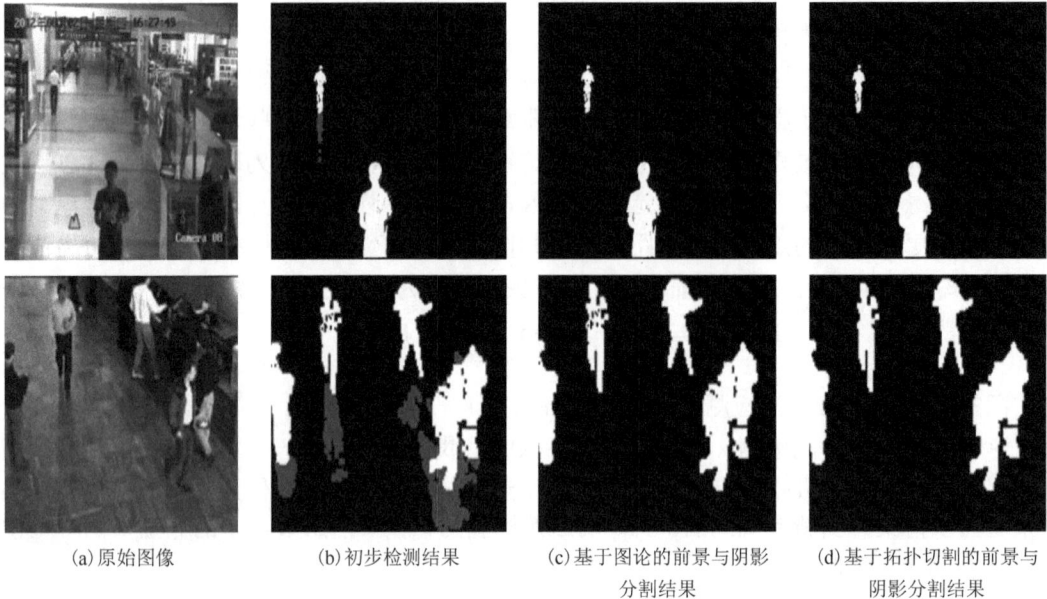

(a)原始图像　　　　(b)初步检测结果　　　　(c)基于图论的前景与阴影　　(d)基于拓扑切割的前景与
　　　　　　　　　　　　　　　　　　　　　分割结果　　　　　　　　阴影分割结果

图 5.3　某航站楼通道与 Bootstrap 序列图像实验结果

表 5.1　三种阴影去除算法运算速度比较

序列图像	YCbCr 颜色空间/ms	结合图论切割/ms	结合拓扑切割/ms
航站楼通道监控视频	220	318	482
Bootstrap 序列图像	24	33	38

由表 5.1 可知拓扑切割不会增加计算速度的压力，因为在标签间最大流检测期间需要搜索的节点的数量大大减少了，所以可以有效地工作。虽然本章所提算法的运行速度稍慢于 YCbCr 颜色空间结合图切割的算法，但实验表明其仍能适用于实时处理。因此，平衡阴影考虑阴影去除效果与计算速度，本章所提算法对提高前景提取质量具有重要意义。

2)航站楼适用实验

(1)分区域实验。

本章所提算法前景检测的实现能力与实时效果已经在前面的实验中得以验证，但算法的可用性并不能等同于算法在航站楼的适用性，因此本节实验中针对航站楼内主要的关键功能区域：值机大厅、候机大厅、安检区、登机口和通道区域，分别基于本章所提前景检测算法对以上五类功能区监控摄像头监控视频序列进行目标检测，得到如图 5.4 所示的检测结果。然后以每区域内随机选取的 50 帧图片的平均检测率作为该区域内的移动目标检测率，所得结果如表 5.2 所示。

(a) 值机大厅

(b) 候机大厅

(c) 安检区

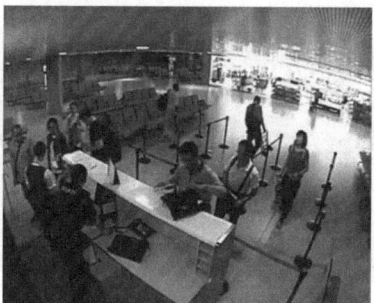

(d) 登机口

(e) 通道区域

图 5.4　航站楼五类关键功能区运动前景检测结果

表 5.2　五类重要功能区运动前景检测率

区域	值机大厅	候机大厅	安检口	登机口	通道区域
平均检测率	84.7%	85.3%	92.5%	87.3%	91.8%

(2) 分时段实验。

由于航站楼楼顶建筑多采用透明钢化玻璃，航站楼内监控视频图像易受光照影响，因此要求前景检测算法具有良好的光照适应性，本章针对受光照影响显著的值机厅和候机厅分别选择一天中三个时段的视频序列图像进行实验，即 7:00～8:00，12:00～13:00，17:00～18:00，可得到如图 5.5 的检测结果。三个时段各随机选取 50 帧图像，分别统计每帧图像检测率，然后分别计算三个时段平均检测率，得如表 5.3 所示的结果。

7:00～8:00

12:00～13:00
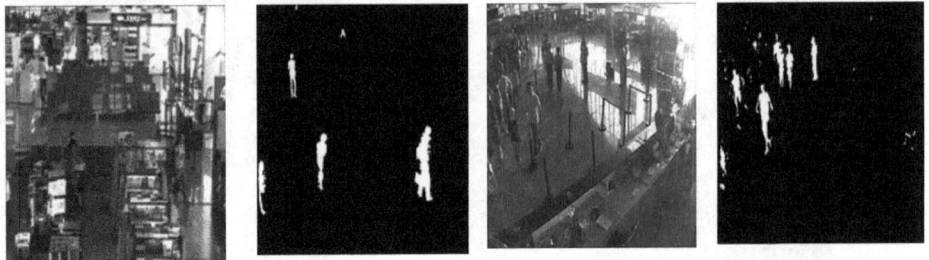

図 5.5　三时段运动前景检测结果

表 5.3　三时段运动前景检测率

时段	7:00~8:00	12:00~13:00	17:00~18:00
平均检测率	91.3%	89.6%	87.7%

由表 5.2 可知安检口与通道区域使用本章算法得到的前景检测率均超过 90%,值机大厅、候机大厅与登机口位置由于存在人员密集的情况检测率稍低,但仍在 85%左右;而表5.3 中早、中、晚三时段内值机大厅与候机大厅的平均检测率均在 90%左右,同时由图 5.4与图 5.5 前景目标检测结果质量可以看出,本章算法所得目标前景较为清晰与完整,因此可以认为本章所提前景检测算法能较好地适应航站楼的多功能性以及光照敏感性。

5.3.2　旅客群体聚类特征

航站楼旅客群体状态的实时分析是通过对群体运行特征的分析实现的,群体运动特征不是简单地将各个体目标运动特征相叠加而得到的,而且实际上这两者本质上是不同的,因此易出现单目标运动特征显示其行动为正常状态,但其所属旅客群体的行为状态已经处于紧急状态的现象。旅客群体运行特征是将旅客群体看作一个整体,在监控视频系列图像中表现出来的群体密度、群体移动速度、群体聚集形状等特征。显然,旅客群体运动特征的提取建立在旅客位置信息基础上,为简化运算量,本章用点代替旅客的实际位置。

航站楼由不同功能区构成,如值机大厅、候机大厅、安检区、商业区、办公区、到达大厅和行李分拣区等,各分区空间结构与功能性质的不同影响着对该区域的监控需求程度及力度,即影响着该区域监控摄像头的类型与数量。因此监控摄像头收取面积的广度与深度易造成目标清晰与模糊的差异,且航站楼内存在旅客群体的稀疏与密集之分,而使不同功能区所得监控视频画面质量存在差异,有些场景内目标稀疏且清晰而有些场景内目标则遥远且密集。本章针对目标相对稀疏且清晰的视频序列图像,基于人头特征获得旅客位置分布信息;针对目标相对密集且模糊的视频序列图像,基于纹理特征估算目标人数,并根据像素分布使相应数量的目标点均匀分布于对应纹理区域,以获得旅客位置分布信息;进而采用基于多区域的 DBSCAN 空间聚类算法获取旅客聚集点簇。

1. 基于人头特征的旅客群体分布估计

人头检测应用行业十分广泛,经过前人的大量研究,现在人头检测方法主要可归为两大类：基于统计学习和基于特征的检测方法。基于特征的方法中常用的头部特征包括颜色、皮肤、形状和脸部特征等，由于当图像中目标较多时，目标间所选头部特征的差异性大，容易出现漏检、错检的情况；基于统计学习的方法则需对较大数量的正负样本进行训练，从而得到可以判断图像相应区域是否为人头的分类器，该类方法训练量较大，但具有更优的检测精度与鲁棒性且多用于灰度图像的检测，因此本章选择该类方法中运用十分广泛的 AdaBoost-SVM 人头检测方法，检测旅客人头进而获得旅客位置信息。

1）AdaBoost 算法

AdaBoost 算法[179]于 1996 年由 Freund 与 Schapire 提出，该算法针对同一训练集通过调整分配不同的权重，反复训练获得若干弱分类器，再将所获弱分类器进行融合得到最后的决策分类器，又称强分类器。

针对人头检测问题，即需要对人头与非人头进行分类区别，可理解为一个两类分类问题，其中一类为人头，即正样本，一类为非人头，即负样本。值得注意的是，为区分正负样本，需要建立足以区分两类样本的目标特征集，分类训练的过程实际上也是选择最能区分两类样本的目标特征的过程。

进行人头检测的理论思想如下，设 AdaBoost 算法中输入的训练样本集为 TS，则

$$TS = \left\{ (x_i, y_i), i = 1, 2, 3, \cdots, M \right\} \tag{5-20}$$

其中，x_i 代表第 i 个训练样本；y_i 代表样本类型（非正即负），因此 $y_i \in \{+1, -1\}$。在训练之前都需要提前知道每个样本的实际类型，并据其类型判断分类器所得分类结果的正确率。

在训练时，初始阶段分配给所有样本一个同样的权重系数 W，当每轮训练结束时基于该轮训练得到的分类情况重新为样本分配权重系数，由于最值得关注的是那些分类困难的样本，因此一般权重调整的规则为：减小那些被正确分类的样本的权重系数，加大那些分错类别的样本的权重系数，以此突出那些在正确分类时遇到困难的样本，并对其进行下一轮的学习。在进行 M 轮训练之后，可获得 M 个弱分类器的集合 WC，且每个弱分类器分别对应着特征集合中的一个区分特征：

$$WC = \left\{ (a_1, b_1), (a_2, b_2), \cdots, (a_m, b_m) \right\} \tag{5-21}$$

其中，a_i 代表第 i 个弱分类器；b_i 代表弱分类器的加权系数。然后将该 M 个弱分类器融合得到最终的强分类器 HC，且基于不同的组合方法可以使该强分类器 HC 获得任意高的精度。

2）SVM 算法

SVM（Support Vector Machine）算法由 Vapnik[180]于 1995 年提出，该方法的基本思想为将样本映射到一个更高维的空间中，并在这个空间中建立一个最大的间隔超平面，即将两类样本集看作两平行的超平面，并在其间寻找一个能使以上两数据超平面之间拥有最远的距离的一个数据分隔超平面。因此，可以认为该分类器的总误差随两平行数据超平面间的距离的增大而减小。SVM 算法中的样本映射的数学理解为将低维的样本空间 A，映射到一个高维的特征空间 F 的一个过程，数学表达方式如下：

$$A = (a_1, \cdots, a_N) \rightarrow \varphi(A) = (\varphi_1(A), \cdots, \varphi_M(A)) \tag{5-22}$$

该过程使得在输入样本空间中难以区分为所需类别的数据，能够在特征空间中实现理

想的分类。但是从低维空间向高维空间映射时往往会带来很大的计算压力，而解决这一问题的最好方法便是选择合适的核函数。

由于样本空间的类型多样性，需利用一个非线性函数将多性质的样本空间映射到单一特征性质的空间，同时，一般情况下线性关系的学习比非线性关系的学习简单很多，因此接下来再使用线性学习器对特征空间进行学习，便能在很大程度上简化算法。因此，一般使用如下函数形式：

$$f(A) = \sum_{i=1}^{M} k_i \varphi_i(A) + b \tag{5-23}$$

式中，φ 代表一种非线性映射；M 为总训练样本数。又由于 $f(A)$ 是关于 $\varphi_i(A)$ 的一个线性函数，$f(A)$ 也可以直接表示为如下所示的函数内积形式，即

$$f(A) = \sum_{i=1}^{M} \alpha_i \beta_i \langle \varphi(A_i) \cdot \varphi(A) \rangle + b \tag{5-24}$$

式中，A_i 为第 i 个训练样本；A 为输入样本。

尽管进行到这一步，在特征空间计算内积仍是一个十分复杂的过程，因此若能存在一个函数 H，对于任意 $x, y \in A$，都有 $H(x,y) = \langle \varphi(x) \cdot \varphi(y) \rangle$，即可用 H 代表 φ 的内积，则 H 为核函数。因此代入核函数后，可得如下函数形式：

$$f(A) = \sum_{i=1}^{M} \alpha_i \beta_i K(A_i, A) + b \tag{5-25}$$

综上分析可知，SVM 算法中学习器的设计关键在于核函数的建立上，惯用的核函数多为线性函数、多项式核函数、径向基函数等[181]。

(1)线性函数。线性可分的情况下，核函数便为两个向量的内积形式：

$$H(A, A_i) = \langle A \cdot A_i \rangle \tag{5-26}$$

(2)多项式核函数。所得 d 阶多项式核函数的形式为

$$H(A, A_i) = (\langle A \cdot A_i \rangle + 1)^d \tag{5-27}$$

进而可得 d 阶多项式分类器为

$$f(A, \alpha) = \mathrm{sgn}\left(\sum_{i=1}^{M} \beta_i \alpha_i (\langle A \cdot A_i \rangle + 1)^d - b \right) \tag{5-28}$$

(3)径向基函数。传统的径向基函数的判定规则为

$$f(A) = \mathrm{sgn}\left(\sum_{i=1}^{M} \alpha_i H_\beta(|A - A_i|) - b \right) \tag{5-29}$$

其中，$|A - A_i|$ 表示两个向量间的距离；$H_\beta(|A - A_i|)$ 经常采用高斯函数进行计算：

$$H_\beta(|A - A_i|) = \exp\left\{ -\frac{|A - A_i|^2}{\sigma^2} \right\} \tag{5-30}$$

3) 基于 AdaBoost-SVM 的人头检测

由于 AdaBoost 算法容易出现过度拟合训练样本而产生过学习的问题，并且该算法所关

注的特征在局部区域上，即只要多个局部位置上的特征符合条件，则可判定接受整个区域，缺乏全局性而易造成误检情况。而 SVM 算法则具有全局最优性以及良好的泛化能力，因此 AdaBoost-SVM 算法的提出可以很好地解决以上两个问题。

基于 AdaBoost-SVM 分类器的检测算法的基本步骤分为离线训练与在线检测两步。离线训练步骤中，首先分别利用 AdaBoost 和 SVM 分类器对输入样本进行训练学习，对应得到 AdaBoost 检测器和 SVM 级联检测器；在线检测步骤中，需先将输入图像样本借助积分图原理转到梯度空间中，然后进行 AdaBoost 检测，在其结果基础上进而利用 SVM 检测器进行二次检测，二次检测结果经合并尺度操作后得到最终检测结果。上述算法步骤中的关键技术为 AdaBoost 与 SVM 的特征选取，下面将进行详细介绍。

（1）AdaBoost 特征选取。

当前人头检测等研究中常用 Haar-Like 特征[182]，然而 Haar-Like 特征较适用于正面人脸检测，对于人头特征检测效果并不理想，因此一种用于人头检测的矩形梯度特征被提出[183]。然而传统矩形梯度特征所得特征库数量庞大，且计算较为复杂，因此本章选用一种改进的矩形梯度特征[184]。

①矩形梯度特征。

图 5.6 所示矩形梯度特征共有四类算子：单窗、双窗、纵向三窗和横向三窗。四类算子窗口的长宽比均不固定，同时多窗特征算子中所含子窗的相对位置也不固定。

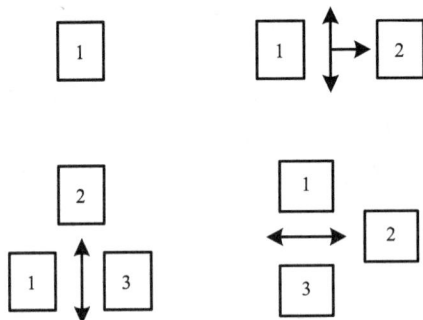

图 5.6　矩形梯度特征算子

特征具体计算步骤如下。

先将输入图像转换到梯度图像空间，若梯度方向数为 N，则对于窗口 W，第 i 个方向上的梯度和为 E_i，即

$$E_i = \sum_{(x,y)\in W} L^i(x,y) \tag{5-31}$$

为表示 i，j 不同方向上特征的相互关系有如下定义：

$$(\text{op})ij = \{+,-,\times,\div\}(E_i,E_j) \tag{5-32}$$

因此对于单窗、双窗与三窗特征，在同一个特征窗内或不同子窗间不同方向上的梯度特征关系可分别用如下三个公式表示：

$$F_1 = \{(\text{op})(S_i,S_j), i=1,2,\cdots,N; j=1,2,\cdots,N\} \tag{5-33}$$

$$F_2 = \sum_{i=1}^{N} \sum_{j=1}^{N} \frac{\left| (op)(S_i, S_j)^{w_1} - (op)(S_i, S_j)^{w_2} \right|}{\text{width} \times \text{height}} \tag{5-34}$$

$$F_2 = \sum_{i=1}^{N} \sum_{j=1}^{N} \frac{\left| (op)(S_i, S_j)^{w_2} \times 2 - (op)(S_i, S_j)^{w_1} - (op)(S_i, S_j)^{w_3} \right|}{\text{width} \times \text{height}} \tag{5-35}$$

② 改进矩形梯度特征。

为方便特征计算，改进后的矩形梯度特征算子为三类：单窗单向、单窗双向及双窗特征，三类特征分别定义为如下三个公式。

单窗单向特征：

$$\text{Fea}_1 = \frac{S_i^w}{S_i^w + S_{i_\perp}^w + \varepsilon} \tag{5-36}$$

单窗双向特征：

$$\text{Fea}_2 = \frac{S_i^w - S_{i_\perp}^w}{S_i^w + S_{i_\perp}^w + \varepsilon} \tag{5-37}$$

双窗特征：

$$\text{Fea}_3 = \frac{S_i^{w_1} - S_j^{w_2}}{S_i^{w_1} + S_j^{w_2} + \varepsilon} \tag{5-38}$$

其中，$i_\perp$ 代表与 i 方向垂直的方向；ε 为一个极小的正数，用以保证分母不为 0，且其中 $S_i^w = \sum_{(x,y) \in w} G_i(x, y)$，用以代表双窗特征的子窗 w 在第 i 方向上梯度的累加和。

(2) SVM 特征选取。

本章 SVM 选用梯度方向直方图特征[185]，又称 HOG 特征。HOG 特征计算的基本原理是把输入样本图像均匀地划分成若干个不同的小块区域，统计每个小块内的梯度方向直方图，并据此进行图像描述。

梯度特征计算模板如下：

$$G_0 = \frac{1}{4} \begin{bmatrix} -1 & 0 & 1 \\ -2 & 0 & 2 \\ -1 & 0 & 1 \end{bmatrix}, \quad G_1 = \frac{1}{4} \begin{bmatrix} 0 & 1 & 2 \\ -1 & 0 & 1 \\ -2 & -1 & 0 \end{bmatrix},$$

$$G_2 = \frac{1}{4} \begin{bmatrix} 1 & 2 & 1 \\ 0 & 0 & 0 \\ -1 & -2 & -1 \end{bmatrix}, \quad G_3 = \frac{1}{4} \begin{bmatrix} 2 & 1 & 0 \\ 1 & 0 & -1 \\ 0 & -1 & -2 \end{bmatrix}$$

HOG 特征具体计算过程为：首先，基于以上所示的四个方向上的梯度模板，求得模板与输入图像的卷积结果，以将输入图像转换成四个方向上的梯度图像，借助积分图理论分别计算四个方向上的梯度积分图；随后，根据空间位置把各方向上的梯度积分图按比例均匀分成不同的小块，记为"cell"，且使各相邻小块之间出现一定程度的重叠；然后对于每个小块统计其中四个方向上的梯度累加和：S_1、S_2、S_3 和 S_4；最后据式(5-39)分别得到各小块内对应的四个特征值。

$$\begin{cases} E_1 = \dfrac{S_1}{S_1 + S_2 + S_3 + S_4 + \varepsilon} \\[3mm] E_2 = \dfrac{S_2}{S_1 + S_2 + S_3 + S_4 + \varepsilon} \\[3mm] E_3 = \dfrac{S_3}{S_1 + S_2 + S_3 + S_4 + \varepsilon} \\[3mm] E_4 = \dfrac{S_4}{S_1 + S_2 + S_3 + S_4 + \varepsilon} \end{cases} \qquad (5\text{-}39)$$

其中，ε 为一个较小的正数。

（3）AdaBoost-SVM 联合分类器人头检测。

选取数量相当的正负样本，分别基于矩形梯度特征和 HOG 特征对样本进行 AdsBoost 训练和 SVM 训练，并分别得到 AdaBoost 分类器和 SVM 分类器。然后在检测运用阶段，输入需检测的新视频帧，图像预处理之后首先基于四个方向上的梯度计算模板，借助积分图理论将输入视频帧映射入梯度空间，随后开始 AdaBoost 检测，再基于 AdaBoost 初步检测结果展开基于 SVM 的二次检测。AdaBoost 与 SVM 分类的串联检测，可有效提高检测准确率，且该算法基本结构与流程如图 5.7 所示。

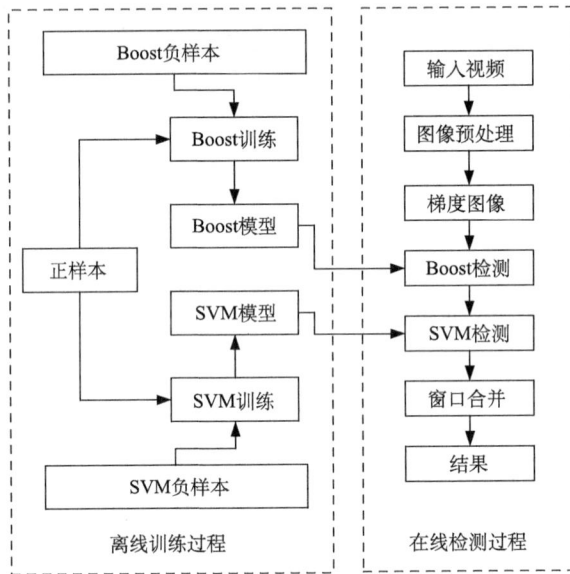

图 5.7　AdaBoost-SVM 人头检测算法流程

4）实验验证

本章通过截取监控视频画面的目标前景区域人头与非人头部分获得如图 5.8 所示训练样本各 600 张，对算法进行训练。

然后分别将值机大厅、候机大厅、安检区、登机口和通道区域五类主要功能区监控内监控摄像头视频帧输入该分类器中，可分别得到如图 5.9 所示人头检测结果。同时各功能区不同时间段目标数存在较大差异，因此本章在五个区域内分别选取 50 帧图像共 250 帧图像，然后分别统计每帧图像实际目标数与检测人头数，所得结果如表 5.4 所示。

（a）正样本

（b）负样本

图5.8　人头检测正负样本集

值机大厅

候机大厅

安检区

登机口

通道区域

图 5.9　航站楼五类关键功能区人头检测结果

表 5.4　图像人头检测数统计表

区域	图像序号	实际人数	检测人头数	检测率
值机大厅	1	96	28	29.17%
	2	73	30	41.10%
	3	85	36	42.35%
	4	77	41	53.25%
	5	68	32	47.06%
	...	...	...	...
候机大厅	1	70	18	25.71%
	2	74	26	35.14%
	3	68	24	35.29%
	4	67	31	46.27%
	5	71	39	54.93%
	...	...	...	...
安检区	1	21	18	85.71%
	2	20	19	95.00%
	3	25	21	84.00%
	4	15	14	93.33%
	5	17	16	94.12%
	...	...	...	...
登机口	1	38	32	84.21%
	2	10	8	80.00%
	3	5	5	100.00%
	4	79	27	34.18%
	5	32	25	78.13%
	...	...	...	...
通道区域	1	27	18	66.67%
	2	23	17	73.91%
	3	18	15	83.33%
	4	10	9	90.00%
	5	8	8	100.00%
	...	...	...	...

根据画面信息以及检测率可以看出，由于安检区摄像头收取画面较窄与画面深度较小且目标稀疏，人头检测率较高，在值机大厅、候机大厅、登机口与通道区域，由于收取范围相对较广且深度较大，部分离摄像头所在位置较远的画面区域内的像素信息难以真实准确地描述物体，同时目标易聚集紧凑，而使得人头检测率较低。因此本节建议针对摄像头收取面积相对较小，所获目标相对稀疏且清晰的区域监控画面，直接采用 AdaBoost-SVM 联合分类器进行人头检测以获得旅客位置信息。而针对收取面积相对较大，所获目标相对密集且模糊的区域监控画面，可通过画线的方法使该区域内部分符合条件的画面采用 AdaBoost-SVM 联合分类器进行人头检测以获得旅客位置信息。

2. 基于纹理特征的旅客群体分布估计

针对航站楼区域监控摄像头收取面积相对较大，所获目标相对密集且模糊的画面，本节通过基于图像纹理特征与目标人数的对应关系估计相应区域的目标数。

1）纹理特征提取方法综述

纹理提取算法的基本思想为：通过图像处理软件，提取出能定量描述图像纹理粗糙度、结构和分布规则性等的参数。可用提取出的这些参数对纹理进行分类，这就要求这些参数具有较强的识别能力和稳定性，能适应各种复杂程度的纹理。在纹理分类的基础上，前人研究了许多提取纹理特征的方法[186]，综合看来，目前的提取方法大致有以下四类：统计类、模型类、信号处理类和结构类。

(1) 统计类方法。统计类方法的研究主体是像素点与其邻近像素点间的灰度性质，其目的为统计得到某区域内纹理性质，或统计得到各像素点与邻近像素点灰度的各类性质。此类方法中具有代表性且应用最为广泛的是灰度共生矩阵法(GLCM)，另外还有较常用的自相关函数法[187]、半方差图法等。统计类方法思想较简单，且对各种纹理适应力较强，鲁棒性良好，但计算复杂，消耗时间，同时需要足够多的统计特性数据才能较好地完成分类，因此在随着计算过程进行时，会出现越来越多的冗余数据。

(2) 模型类方法。模型类方法与背景模型方法的思想相似，事先假定物体的纹理符合某一分布，便可依据某一参数建立纹理模型，再根据一些纹理图像反过来估计该参数，对于新的图像便可依据这一参数与纹理的对应关系提取出纹理特征，所以此类方法提取纹理特征的问题便是如何准确估计参数，该类方法中常用随机场和分形两种模型。随机场模型的思想是利用通过训练确定的某种概率模型，求得在像素和其邻域的环境下该像素点最有可能归属的概率。在分形模型中将图像的空间信息和灰度信息结合起来分析，以布朗运动模型为代表。模型类方法结合了纹理局部与整体统计特征来分析，对纹理的适应力较强同时还具有灵活性，但此类方法中的模型一般比较复杂，求解有难度且计算过程中发生迭代会增加难度，延长时间。

(3) 信号处理类方法。信号处理类方法的思想是用线性变换或滤波器对图像某个区域进行变换或滤波，再用某一能量准则提取出基本相对稳定的特征指数。常用的两种变换方法为数字图像和小波变换方法。前者又包含了离散余弦变换方法、傅里叶级数变换方法等；后者包含了 Gabor 滤波方法、小波方法等。Gabor 滤波方法关注的是当纹理不同时，中心频率和宽带也不相同，通过滤波器的设计对纹理图像进行分流，再研究滤后结果以提取纹理特征。而小波方法是利用正交小波对纹理图像进行小波分解，获得分辨率及方向不同的一组高频子带图像，再处理各子带图像以获得纹理特征信息。这类方法从多分辨率方面描述纹理，描述更加深入，更有利于提取有效的特征，但滤波方法中滤波的设计对结果影响很大，在计算方面也还有待研究和改进。

(4)结构类方法。结构类方法的思想是纹理基元的种类、数量以及排列结构可用来表示纹理，所以纹理基元结构的特征就是纹理的特征，而纹理基础研究单元的结构或为一个像素，或为一组符号，又或者是其他几何结构。现在较常用的算法有句法纹理描述法和数学形态学方法，且此类方法适用于规则的纹理图像。

2) 基于 GLCM 的纹理提取方法

本章选择基于 GLCM 的方法提取纹理特征，因其具有良好的适应能力，且计算相对方便。GLCM 描述的是 θ 方向上相隔 $d = (\Delta i, \Delta j)$ 出现一对灰度分别为 i 与 j 的像素点的概率 P，即 $P = (i, j / d, \theta)$。易知 GLCM 是一个以方向和距离为参数的函数，且符合矩阵对称性，同时图像的阶数由矩阵的灰度级决定。GLCM 能提出 14 种纹理特征，其中较为重要的是 8 种特征：角二阶矩、熵、对比度、最大概率、相关、逆差矩、相异和反差。

GLCM 算法基本为：首先为了减少计算量，归并图像灰度，G 为归并后的灰度级，其最大为 N_g。首先将图像从 $L_x \times L_y$ 向 G 作一个转换，使 $L_x \times L_y$ 中的任意一点均能在 G 中找到对应的值。

其中，$L_x = \{1, 2, \cdots, N_x\}$，$N_x$ 为 x 轴的像素总数；$L_y = \{1, 2, \cdots, N_y\}$，$N_y$ 为 y 轴的像素总数；$G = \{1, 2, \cdots, N_g\}$。

然后计算灰度共生矩阵，定义：

$$P_c = (i, j, d, \theta) \tag{5-40}$$

是方向与间距分别为 θ 和 d 的灰度共生矩阵，可知 $P(i, j, d, \theta)$ 表示位于第 i 行第 j 列的元素，i，j 均不大于 N_g，即 $(i, j) \in G * G$，还有 i 与 j 相距 d，$\theta = 0°, 45°, 90°, 135°$。

沿逆时针方向从 x 轴开始进行计算，在 4 个方向 θ 上矩阵元素的计算方法分别如下：

$$P(i, j, d, 0°) = \#\left\{(k, l)(m, n) \in (L_x * L_y) * (L_x * L_y) \mid k - m = 0, |l - n| = d; \int (k, l) = i, \int (m, n) = j\right\} \tag{5-41}$$

$$P(i, j, d, 45°) = \#\left\{ \begin{array}{l} (k, l)(m, n) \in (L_x * L_y) * (L_x * L_y) \mid (k - m = d, l - n = d) \text{或} \\ (k - m = -d, l - n = -d); \int (k, l) = i, \int (m, n) = j \end{array} \right\} \tag{5-42}$$

$$P(i, j, d, 90°) = \#\left\{(k, l)(m, n) \in (L_x * L_y) * (L_x * L_y) \mid |k - m| = d, |l - n| = 0; \int (k, l) = i, \int (m, n) = j\right\} \tag{5-43}$$

$$P(i, j, d, 135°) = \#\left\{ \begin{array}{l} (k, l)(m, n) \in (L_x * L_y) * (L_x * L_y) \mid (k - m = d, l - n = -d) \text{或} \\ (k - m = -d, l - n = d); \int (k, l) = i, \int (m, n) = j \end{array} \right\} \tag{5-44}$$

其中，$\#\{h\}$ 表示集合 h 中的元素总数，矩阵中第 i 行第 j 列的值表示，图像信息矩阵中元素

值 i 与元素值 j 在所有 θ 方向上，相隔 d 的总对数，所以以上公式中等号右边的部分，表示方向为 θ 时矩阵中所有元素的和。

然后对式(5-40)所示的矩阵进行正规化处理，如下式：

$$P(i,j)/R \to p(i,j) \tag{5-45}$$

特征值正规化后可提高分辨率，式(5-45)中 R 为正规化常数。当 $d=1$，$\theta=0°$ 或 $90°$ 时，$R=2N_y(N_x-1)$；$d=1$，$\theta=45°$ 时，$R=2(N_y-1)(N_x-1)$。

GLCM 所展现的是图像纹理的方向与间隔等信息，这些只能用来分析图像的结构和排列规则等性质，还需通过这些信息获得前面提到的能定量描述纹理的特征值，下面介绍较常见的由灰度共生矩阵导出的 8 个纹理特征值的计算公式。

(1)角二阶矩（UNI）：

$$\text{UNI} = \sum_i \sum_j \left\{ p(i,j) \right\}^2 \tag{5-46}$$

(2)对比度（CON）：

$$\text{CON} = \sum_{n=0}^{N_g-1} n^2 \left\{ \sum_{i=1}^{N_g} \sum_{j=1}^{N_g} p(i,j) \right\}, \qquad |i-j| = n \tag{5-47}$$

(3)相关（COR）：

$$\text{COR} = \sum_i \sum_j (ij) p(i,j) - \mu_x \mu_y \mid \sigma_x^2 \sigma_y^2 \tag{5-48}$$

(4)熵（ENT）：

$$\text{ENT} = -\sum_i \sum_j (ij) p(i,j) \lg \left\{ p(i,j) \right\} \tag{5-49}$$

(5)差异（VAR）：

$$\text{VAR} = \sum_i \sum_j (i-\mu)^2 p(i,j) \tag{5-50}$$

(6)逆差距（IDM）：

$$\text{IDM} = \sum_i \sum_j p(i,j) \mid \left\{ 1 + (i-j)^2 \right\} \tag{5-51}$$

(7)最大概率（MAX）：

$$\text{MAX} = \max \left\{ p(i,j) \right\} \tag{5-52}$$

(8)相异（DIS）：

$$\text{DIS} = \sum_{n=0}^{N_g-1} n \left\{ \sum_{i=1}^{N_g} \sum_{j=1}^{N_g} p(i,j) \right\}, \qquad |i-j| = n \tag{5-53}$$

3)实验验证

(1)图像畸变矫正。

航站楼监控摄像头为拍摄更多的画面多选广角摄像头，摄像头自身特性使得监控画面与实际画面出现畸变，如图 5.10 所示的桶形畸变出现较为普遍。畸变的产生可能使图像中旅客位置与实际位置出现较大差异，因此在获取旅客位置之前应先对图像进行畸变修正处理。

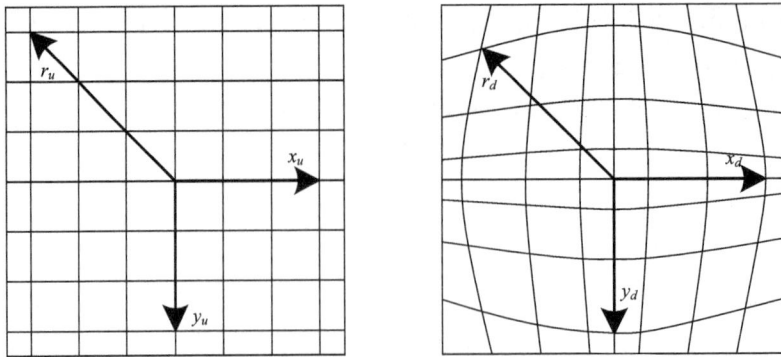

图 5.10 桶形畸变示意图

如图 5.10 所示的桶形畸变可根据式 (5-54) 进行修正：

$$r_u = r_d\left(1 + kr_d^2\right) \tag{5-54}$$

基于图 5.10 与式 (5-54) 的原理借助 OpenCV 库对航站楼监控图像进行修正，效果如图 5.11 所示。

(a) 原图像 (b) 畸变修正后的图像

图 5.11 监控图像畸变修正

(2) GLCM 纹理特征提取。

本章针对目标密集区域监控图像采用基于纹理的方法估计旅客位置，因此本章在航站楼值机区域、候机区域、通道区域三个区域内，各区内监控摄像头下分别随机选取 100 帧目标人数超 20 人的图像。经图像预处理之后，基于本节所介绍的 GLCM 纹理提取算法，求得每张图像在 0°、45°、90°、135° 四个方向上的能量、熵以及相关度等三个特征值，并分别计算四个方向上三个特征的均值，得到如表 5.5 所示的结果。

基于以上纹理特征信息，本章分别针对各区域内前 50 帧图像，选择熵均值与实际人数进行最小二乘拟合，对应值机区域、候机区域和通道区域分别得到如下三个函数：$y_1 = 62.967x_1 - 135.97$，$y_2 = 97.096x_2 - 316.63$，$y_3 = 36.507x_3 - 122.8$，然后借由每区域内

表 5.5　三区域纹理特征提取结果

区域	序号	实际人数	能量均值	熵均值	相关性均值
值机区域	1	53	0.072707	2.994911	0.262909
	2	57	0.068672	3.050728	0.273366
	3	60	0.065879	3.107482	0.216615
	4	58	0.070740	3.000049	0.234092
	5	59	0.069652	3.000947	0.191449
	...	...	...	...	...
候机区域	1	83	0.033091	4.002203	0.045448
	2	87	0.031622	4.072504	0.046431
	3	90	0.031622	4.072504	0.046431
	4	89	0.025161	4.148220	0.047394
	5	90	0.026284	4.109005	0.047364
	...	...	...	...	...
通道区域	1	31	0.025157	4.025293	0.084384
	2	34	0.022685	4.084929	0.087100
	3	29	0.019739	4.169784	0.088449
	4	32	0.021960	4.081253	0.111909
	5	32	0.018588	4.222433	0.088670
	...	...	...	...	...

后 50 帧图像数据，对所得公式进行检测，计算每帧误差率=|估计人数-实际人数|/实际人数，其中利用函数估算人数时的结果需经四舍五入取整。再计算得到每区域内后 50 帧图像的平均误差率如表 5.6 所示。

表 5.6　三区域人数估算平均误差率

区域	值机区域	候机区域	通道区域
平均误差率	10.20%	11.70%	9.30%

由表 5.6 的结果可知在航站楼内人数易密集的三个区域内，基于区域纹理特征的人数估计算法的误差率均在 10%左右，基本满足检测需要。因此摄像头摄取面积相对较广较深及旅客较为密集时，可以采用基于纹理特征的方法估算人数。

（3）位置信息获取实验。

图 5.12（a）（扫描图旁二维码查看彩图）中值机大厅监控图像内部分区域之间旅客人数与密度差异较大，因此将值机大厅监控图像进行如图 5.12 的网格划分，为尽可能准确地获取旅客位置信息，经由图像预处理之后对图中红线以下的部分采用基于人头特征的方法获取旅客位置，而红线以上的部分采用基于纹理特征的方法获取旅客位置。某区域内所估计的目标数根据该区域像素数统计分布情况，按每网格区域内像素比例将相应目标数均匀地分布于各网格区域内。像素统计的实现是将对应区域内前景进行图像二值化处理，分别统

计每网格内像素为 1 的像素数，表示为 $y_i^{m,n}$，并按照网格像素占比分配相应网格区域内人数，可得如表 5.7 所示网格像素信息表。经图像处理之后，每个点表示一个人，可得如图 5.12(b) 所示的位置信息点。

表 5.7 网格像素信息表

网格序号	像素数	像素占比	分配人数	网格序号	像素数	像素占比	分配人数
$X_{4,1}$	1441	1.36%	1	$X_{6,2}$	4094	3.86%	3
$X_{4,5}$	1816	1.71%	2	$X_{6,3}$	1622	1.53%	1
$X_{4,6}$	2034	1.92%	2	$X_{6,4}$	3390	3.20%	3
$X_{4,7}$	3268	3.08%	3	$X_{6,5}$	6673	6.29%	6
$X_{4,8}$	1383	1.30%	1	$X_{6,6}$	2907	2.74%	2
$X_{5,1}$	1871	1.76%	2	$X_{6,7}$	3909	3.69%	3
$X_{5,2}$	1431	1.35%	1	$X_{6,8}$	6062	5.72%	5
$X_{5,3}$	1469	1.39%	1	$X_{6,9}$	4767	4.50%	4
$X_{5,4}$	1346	1.27%	1	$X_{6,10}$	6635	6.26%	6
$X_{5,5}$	4893	4.61%	4	$X_{6,11}$	6582	6.21%	6
$X_{5,6}$	1696	1.60%	1	$X_{6,12}$	7957	7.50%	7
$X_{5,7}$	2689	2.26%	2	$X_{6,13}$	6590	6.21%	6
$X_{5,8}$	2861	2.70%	2	$X_{6,14}$	3246	3.06%	3
$X_{5,9}$	1417	1.34%	1	$X_{6,15}$	1912	1.80%	2
$X_{5,11}$	1364	1.29%	1	$X_{6,16}$	1587	1.50%	1
$X_{6,1}$	5323	5.02%	4	$X_{6,17}$	1814	1.71%	2
像素总数	106049			纹理估计总人数	89		

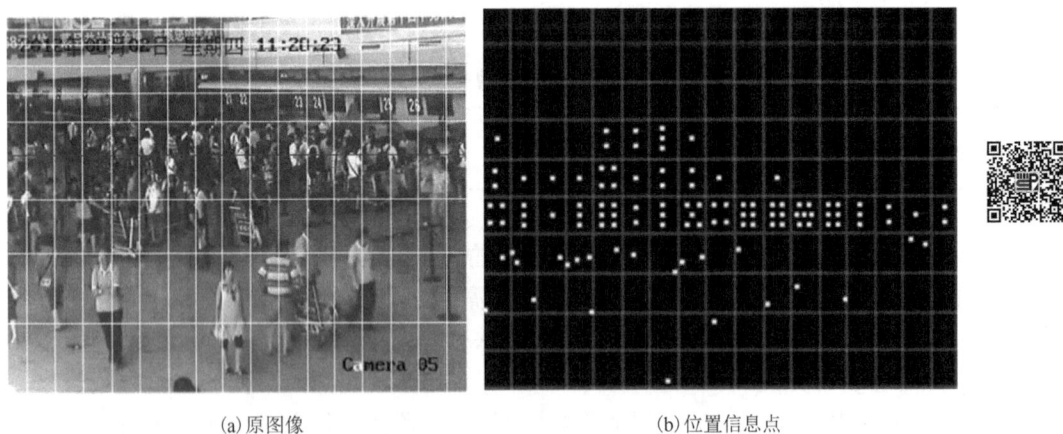

(a) 原图像　　　　　　　　　(b) 位置信息点

图 5.12　旅客位置信息获取

3. 群体聚类体提取

通过以上分析基本可以获得航站楼内各功能区监控视频中旅客群体的位置分布信息，而旅客群体运动的研究建立在群体运动特征基础上，因此首先需提取旅客群体目标，进而才能基于群体目标求得群体聚集形状、群体移动速度、群体聚集速度等群体特征。本章将基于区域划分的 DBSCAN 的多密度聚类算法应用于群体目标特征提取，以适应航站楼各功能区内旅客聚集密度等级参差不齐的现象。

1）相关定义

传统的 DBSCAN 算法[188]是基于密度的聚类算法中的代表性算法，可识别出任意形状的集簇，需用户在没有任何先验知识的情况下输入 Eps 和 MimPts 两个参数，且该算法的结果十分依赖参数的设定。由于使用全局参数，在输入数据密度分布不均匀的情况下该算法的聚类效果较差，本章所选用的基于区域划分的 DBSCAN 算法便能较好地解决这一问题。

DBSCAN 算法中相关概念有如下定义。

（1）Eps 邻域。在数据集 D 中，一个任意数据对象 $p \in D$ 的 Eps 半径的范围内所覆盖所有数据点的集合，定义为 p 的 Eps 邻域 $N_{\text{Eps}}(p)$。即有 $N_{\text{Eps}}(p) = \{q \in D \,|\, \text{dist}(p,q) \leqslant \text{Eps}\}$，其中 $\text{dist}(p,q)$ 表示点 p 与点 q 之间的距离。

（2）核对象。在数据集 D 中，若对象点 p 的 Eps 邻域内所覆盖的数据点数大于等于所设密度阈值 MinPts，即满足 $|N_{\text{Eps}}(p)| \geqslant \text{MinPts}$，此时 p 为核对象。

（3）直接密度可达。

在数据集 D 中，若对象 p 属于另一对象 q 的 Eps 邻域，即 $p \in N_{\text{Eps}}(q)$，且 q 为核对象，则可认为 q 是从 p 关于 Eps 和 MinPts 直接密度可达的，如图 5.13（a）所示。

（4）密度可达。在数据集 D 中，若有一个数据对象链 $p_1, p_2, \cdots, p_n$，满足 p_{i+1} 是从 p_i 的直接密度可达，则可认为 p_n 是从 p_1 密度可达的，如图 5.13（b）所示。

（5）密度相连。在数据集 D 中，若有一个对象 o，使 p 和 q 都是从 o 的密度可达，则可认为 p 和 q 是密度相连的，如图 5.13（c）所示。

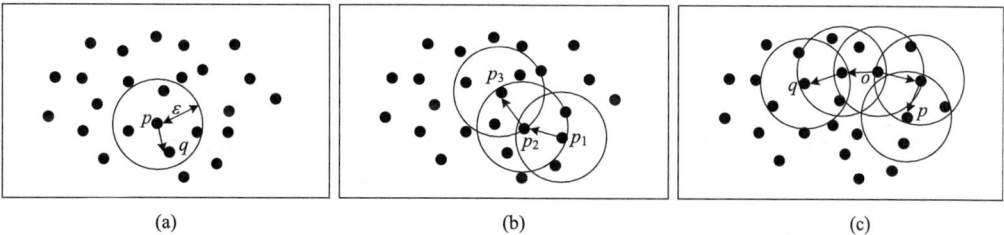

图 5.13　直接密度可达、密度可达、密度相连

2）区域划分

（1）网格划分。

设有一个 d 维数据集 D，其中包含 N 个数据对象，D 在任意维上均是有范围的，即存在第 i 维上的值属于区间 $V_i = [l_i, h_i]$，$i = 1, 2, \cdots, d$，则可得一个 d 维数据空间 S，$S = V_1 * V_2 * \cdots * V_d$。然后分别在每一维上将数据空间划分成等长区间，且均为左闭右开，可得到 N_b 个等体积的网格块，$N_b = \prod \text{num}_i$，其中 num_i 表示第 i 维上的区间数，并定义网格边长为

$$\text{length} = a \cdot \sqrt[d]{\prod_{i=1}^{d}(h_i - l_i)/N} \tag{5-55}$$

其中，a 为网格控制因子[189]，用以调节网格大小。由边长可计算得到每一维上的区间数如下式：

$$\text{num}_i = \left[(h_i - l_i)/\text{length}\right] \tag{5-56}$$

然后需将数据集中的所有对象 $X(x_1, x_2 \cdots, x_d)$ 分别划入对应的网格中，且网格在第 i 维上的下标 ind_i 如下式：

$$\text{ind}_i = \left[(x_i - l_i)/\text{length}\right] \tag{5-57}$$

对于任意数据对象 x，通过上式获得数据空间中每一维上的下标，可被映射到其对应的网格 g 中，且网格 g 中所含对象总数为 $\text{den}(g)$。

(2) 网格合并形成区域。

区域由从密度最大的网格向外吸收邻近网格而形成，此处对邻近网格作如下定义：若存在 g_1 和 g_2 满足 $|\text{ind}_i(g_1) - \text{ind}_i(g_2)| = 1$，其中 i 表示数据维数，显然任意网格的邻近网格至多有 $3^d - 1$ 个。邻近网格被吸收需满足相应密度条件，因此定义网格相对密度为

$$\text{rgdd}(g_1, g_2) = \frac{\left|\text{den}(g_1) - \text{den}(g_2)\right|}{\text{den}(g_1)} \tag{5-58}$$

则网格合并规则为：首先确定 $\text{den}(g)$ 最大的网格 g 为合并初始网格 g_0，然后分别计算 g_0 与其所有邻近网格 g' 的相对网格密度 $\text{rgdd}(g_0, g')$，若满足 $\text{rgdd}(g_0, g') < \varepsilon$（$\varepsilon$ 为一个给定阈值），则合并 g_0 与 g'，合并后的大网格为新的初始网格 g_0，且新 g_0 的网格密度按下式计算：

$$\text{den}(g_0) = \frac{\text{den}(g_0) + \text{den}(g')}{N_{\text{num}}} \tag{5-59}$$

其中，N_{num} 为新 g_0 中已合并的网格总数，随后继续往外扩张直到再无邻近网格满足 $\text{rgdd}(g_0, g') < \varepsilon$，由于在此时的边界网格中可能存在属于该区域的边界对象点，因此也应将边界网格并入，以得到最后的区域，记为 D_1。

再取数据集剩余网格中密度最大者为新初始网格，重复上述过程，直到剩余网格均无法合并，由此可将原数据集 D 分为 $D_1, D_2, \cdots, D_k$ 以及未合并的噪声点。

3) 基于区域划分的 DBSCAN 聚类

经过对输入数据集按密度高低进行区域划分之后，获得了 K 个区域及若干初步噪声点，下一步便需要借助 DBSCAN 算法分别对每一个区域进行聚类。显然，D_1 区域为密度最大区域，首先对其进行聚类计算时输入 Eps 和 MinPts 两个参数，然后对于 $D_2, \cdots, D_k$ 的聚类中所需输入的 Eps 参数利用下式自动获得

$$\text{Eps} = \text{Eps} \cdot \frac{\text{num}_1}{G_1} \bigg/ \frac{\text{num}_i}{G_i}, \quad i = 2, 3, \cdots, K \tag{5-60}$$

其中，num_i 代表 D_i 区域所包含的对象个数；N_i 表示第 i 个区域所合并的网格数目。

聚类算法的关键步骤如下。

(1) 数据输入：数据集 D；参数 Eps、MinPts、ε。

（2）根据式（5-55）划分网格，为 D 中所有对象分别寻找到对应网格，并计算所有网格的密度。

（3）根据式（5-58）以及相对网格密度阈值 ε，按照前面所述网格合并规则，合并网格形成密度等级不同的区域集 $D_1, D_2, \cdots, D_k$，并余下初步噪声点。

（4）根据参数 Eps、MinPts 通过式（5-60）自动获得的相应参数，分别对区域集 $D_1, D_2, \cdots, D_k$ 进行聚类。

（5）输出聚类结果。

4）实验验证

本章需对前面所得到的旅客位置信息点进行聚类以得到旅客聚类簇，因此对图 5.12（b）所获的位置信息点进行基于区域划分的 DBSCAN 聚类，所得聚类结果如图 5.14 所示。（扫描图旁二维码查看彩图）

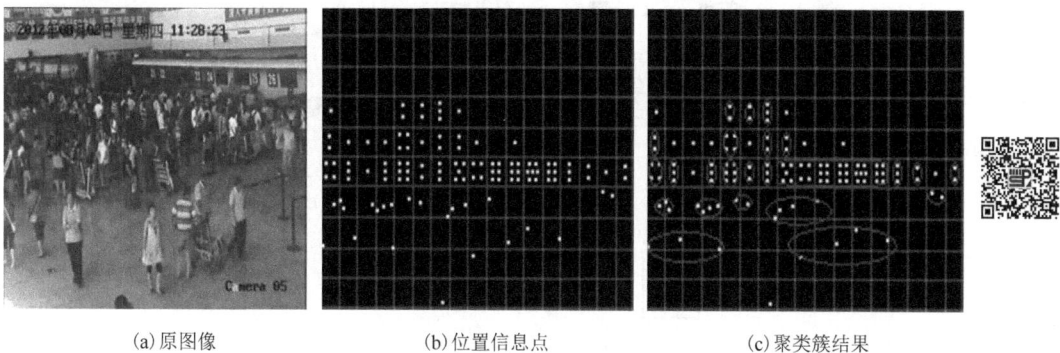

(a) 原图像　　　　　　　(b) 位置信息点　　　　　　　(c) 聚类簇结果

图 5.14　算法事例聚类结果图

图 5.14（c）中不同的圈表示不同聚集点簇，可以看出基于区域划分的聚类算法可以很好地发现监控视频图像中旅客任意形状的聚类簇，适用于本章研究内容。

5.3.3　基于群体运动特征的群体性事件预警应用举例

实现航站楼内发生群体性突发事件时的预警是本章的最终目的，目前对于群体性突发事件的预警方法研究一方面是仅局限于基于社会背景、公共管理等宏观指标体系的预警研究，该类指标体系仅能从群体性事件爆发原因与条件等宏观角度进行分析，难以在实际运营中对群体性突发事件起到有效的实时预警；另一方面是以基于视频监控系统中所提取出的区域人群密度特征作为关键预警指标的方法，该类方法预警指标相对单薄，忽略了更多的群体特征。因此本章在密度特征基础上融合旅客群体聚集外形、群体聚集速度以及群体移动速度等特征，挖掘以上视频数据特征与群体性突发事件爆发的深度关联，进而构建多特征融合的群体性突发事件预警模型，以触发及时准确的群体性突发事件警示。

1. 航站楼监控视频群体特征数据提取

1）研究区域选择

本节在前面所做的理论与技术铺垫基础上，对国内某大型国际机场航站楼关键区域内旅客群体行为进行分析。此处所指关键区域为对本章研究有关键影响意义的区域，由历史事例与实际情况易知，航站楼运行过程中最容易出现的群体性矛盾主要集中于旅客与机场工作人员之间，又因旅客在航站楼内完成的主要功能性质为值机、安检、候机与登机，据统计，发生的航站楼群体性事件中值机口与登机口两类冲突事件大致占65%；同时，由于本章从视频监控的角度研究旅客行为，还需考虑旅客群体行为变化显著程度。因此通过根据过往群体性事件视频案例经验，本章将研究锁定在三个区域：一是值机柜台区域；二是登机口柜台区域；三是出入口区域。选择出入口区域的原因主要为，一般来说该区域内若发生群体性事件造成出入口的堵塞，易对航站楼运行造成较大影响；同时又由于正常运行条件下该区域内群体流动性较高，而当发生突发事件时，该区域内群体行为差异较大，因此该区域也应是本章的重点研究区域。研究区域示意图以及区域所得监控画面示意图如图5.15和图5.16所示。

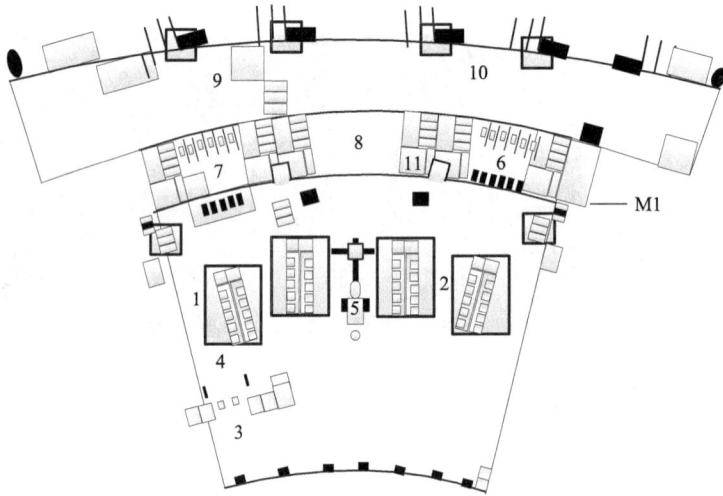

图 5.15　研究关键区域示意图

(a)值机口柜台区域　　　　　(b)登机口柜台区域　　　　　(c)出入口区域

图 5.16　关键区域监控画面示意图

2) 关键区域旅客位置信息提取

本节所用图像均从该机场航站楼实际监控视频段以 2 帧/秒的取样率获得，实验借助 OpenCV 2.4.9 库和 VC++编程语言，并在 Intel Xeon E5-1620 (3.60GHz) 的 CPU，Windows 7 64bit 操作系统下实现。由于航站楼不同摄像头安装角度与画面收入面积的差异，以及第 3

章的研究分析，本章针对目标稠密且相对模糊的监控视频画面采用基于纹理特征或人头特征与纹理特征相结合的方法获取旅客位置信息；而针对目标稀疏且相对清晰的监控视频画面采用基于人头特征的方法获取旅客位置信息。

（1）出入口区域。

用于实验的该机场航站楼出入口区域某时段内监控画面如图5.17(a)所示，且所选视频图像画面较适用于基于人头特征的旅客位置获取方法，利用前面训练所得 AdaBoost-SVM 联合分类器对出入口区域监控视频画面进行检测，可得如图5.17(b)所示检测结果。随机抽取 50 帧图像，分别计算每帧图像的人头检测准确率 wc_i，其中 $i = 1,2,\cdots,50$，然后分别由每帧图像检测率的平均值可近似得到该区域内基于 AdaBoost-SVM 算法人头检测的平均检测率 $Wc = \sum_i^{50} wc_i / 50$。

(a)

(b)

图 5.17　出入口区域人头检测结果

通过统计计算得到，出入口区域内的平均检测率 Wc = 93.4%，且未检测到的目标 90% 以上出现于画面边缘位置，对出入口区域的旅客行为分析影响较小。

（2）登机口柜台区域。

用于实验的该机场航站楼登机口柜台某时段内监控画面如图 5.18(a)(扫描图旁二维码查看彩图)所示，且所选视频图像画面中，如图 5.18(a)所示红线以下区域画面适用于基于人头特征的位置获取方法，而图 5.18(a)红线以上区域所示画面由于人员稠密，人头特征提取准确率差，因此该部分区域画面选用基于纹理特征的位置获取方法。同时，由于图 5.18(a)中黑线以上的区域人员密集，且该部分区域人群对本摄像头所关注登机口柜台区域旅客群体行为分析影响较小，为节省计算时间，此处不考虑黑线以上区域画面信息。因此针对图 5.18(a)所示红线以下区域，经过 AdaBoost-SVM 联合分类器检测之后，得到图 5.18(b)所示检测结果。同理，随机抽取 50 帧图像，分别计算每帧图像的人头检测准确率 wd_i，其中 $i = 1,2,\cdots,50$，然后分别由每帧图像检测率的平均值可近似得到该区域内基于 AdaBoost-

SVM 算法人头检测的平均检测率 $Wd = \sum_i^{50} wd_i / 50$。且通过统计计算得到，登机口区域内的人头平均检测率 $Wd = 88.3\%$。

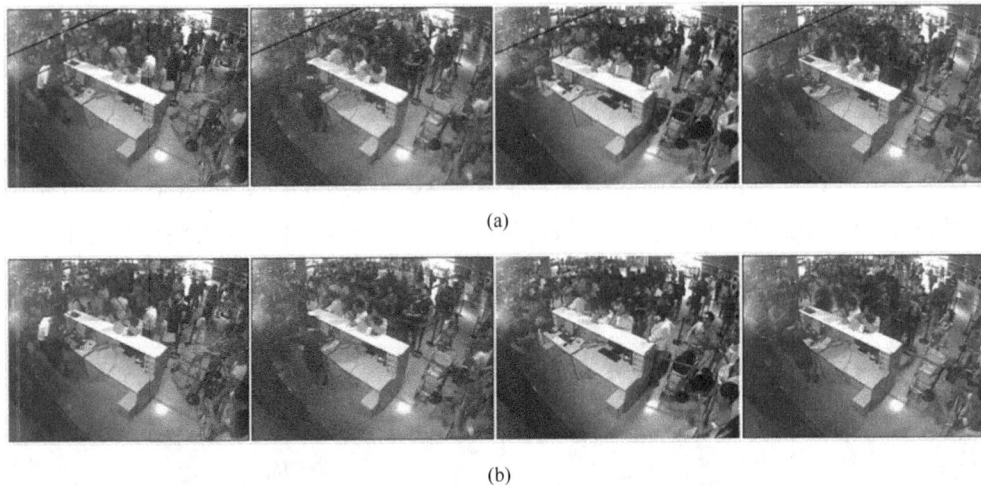

(a)

(b)

图 5.18   登机口柜台区域人头检测结果

对于纹理提取部分采用前面所介绍的基于灰度共生矩阵方法，首先随机选择该区域视频流取样所得 50 帧图像预处理之后作为纹理特征训练样本，分别提取每帧图像 0°，45°，90°，135° 四个方向上的能量、熵以及相关度等三个特征值，并求得四个方向上三个特征的均值；同时分别统计出每帧图像该区域内的人数 N，得到如表 5.8 所示登机口区域部分样本纹理特征与人数对应结果。

表 5.8   登机口区域人数与纹理特征对应表

序号	能量均值	熵均值	相关性均值	人数
1	0.244214	2.361242	−0.20907	36
2	0.289609	2.242424	−0.21001	32
3	0.276548	2.300603	−0.19613	27
4	0.311958	2.099527	−0.20303	15
5	0.294544	2.168548	−0.1941	25
6	0.299645	2.192978	−0.17944	22
7	0.252903	2.335283	−0.16758	34
8	0.247894	2.36015	−0.18202	35
9	0.308819	2.144766	−0.18262	29
10	0.257858	2.261283	−0.2103	33
11	0.294881	2.155305	−0.21356	31
12	0.264571	2.343525	−0.19668	33
13	0.292118	2.139158	−0.2235	26
14	0.231168	2.391323	−0.21217	36

序号	能量均值	熵均值	相关性均值	人数
15	0.278785	2.200999	−0.211	21
16	0.290944	2.184656	−0.19673	20
17	0.29449	2.179309	−0.18139	19
18	0.29046	2.214487	−0.19801	22
19	0.253345	2.304346	−0.16751	24
20	0.276928	2.268236	−0.17687	30
...	...	...	...	...

由于相关性存在正负情况且能量特征与熵特征互相关联影响，因此依然选择该 50 帧图像的人数与熵特征均值进行拟合，经最小二乘拟合法拟合得到人数 y 与区域熵特征 x 的拟合函数为 $y = 52.944x - 91.222$。对于得到的 y 值四舍五入取整数，若 $y = 31.4$，则 y 取 31；若 $y = 31.5$，则 y 取 32。进而该区域视频流对应图像部分依据该拟合函数获取人数信息。

（3）值机口柜台区域。

用于实验的该机场航站楼值机口区域某时段内监控画面如图 5.19（a）所示，且所选视频图像画面适用于基于人头特征的位置获取方法，因此同样利用前面训练所得 AdaBoost-SVM 联合分类器对值机口区域监控视频画面进行检测，可得如图 5.19（b）所示检测结果。随机抽取 50 帧图像，分别计算每帧图像的人头检测准确率 wz_i，其中 $i = 1,2,\cdots,50$，然后分别由每帧图像检测率的平均值可近似得到该区域内基于 AdaBoost-SVM 算法人头检测的平均检测率 $Wz = \sum_i^{50} wz_i / 50$。

(a)

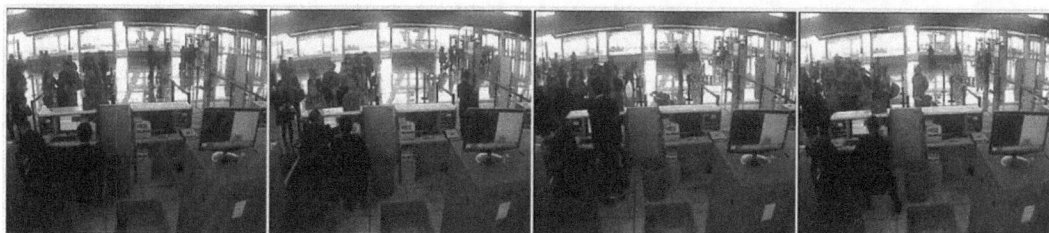

(b)

图 5.19　值机口柜台区域人头检测结果

且通过统计计算得到，值机口区域内的平均检测率 $Wz = 90.1\%$。

(4)位置点获取。

经过以上计算,基于人头检测结果,在二维图像中用图像中检测出的人头特征框的中心点描述前景位置;对于基于纹理特征估算人数的图像区域,基于网格区域像素值统计分布以及所估计出的人数,在二维平面中以一个点代表一个人,使其均匀分布于网格区域。便可得该机场航站楼出入口区域、登机口柜台区域和值机口柜台区域等三个关键研究区域内,分别对应于图 5.17、图 5.18、图 5.19 监控画面中旅客位置点的获取情况,如图 5.20(a)、(b)、(c)所示。

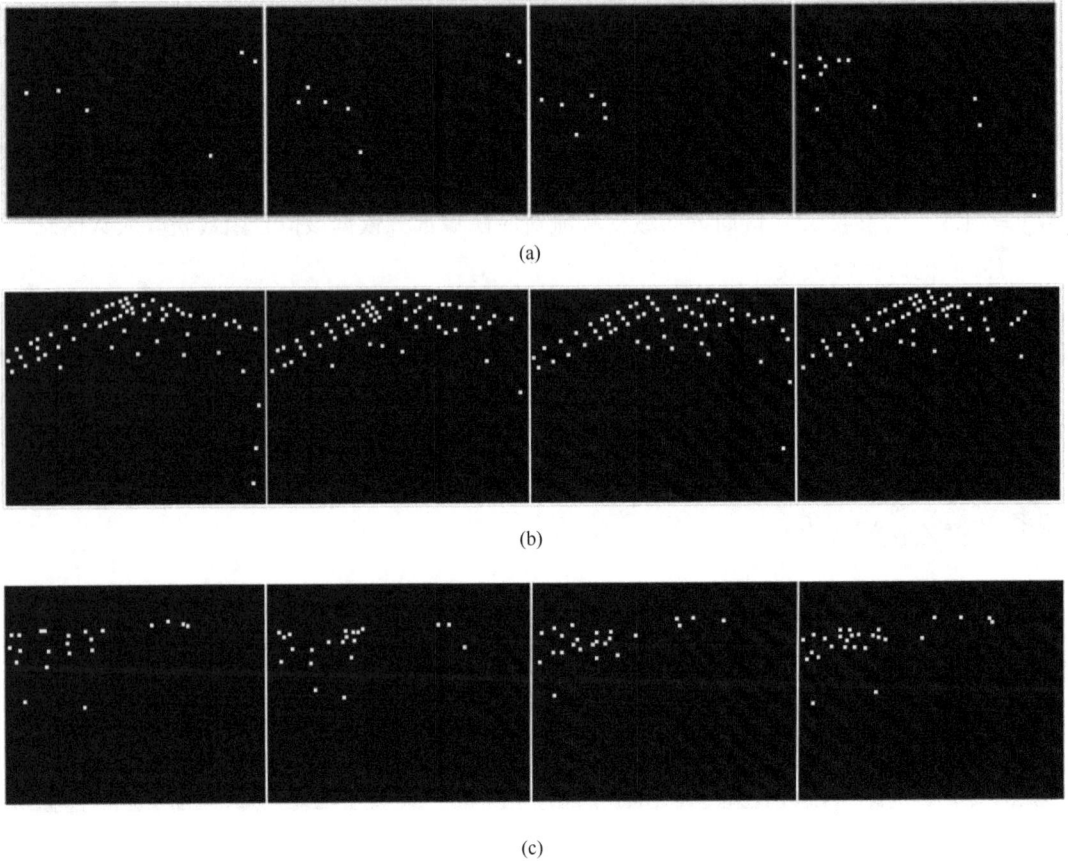

(a)

(b)

(c)

图 5.20　三类关键区域旅客位置点

3)基于区域划分 DBSCAN 聚类算法的旅客群体聚类

每个位置信息点对应着一个位置坐标(x_i, y_i),因此对于旅客群体的聚类便可转化成对由 x, y 组成的二维数据空间的点的聚类,由 5.3.2.3 节所介绍的基于多区域的聚类算法进行计算。首先需划分等长的网格区域,此处每网格的边长 length 由式(5-61)算得

$$\text{length} = a \cdot \sqrt{(x_{\max} - x_{\min}) \cdot (y_{\max} - y_{\min})} \, / \, N \tag{5-61}$$

其中,a 为可控制网格大小;N 为位置信息点总数。

由于摄像头角度与类型多样,登机口柜台、值机口柜台和出入口柜台区域监控画面像素含义存在差异,且本章用点代表旅客位置,而点与点之间的间隔所代表的意义也不同,如出入口监控画面中两旅客肩并肩与值机柜台监控画面中两旅客肩并肩所体现在平面图上两点的距离可能存在差异，因此在进行聚类时输入参数不同，各区域聚类参数如表 5.9 所示。

表 5.9　各区域聚类参数列表

区域	a	Eps	MinPts	ε
登机口柜台区域	0.8	10	4	0.7
值机口柜台区域	0.8	10	4	0.7
出入口区域	1.5	14	2	0.7

此处三类区域的 Eps 和 MinPts 为区域划分中第一个区域 D_1 的初始参数，其余区域依次按式(5-60)自动获取参数。

旅客位置点所围成的轮廓可近似认为是旅客聚集形状，借助 OpenCV 库，将三类区域所获聚集簇点以每点为圆心以 8 个像素距离为半径作圆，然后用平滑的曲线将其包围起来以作为该聚类点簇所得的聚类体，对值机柜台区域第 1241 帧图像可得如图 5.21 所示群体聚类结果。

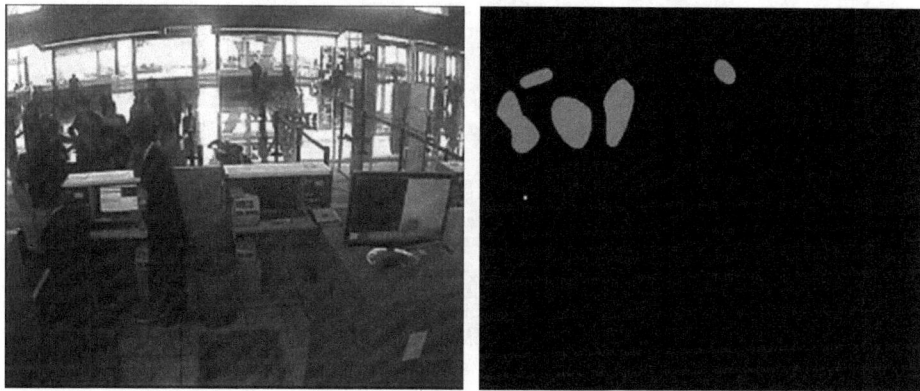

图 5.21　旅客聚类结果

4）聚类体特征数据提取

（1）相关定义。

得到如图 5.21 所示的聚类结果后，随后根据聚类结果计算四个聚集特征值：聚集密度特征、移动速度特征、聚集速度特征和聚集轮廓特征。下面分别对以上四类特征的计算进行定义。

① 聚集密度特征 den 。对所获聚类图重新进行网格划分，每个聚类体 i 的聚类面积可用网格数 num_i 来表示，其中对于聚类体边缘区域本章认为若边缘占所在网格面积超过 50%则将其所在网格计入该聚类区域网格总数，若不足 50%则不计入。则聚类体 i 的密度 den_i 可用聚类区域内目标数与所占网格数的比值算得，即 $\text{den}_i = N_i / \text{num}_i$。

② 移动速度特征 V 。首先，通过分别获得连续视频帧 k_{i-1}、k_i 的聚类结果，标记每帧图像每个聚类结果的质心点，然后判断 k_{i-1} 和 k_i 图像中质心点位置变化情况，若第 k_i 帧图像存在聚类簇 m 的质心点 $o_{i,m}\left(x_{i,m}, y_{i,m}\right)$ 所在网格，属于第 k_{i-1} 帧图像聚类簇 n 质心点

$o_{i-1,n}\left(x_{i-1,n}, y_{i-1,n}\right)$ 所属网格的邻近网格，则可认为从 k_{i-1} 帧到 k_i 帧旅客群体聚类簇 n 移动到聚类簇 m 的位置，且显然每网格的邻近网格至多为 8 个。由于每帧图像间隔相同时间，聚集体移动速度 V 可通过质心移动速度算得，即 $V = \sqrt{\left(x_{i,m} - x_{i-1,n}\right)^2 + \left(y_{i,m} - y_{i-1,n}\right)^2}$。

③ 聚集速度特征 VJ。同样经定义②中质心点位置判断聚集体关系之后，由于每帧图像间隔相同时间，从 k_{i-1} 帧到 k_i 帧的旅客群体设为从聚类簇 n 到聚类簇 m，则聚类簇 m 聚集速度 VJ 可由两聚类簇网格数差算得，即 VJ=$\text{num}_{i,m} - \text{num}_{i-1,n}$。

④ 聚集轮廓特征 L。聚集轮廓特征由聚集区域外轮廓所围成的形状确定，本章将聚集轮廓区域分为三类：类长方形、类圆形或扇形与其他。

(2)特征值提取。

对于值机柜台区域监控视频第 1240～1244 帧的 5 张连续序列图像，经过聚类处理可得如图 5.22 所示的系列组图(扫描图旁二维码查看彩图)。

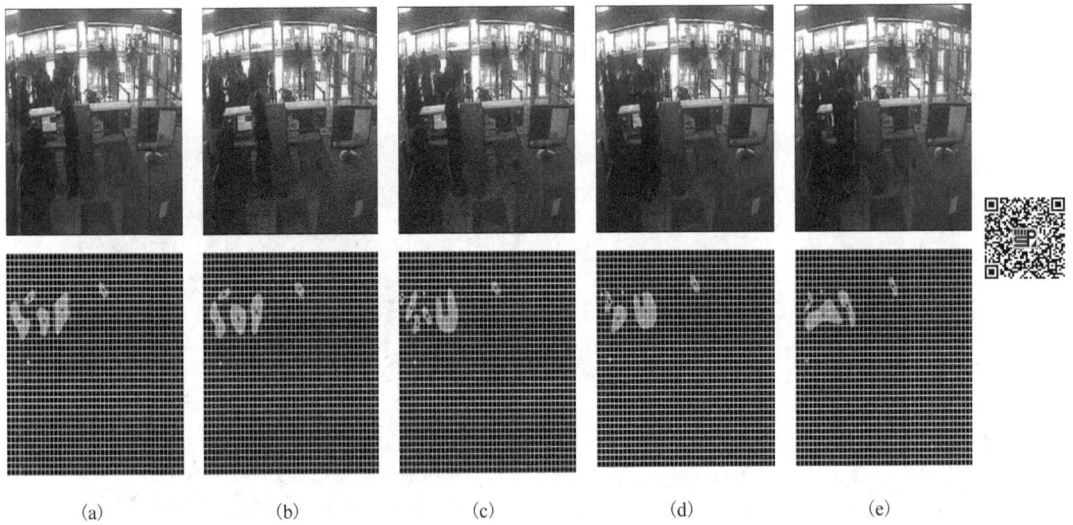

(a)　　　　　　(b)　　　　　　(c)　　　　　　(d)　　　　　　(e)

图 5.22　第 1240～1244 帧监控图像聚类结果

图 5.22 中每个聚类体中红色标记点为质心点，统计得到图 5.22 所对应的聚类基本信息如表 5.10 所示。

表 5.10　图像聚类基本信息

图像帧序号	聚类体序号	质心点坐标		区域目标数	所覆盖网格数
		x	y		
1240	1	19	63	5	16
	2	33	41	2	4
	3	53	62	3	10
	4	79	52	7	16
	5	137	34	2	3

图像帧序号	聚类体序号	质心点坐标		区域目标数	所覆盖网格数
		x	y		
1241	1	21	62	5	12
	2	31	38	2	3
	3	52	61	4	15
	4	77	55	8	14
	5	138	34	2	3
1242	1	5	42	2	1
	2	18	52	3	7
	3	27	67	3	3
	4	41	59	2	4
	5	70	58	11	23
	6	138	34	2	3
1243	1	18	48	3	5
	2	30	64	5	10
	3	69	57	11	21
	4	138	32	2	4
1244	1	19	49	4	3
	2	39	62	8	22
	3	73	53	7	9
	4	138	35	2	3

由以上基本信息以及四类聚集特征的计算定义可得如表 5.11 所示的聚类体特征数据。

表 5.11　特征数据表

图像帧序号	聚类体序号	密度特征(人/像素)	移动速度(像素/秒)	聚集速度(像素/秒)	轮廓特征
1241	1	0.4167	2.2361	−4	类长方形
	2	0.6667	3.6056	−1	类长方形
	3	0.2667	1.4142	5	类圆形或扇形
	4	0.5714	3.6056	−2	类圆形或扇形
	5	0.6667	1	0	类长方形
1242	1	2	*	*	类圆形或扇形
	2	0.4286	*	*	类长方形
	3	1	7.812	−9	其他
	4	0.5	*	*	类长方形
	5	0.4783	7.6148	9	类圆形或扇形
	6	0.6667	0	0	类长方形

图像帧序号	聚类体序号	密度特征(人/像素)	移动速度(像素/秒)	聚集速度(像素/秒)	轮廓特征
1243	1	0.6	4	−2	其他
	2	0.5	4.2426	7	类圆形或扇形
	3	0.5238	1.4142	−2	类圆形或扇形
	4	0.5	2	1	类长方形
1244	1	1.3333	1.4142	−2	类长方形
	2	0.3637	9.2195	12	类圆形或扇形
	3	0.7778	5.6569	−12	类长方形
	4	0.6667	3	−1	类长方形

注：表中"*"表示聚类簇未能从上一帧图像中匹配到相应聚类簇，无法计算移动速度与聚集速度。群体轮廓的确定则是通过所获聚类体轮廓与长方形、圆形与扇形模板进行拟合确定的。

分别随机选取三区域内正常与非正常运营情况下视频监控图像各 20 帧，分别提取每帧图像中四类群体聚类特征数据，并求得各区域中四类特征数据绝对值平均值，所得结果如表 5.12 所示。

表 5.12　三区域内四类聚类特征数据统计表

区域	状态	密度特征(人/像素)	移动速度(像素/秒)	聚集速度(像素/秒)	轮廓特征
登机口柜台区域	正常	0.5216	4.3519	3.6795	类长方形 55.7%，类圆形或扇形 35.8%，其他 8.5%
	非正常	0.6037	3.0967	5.0928	类长方形 38.2%，类圆形或扇形 57.6%，其他 4.2%
值机口柜台区域	正常	0.4929	5.2035	3.1147	类长方形 60.7%，类圆形或扇形 30.2%，其他 9.1%
	非正常	0.5871	4.9233	6.3018	类长方形 34.8%，类圆形或扇形 58.1%，其他 7.1%
出入口区域	正常	0.2036	4.0648	2.2151	类长方形 33.7%，类圆形或扇形 35.8%，其他 30.5%
	非正常	0.2977	4.5012	6.2514	类长方形 35.5%，类圆形或扇形 46.8%，其他 17.7%

由表 5.12 的数据可知，三类区域在正常与非正常情况下四类特征不尽相同，数据表明一般来说非正常状态下相较正常状态下聚类体密度特征与聚集速度特征稍大，移动速度特征稍小，且类圆形或扇形的轮廓特征所占比例较大。

2. 基于 BP 神经网络分类器的航站楼群体性事件预警模型

1）模型数据样本构建

针对该机场值机口柜台区域、登机口柜台区域和出入口区域，分别抽取发生群体性事件时段与正常运行时段的监控视频序列图像各 400 张，一共 6 组序列图像。通过前面所述特征提取方法，分别获得每帧图像中每个聚类体 4 种对应特征：群体聚集密度 den 、群体移动速度 V 、群体外轮廓 L 以及群体聚集速度 VJ 。分别将每组第 1～300 张图片所获聚类簇对应特征数据作为训练样本，第 301～400 张图片所获聚类簇对应特征作为测试样本，可获得以下 3 组样本：$X_\mathrm{train}(1)$、$X_\mathrm{test}(1)$，$X_\mathrm{train}(2)$、$X_\mathrm{test}(2)$，$X_\mathrm{train}(3)$、$X_\mathrm{test}(3)$，由以上三个区域样本集可对应得到三个模型 $N(1)$、$N(2)$、$N(3)$。定义群体性事件发生状态下所获特征样本向量为正样本，正常运行状态下所获特征样本向量为负样本，通过统计得到如表 5.13 所示三区域内正负样本数量。

表 5.13　三区域内正负样本数量列表

区域类别	正样本数量		负样本数量	
	训练集	测试集	训练集	测试集
值机口区域	1534	545	1736	713
登机口区域	1826	723	1621	532
出入口区域	969	416	1317	402

模型样本的基本构成为：输入样本和输出样本 Y 。由于本章考虑发生与不发生群体性事件两类情况，因此：

$$Y=\begin{cases} y_0, & \text{发生群体性事件} \\ y_1, & \text{未发生群体性事件} \end{cases}$$

其中，$y_0=[0,1]$；$y_1=[1,0]$。

同时，样本输入过程需要注意以下几点：①若出现聚集体 i 无法与上一帧图像中聚集体进行匹配而计算聚集速度的情况，令其 VJ_i=0；②若出现聚集体 i 无法与上一帧图像中聚集体进行匹配而计算移动速度的情况，令其 $V_i=0$；③聚类轮廓若呈类圆形或扇形，则 $L_i=1$；若呈类长方形，则 $L_i=-1$；否则 $L_i=0$。

通过以上规则可得三类区域样本构成如图 5.23 所示。

$$X=\left[\begin{array}{cccc|c} \multicolumn{4}{c|}{\text{输入样本}} & \text{输出样本} \\ x_{11} & x_{12} & x_{13} & x_{14} & Y \\ x_{21} & x_{22} & x_{23} & x_{24} & Y \\ \vdots & \vdots & \vdots & \vdots & \vdots \\ x_{k1} & x_{k2} & x_{k3} & x_{k4} & Y \\ \hline x_{11} & x_{12} & x_{13} & x_{14} & Y \\ x_{21} & x_{22} & x_{23} & x_{24} & Y \\ \vdots & \vdots & \vdots & \vdots & \vdots \\ x_{m1} & x_{m2} & x_{m3} & x_{m4} & Y \end{array}\right]^T \begin{array}{l} \text{训练样本} \\ \\ \text{测试样本} \end{array}$$

图 5.23　样本构成

其中，前四维输入样本 $x_{i1},x_{i2},x_{i3},x_{i4}$ 分别代表了群体聚集密度 den 、群体移动速度 V 、群体外轮廓 L 以及群体聚集速度 VJ 。

2)构建 BP 神经网络模型

(1)输入层、输出层与隐含层。

根据前面构建的输入样本与输出样本,神经网络模型的输入层对应四个特征数据,设计为 4 个神经元;输出层则对应输出样本,设计为 2 个神经元。目前相关研究中,隐含层节点数量的选择并没有给出一个最优解,本章通过对比 4 种(3-1-2,3-2-2,3-3-2,3-8-2)节点数结构的模型性能之后,选择 3-2-2 作为最终的隐含层数,可得图 5.24 所示神经网络结构。

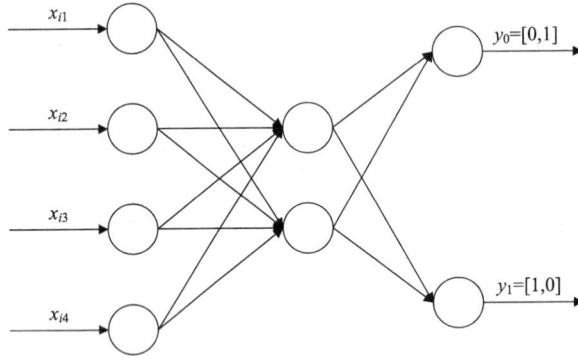

图 5.24 神经网络结构

(2)传递函数选择。

从输入层到隐含层以及隐含层到输出层的隐含函数,本章均选用 Sigmoid 函数。

(3)模型计算流程。

分别对三个区域内样本集使用该 BP 神经网络算法计算,关键计算步骤有以下几点。

① 隐含层、输出层实际输出计算。

隐含层第 i 个节点在样本 p 作用下的输入 net_i^p 按式(5-62)计算:

$$\mathrm{net}_i^p = \sum_j^4 w_{ij} o_j^p = \sum_j^4 w_{ij} x_j^p, \quad i = 1,2 \tag{5-62}$$

其中,w_{ij} 为输入层节点 j 与隐含层节点 i 之间的连接权值,模型初始化时,初始化该权值为最小的随机数;x_j^p 和 o_j^p 分别为输入节点 j 在样本 p 作用时的输入与输出,显然两者相等。

基于 Sigmoid 函数,隐含层第 i 个节点在样本 p 作用下的输出 o_i^p 按式(5-63)计算:

$$o_i^p = \frac{2}{1+\exp\left(-\mathrm{net}_i^p\right)} - 1, \quad i = 1,2 \tag{5-63}$$

在隐含层各节点的作用下输出层第 k 个节点的输入 net_k^p 按式(5-64)计算:

$$\mathrm{net}_k^p = w_{k1} o_1^p + w_{k2} o_2^p, \quad k = 1,2 \tag{5-64}$$

其中,w_{ki} 为隐含层节点 i 与输出层节点 k 之间的连接权值,模型初始化时,也初始化该权值为最小的随机数。

同样基于 Sigmoid 函数,输出层第 k 个节点在样本 p 作用下的实际输出 o_k^p 按式(5-65)计算:

$$o_k^p = \frac{2}{1+\exp\left(-\mathrm{net}_k^p\right)} - 1, \quad k = 1, 2 \tag{5-65}$$

② 实际输出与期望输出误差计算。

每个模型中所有 N 个训练样本的总误差 J 按式(5-66)计算：

$$J = \frac{1}{2}\sum_{p=1}^{N}\left[\left(t_1^p - o_1^p\right)^2 + \left(t_2^p - o_2^p\right)^2\right] \tag{5-66}$$

其中，t_1^p、t_2^p 分别表示样本 p 在输出层两个节点的期望输出，期望误差最小值 err_goal $= 0.01$。

③ 调整输出层与隐含层加权系数 w_{ki} 和 w_{ij}。

当误差不满足条件时，应反向调整输出层与隐含层加权系数，据梯度法输出层和隐含层的任意节点 k 和 i 在所有样本作用时的加权系数的增量公式分别如式(5-67)、式(5-68)：

$$w_{ki}\left(k+1\right) = w_{ki}\left(k\right) + \eta\sum_{p=1}^{N}\delta_k^p o_i^p \tag{5-67}$$

$$w_{ij}\left(k+1\right) = w_{ij}\left(k\right) + \eta\sum_{p=1}^{N}\delta_i^p o_j^p \tag{5-68}$$

其中，η 表示学习速率，本章中 $\eta = 0.05$。且有 $\delta_k^p = o_k^p\left(1-o_k^p\right)\left(t_k^p - o_k^p\right)$，$\delta_i^p = o_i^p\left(1-o_i^p\right)\left(\delta_1^p \cdot w_{1i} + \delta_2^p \cdot w_{2i}\right)$。

模型基本过程如图 5.25 所示。

3）神经网络模型测试结果

分别将值机口柜台、登机口柜台与出入口区域测试样本输入网络，本章对测试结果通过以下三个数据来分析基于 BP 神经网络分类器的群体性事件预警性能。

（1）群体性事件漏报率=漏报的发生群体性事件的聚类集总数/实际正样本总数。

（2）群体性事件误报率=误报的发生群体性事件的聚类集总数/预报的发生群体性事件的聚类集总数。

（3）报准率=(报准发生群体性事件的聚类集总数+报准未发生群体性事件的聚类集总数)/(预报发生群体性事件的聚类集总数+预报未发生群体性事件的聚类集总数)。

通过统计计算得到三区域对应模型 $N(1)$、$N(2)$、$N(3)$ 性能测试结果如表 5.14 所示。

表 5.14　模型测试结果

模型	群体性突发事件漏报率	群体性突发事件误报率	报准率
$N(1)$	6.70%	9.70%	82.70%
$N(2)$	7.10%	12.40%	85.40%
$N(3)$	4.90%	7.10%	89.40%

由表 5.14 可知，通过本章所建立的基于 BP 神经网络的三个分类器，在值机口柜台区域、登机口柜台区域以及出入口区域的群体性突发事件漏报率分别为 6.70%、7.10% 和 4.90%，群体性突发事件误报率分别为 9.70%、12.40% 和 7.10%，正常与非常运行状态的整

体报准率分别为 82.70%、85.40% 和 89.40%。

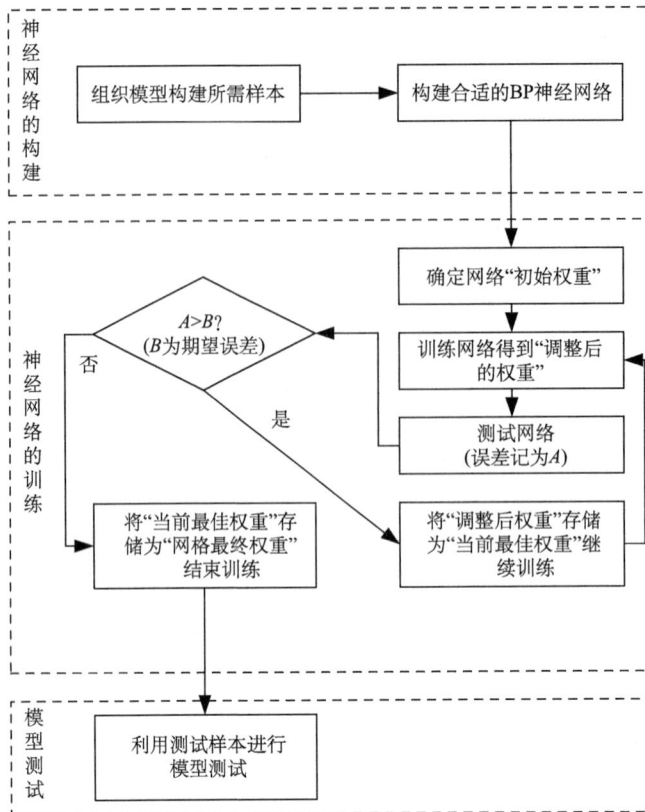

图 5.25　BP 神经网络模型计算流程

　　在权衡误报聚类特征与实际群体性事件发生时间点之间的关系之后，由以上数据可以认为每类区域内群体性事件漏报率与误报率在预警可接受范围之内，且运行状态的报准率均高于 80%，出入口区域则接近 90%，因此认为本章所得三类分类器对于航站楼三类敏感区域内监控视频中旅客群体状态有良好的学习能力，能有效地实现群体性事件自动预警。

5.4　小　　结

　　本章针对不正常航班引发旅客群体性事件预警，从成因指标体系与基于视频的关键群体运动特征两个角度进行探索。一方面研究影响事件的关键因素，建立旅客群体性事件预警指标体系，根据事件特点结合高效的数据挖掘算法提取出旅客群体性事件的早期识别和预警方法。另一方面通过对航站楼监控视频图像进行背景去除、旅客位置信息获取、旅客群体特征提取等处理之后，基于群体特征数据与运行状态关联自学习针对航站楼三类群体性事件敏感区域得到三个 BP 神经网络模型，由对应区域内监控图像测试结果显示本章所得预警模型能实现群体性事件自动预警，且预警效果良好。

第6章　基于旅客满意度分析的航班延误处置策略研究

6.1　概　　述

随着航空运输业的快速发展，各航空公司顺应时代趋势，逐步将"追求更高的用户体验"作为服务宗旨。顾名思义，顾客的体验是首位的，顾客的满意度是最重要的，此时，对旅客满意度的动态定量实时刻画便至关重要。而目前针对旅客满意度的研究，基本是依靠评价指标体系进行宏观定量评价，无法定量描述特定事件、特定环境下具体每次航班延误或处置措施对不同旅客的影响作用，因而，本章提出基于行为决策理论(微观心理学)的满意度动力学模型。

6.2　基于社会属性和出行特征的旅客满意度动力学模型研究

6.2.1　满意度相关理论

1. 基本概念

顾客满意(Customer Satisfaction)是指顾客对产品使用或服务接受过程中所感受到的满足程度。此概念首次应用于营销领域。同时，满意是人们心理感受经由检验与评估产生的付出代价和实际获得之间合理程度的过程。20 世纪 60 年代中期，美国学者首次提出顾客满意理论，在这之后，世界上首个顾客满意指数模型(SCSB)由瑞典学者构建完成，但在实际使用中受到质疑，为修正模型，美国模型(ACSI)、欧洲模型(ECSI)等具有代表性的顾客模型如雨后春笋一般出现，使得该理论广泛应用于全球商界。对于顾客满意的相关研究到如今已历经五十余载，已逐渐形成一种成熟的经营管理模式。

顾客满意对企业而言，是一把"双刃剑"。一方面，它可以给企业带来正面影响，使企业的品牌、信誉等无形资产快速增长，这在一定程度上对降低企业营销等经营成本有极大的帮助。一个非常满意的顾客也是企业的"行走的口碑"，他们会自动为企业起到宣传效应，同时，满意的体验可以降低其对价格的敏感度，顾客认为自己所支付的都是值得的。另一方面，顾客的不满意体验会对企业造成极大的负面影响，甚至会影响企业生存。不满意的顾客因为主观发泄的心理需求，会持续地向身边熟悉的人抱怨自己的不愉快经历，使他人对企业的印象变坏。当这种现象在大部分顾客中表现出来时，企业就已经处在危险的边缘了。因此，企业在平时应密切关注顾客对自己产品的反馈，及时调整策略或提供补救服务。

顾客满意度研究(Consumer Satisfaction Research)是通过满意率、顾客忠诚度、顾客抱怨等影响顾客满意度的指标对顾客对产品或服务的满意程度进行分析的方法。它可以帮助企业在充分挖掘客户信息的条件下分析客户价值，依据企业特点对某类顾客进行资源的优先配置，提升顾客的忠诚度。同时，企业可以从顾客的反馈中接触到更具价值的信息，从而预测客户需求，更有针对性地提升产品或服务，增强企业的竞争力。一般的顾客满意度模型如图 6.1 所示，描述了顾客期望、质量感知、价格感知和客户满意度之间的关系，并指出顾客满意度对顾客忠诚度的影响作用。

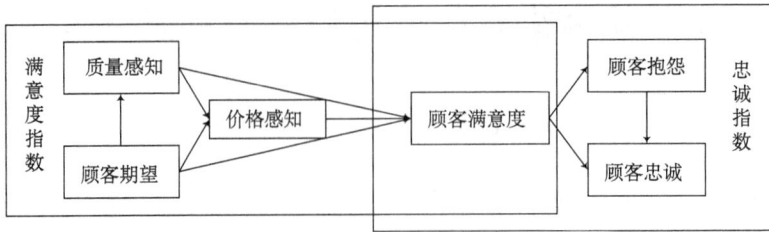

图 6.1　顾客满意度模型

2. 顾客满意度特性

顾客满意度主要有主观性、层次性、相对性、动态性等四个特性。

1）主观性

顾客在产品或服务的使用消费过程中根据自身心理状态的变化抽象出对此项产品或服务的态度来评价其好坏，在此基础上生成描述顾客感受的顾客满意度。在这一过程中，产品和服务是客观的，而顾客的感知却是千差万别的。顾客对于同等水平的产品或服务的感知差异主要是来自于顾客自身收入水平、生活习惯、职业、价值观念等社会属性的不同。

2）层次性

依据马斯洛需求层次理论，人们的需求分为五个层次：一是生理需求；二是安全需求；三是社交需求；四是尊重需求；五是自我实现需求，由低到高呈金字塔型分布。当一个人属于不同的需求层次时，他对同一产品或服务的评价标准显然是不同的。同时，不同生活环境、不同生活阶层甚至不同心理状态的人对产品或服务的评价也是大有差异的。

3）相对性

顾客消费是存在着对比心理的，他们潜意识里会把曾经使用或感受过的同类产品或服务作比较，这些以往的消费经验无形中成为衡量当下用户体验的标杆，虽然他们对产品的相关技术指标并不熟悉。此时得到的满意或不满意的结果是一种相对结果。

4）动态性

随着顾客自身各种条件或所处环境的变化，顾客的需求也在变化，这就导致顾客的满意度并非是一成不变的。同时，社会经济发展、技术进步如此之快，企业间优势竞争加剧，这也间接地导致了顾客的要求逐步提高，顾客需求更难满足的局面。因此，达到顾客的满意程度的难度越来越大。

6.2.2　服务质量相关理论

1. 基本概念

服务的经典在于创造，在于细微之处。ISO 9000 中服务质量指服务满足顾客需求程度的六个固有特性之和，这些特性包括功能性、经济性、时间性、安全性、舒适性和文明性。功能性是最基本的特性，指服务的作用与效果对顾客需求的满足程度；经济性是不同顾客所获取的不同服务的费用是否合理；时间性是指服务应及时、准时、省时地完成顾客的需求，需要对服务时间进行合理把控；安全性是指保证服务过程中顾客生命健康、精神健康及财产货物不会受到损伤；舒适性是指在满足上述特性的前提下，顾客体验服务过程的舒适程度，包括服务环境、服务品质等；文明性是指服务过程是否在文明、和谐、友好的氛围中进行。

2. 服务补救理论

服务补救理论认为，在服务向消费者传递的任何时间节点中，无论服务品质如何优化，都有可能出现差错。这里的差错可以是服务过程中的失误，如服务人员出错、环境突发状况等，也可以仅仅是消费者认为获得的产品或服务低于自己的期望水平所形成的不可控差错。这些差错正是滋生出消费者负面评价的"土壤"，严重时甚至会影响服务方口碑。因此，服务方只有保持对消费者反馈的敏感状态，树立服务补救意识，建立全面的服务补救制度，才能在激烈的竞争中彰显自身服务品牌，提升顾客的满意度，保持顾客的忠诚度。

按照补偿措施来分，企业补偿消费者的方式包括两种：精神补偿和有形补偿。精神补偿是顾客心理方面的补偿，是由顾客心理需求主导，直接影响顾客心理状态的补偿方式，包括公开道歉、态度良好和一些关怀等；有形补偿是顾客物质方面的补偿，通过提供实际物质或附加价值物，来弥补由于服务失误导致的顾客经济成本或时间成本的损失，包括餐食饮料、机票折扣等。

显然，航班延误作为航空公司服务失误的一种，鉴于服务补救理论，延误后航空公司提供的补救服务是保证旅客满意度的机会。航空公司可以提供积极良好的服务态度、延误信息及时通报、道歉等心理上的服务，也可以提供良好的食宿、便捷的改/退签、票价折扣、现金赔偿等有形的补救措施。从而提升自身的品牌形象，提升旅客的忠诚度。

3. 抱怨冰山理论

20 世纪 80 年代，英国航空公司通过大量的旅客调查和庞大数据量的处理分析之后提出了抱怨冰山理论：在经历了不愉快或不满意的服务后，只有极少数的人会向航空公司提出意见，少数人会向自己熟悉的人抱怨，而绝大多数人则更倾向于沉默。这种情况就像冰山模型一样，呈现在我们面前的只是冰山一角，掩藏在水下的才是主体。换言之，航空公司实际接收到的旅客不满意信息是极其单调甚至片面的，航空公司只有深入挖掘大量旅客对服务的评价信息，得到真实的满意度信息之后做出应对才能真正提高旅客满意度，保持旅客忠诚度。抱怨冰山模型如图 6.2 所示。

4. 满意度与服务质量的关系

国内外大量学者认为：服务质量在影响顾客满意度的所有因素中举足轻重，顾客满意度受服务质量的影响，如服务补救理论中航班延误后提供积极良好的服务态度、延误信息及时通报、良好的食宿、便捷的改/退签、现金赔偿等补救服务可以保证旅客满意度；同时顾客满意度对下一次接受服务的感知服务质量也会产生影响，如冰山理论中旅客流露出的不满与抱怨仅仅是很小一部分，掩藏在水下的才是旅客情绪及意见的主体部分，应该予以高度重视。二者相辅相成，是不可分割的整体。因此，深度挖掘旅客面对航班延误的心理

图 6.2　抱怨冰山模型

变化过程，构建模型刻画其满意度随不同延误服务措施的变化过程，是本章亟须解决的问题。

6.2.3　模型构建

本节通过分析职业、年龄、学历、性别等社会属性以及出行目的、航程、航班类别等出行特征，研究不同社会属性和出行特征旅客在面对航班信息变更与外部环境变化时的不同心理反应和行为特征，确定旅客群体结构的分化和旅客从属的结构类别，构建不同社会属性和出行特征旅客群体的满意度动力学模型。通过分别构建满意度动力学演化模型和满意度交互影响模型，定义个体满意度。

1. 满意度动力学演化模型构建

旅客根据自身的属性及认知规则，通过感知周围发生的事件及其他个体的状态，衡量自己对服务的满意程度。旅客属性包括人格、满意度、出行特征属性和社会属性。其中，个体人格决定其满意度表达力和对他人满意度的理解力，定义个体的个性为 $P=[P_O, P_E, P_N]$，其中，P_O 为开放性，表示个体满意度感受能力，即被他人满意程度感染的能力；P_E 为外倾性，表示个体的满意度表达力；P_N 为满意度不稳定性，表示处于不满意状态的持久倾向。社会属性包括职业、年龄、学历、性别。出行特征属性包括出行目的、航程、航班类别等。

满意度的动力学演化可分为增长、维持和衰减等三个过程，定义其增长、衰减过程如式(6-1)、式(6-2)所示。

满意度增长：

$$\Delta S_{i,\mathrm{growth}}(t) = \frac{S_0\rho}{1-\exp(-S_0 t_{\mathrm{delay}})} \tag{6-1}$$

满意度衰减：

$$\Delta S_{i,\mathrm{decay}}(t) = S_0\exp(-S_0 t_{\mathrm{delay}} P_N)\lambda(1+\zeta) \tag{6-2}$$

其中，S_0 为个体在初始时刻的满意度，满足正态分布；ρ 为个体出行属性调节因子，以调节不同出行属性的满意度变化速度；ζ 为服务效果调节因子，表示航班延误后航空公司提供不同服务措施组合的服务效果，不同旅客群体对其服务效果的评价是不同的；t_{delay} 为航班延误时间，表示时间延误长短对满意度增长的影响；P_N 为个体满意度不稳定性，个体满意状态越不稳定，满意度变化则越快；$\lambda \in [0, 1]$ 为场合调节因子，以调节不同场合的满意度变化。

2. 满意度交互影响模型构建

除了旅客自身的满意度增长、衰减外，外界环境的变化也会影响旅客的满意度变化，本章引入了社会关系、出行状态等属性，社会关系包括亲疏关系及个体间相对的权威性、影响性等，出行状态主要表现为个体被不满意状态感染的能力，定义个体在时刻 $t+1$ 的交互影响满意度 $S_c(t+1)$ 为

$$S_c(t+1)=p_o[\varpi\bullet\text{PS}+(1-\varpi)(\text{GS}-S(t))] \tag{6-3}$$

其中，$S(t)$ 为个体在时刻 t 的满意值；p_o 为旅客的出行状态，当旅客出行状态重要度较高，即旅客对时间的要求比较严苛时，相应值取较大的数；$\varpi \in [0, 1]$ 为个体对特殊个体的关注度；PS 为特殊个体的满意度，定义为视域范围内与感染者满意度具有最大差值的满意度，即 $\max\_S\{P_E^s(I(s,t)-I(r,t))|s\in S\setminus\{r\}\}$；群体 S 为个体视域范围内处于不满意状态的个体集合，GS 为群体满意度，定义如下：

$$\text{GS}=\sum\nolimits_{i\in G/\{r\}}(\beta_i\mu_i I_n(i,t)) \tag{6-4}$$

其中，$\mu_i=P_E^i/\sum\nolimits_{i\in G}P_E^i$ 定义为个体在群体氛围中所发挥的影响力；β_i 为个体 i 的权威性，表示个体满意状态在群体满意状态中所发挥的影响力，通常由个体身份、地位等因素决定。本章定义个体 i 的权威性 β_i 为

$$\beta_i =\text{ri}\bullet\text{i\_range+rpd}\bullet p\_\text{range} + c \tag{6-5}$$

其中，$\text{ri}\in[0,1]$ 为个体 i 与个体 r 的亲疏关系，取值越大，则两者越亲密；权威系数 $\text{rpd}\in[0,1]$ 表示个体 i 相对个体 r 的地位；i_range 和 p_range 分别为调节因子，以调节不同满意度及场合的亲疏关系及角色的比重；c 为常数。

3. 定义个体满意度

考虑外界事件刺激满意度的自我增长、衰减和群体环境中的相互影响对个体满意度的影响。定义个体满意度如式(6-6)所示：

$$S(t+1) = S_0 + \Delta S_{i,\text{growth}}(t) - \Delta S_{i,\text{decay}}(t)+\partial S_c(t+1) \tag{6-6}$$

其中，满意度感染力 ∂ 为常数，因不同满意状态作出调整满意度的计算；$S_c(t+1)$ 为时刻 $t+1$ 的满意度交互影响值。若个体在时刻 t 没有受到外界事件的刺激，则 $\Delta S_{i,\text{growth}}(t)=0$；若个体受到外界刺激则 $\Delta S_{i,\text{decay}}(t)=0$。

6.3 延误服务价值模型及航班延误处置模型研究

目前，航班延误情景下航空公司之间的竞争日益白热化，随着旅客对出行服务品质的

追求越来越高，灵活调整延误服务策略，满足旅客多变的服务需求逐渐成为航空公司提高自身竞争力的重要方法。各航空公司在考虑竞争对手策略的情况下，综合协调自身价格策略和延误服务策略，前景理论与博弈理论为研究这类问题提供了一个切实可行的方法。

6.3.1 基于前景理论的延误服务价值模型

在构建旅客满意度动力学的基础上，以满意度动力学模型得到旅客满意度的动态变化和不同航空公司的不同服务措施组合对满意度提升效果的输出为指导，基于前景理论，将其价值函数和权重函数进行修正，构建延误服务价值模型，实现不同服务措施组合对满意度提升效果与航空公司延误服务所得价值的映射，实现延误服务价值与价格的相同单位量化，为下面将延误服务策略与价格策略结合构建基于动态博弈的延误处置模型做铺垫。

1. 前景理论相关知识

前景理论具有分类性和经验性，通常用来描述一般情况下的选择。前景理论包含两个主要函数：价值函数和权重函数，前景理论的表达形式为 $\mathrm{EP}=\sum_{i=1}^{n}[\pi(p_i)v(x_i)]$，其中，$\pi(p_i)$ 为权重函数，$v(x_i)$ 为价值函数。决策者选择方案 a 而非方案 b 当且仅当：

$$\sum_i \pi(a_i)v(\Delta x_i) > \sum_i \pi(b_i)v(\Delta x_i)$$

其中，$\Delta x_i = x_i - x_0$ 是 x_i 相对于某一参考水平 x_0 的偏离值。

前景理论假设人们在"赢得"区域，倾向于风险规避，在"损失"区域，表现为风险偏好。该理论认为，期望前景（EP）等于各种可能取得的收益或损失的价值 $v(x_i)$ 与该收益或损失所发生的权重 $\pi(p_i)$ 之间的乘积和。人们依据期望前景进行选择。如图 6.3 所示，价值函数 $v(x_i)$ 在第一、三象限分别表现为风险规避和风险偏好。权重函数 $\pi(p_i)$ 是在客观概率 p_i 基础上进行修正而来的心理权重函数。如图 6.4 所示，在斜率为 1 的基准线下，当客观概率 p_i 较小时，权重函数值是显著增长的，并且 $\pi(p_i) > p_i$，当客观概率逐渐增大时，心理权重函数值增长缓慢，后期才出现大幅增长，且 $\pi(p_i) < p_i$。心理权重函数在中间区域随客观函数值变化缓慢，在两端变化幅度较大。

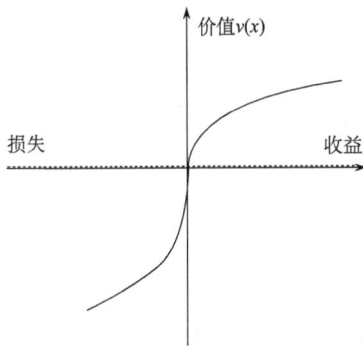

图 6.3　前景理论的价值函数

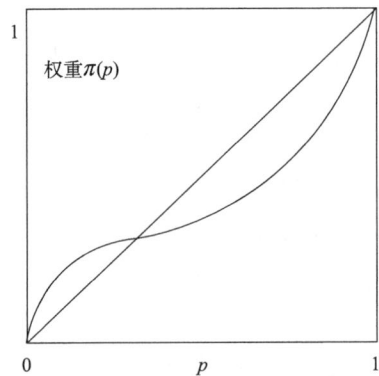

图 6.4　前景理论的权重函数

2. 价值函数及权重函数的表现形式

1) 价值函数的表现形式

价值函数代表决策者的主观满意程度，这些满意程度是通过衡量赢得与损失得来的。不同结果对应不同程度的满意度。价值函数有以下四个特征。

(1) 价值函数不是传统意义上绝对的财富水平，而是基于某个参照水平所赢得和损失的价值。

(2) "S" 型函数。当赢得时，对应的是凹函数；损失价值时，对应的是凸函数。表明决策者当处于赢得的状态时，后者增长的情况总比前者小，其增加的幅度是逐渐递减的；处于损失的状态时，其损失的价值同样也是逐渐递减的。这反映了敏感性递减的特征。

(3) 决策者的风险偏好随着参照水平的变化而变化。

(4) 价值函数曲线中，损失区域比赢得区域的曲线更陡，斜率更大，即对于同等数目的盈利和亏损来说，亏损带来的痛苦更大。

因此，前景理论价值函数公式为

$$v(\Delta x) = \begin{cases} (\Delta x)^{\alpha}, & \Delta x \geqslant 0 \\ -\theta(-\Delta x)^{\beta}, & \Delta x < 0 \end{cases} \quad (6\text{-}7)$$

其中，$\Delta x = x - x_0$ 是 x_i 相对于某一参考水平 x_0 的偏离值；α、β 为风险态度系数，$0 < \alpha, \beta < 1$，α、β 越大表示决策者越倾向于冒险；θ 为损失规避系数，$\theta > 1$ 表明决策者将对损失更加敏感。

2) 权重函数的表现形式

权重函数 $\pi(p_i)$ 自变量为客观概率，因变量为主观概率，是个体根据自身经历、属性及经验等对客观发生的事情的主观赋值。权重函数有以下特点。

(1) 决策权重 $\pi(p)$ 与客观概率 p 之间的关系为 $\dfrac{d\pi}{dp} > 0$，表明 $\pi(p_i)$ 是 p 的递增函数；图 6.4 中 $\pi(0) = 0$ 表示不可能发生的事件在实际决策中不会被选择，$\pi(1) = 1$ 表示必然发生的事件的概率为 1。

(2) 过分关注极小概率事件。当客观概率 p 很小时，$\pi(p) > p$，客观概率 p 很大时，$\pi(p) < p$，决策者往往对极小概率事件过分重视而导致忽视常规事件。

(3) 次确定性。对各互补事件决策权重之和小于 1，即 $\sum \pi(p) < 1$。

根据 Kahneman 和 Tversky 提出的概率权重函数形式，概率权重计算公式如式 (6-8) 所示：

$$\pi(p) = \begin{cases} \dfrac{p^{\gamma}}{\left(p^{\gamma} + (1-p)^{\gamma}\right)^{\frac{1}{\gamma}}}, & \Delta x \geqslant 0 \\[4mm] \dfrac{p^{\delta}}{\left(p^{\delta} + (1-p)^{\delta}\right)^{\frac{1}{\delta}}}, & \Delta x < 0 \end{cases} \quad (6\text{-}8)$$

其中，$\Delta x \geqslant 0$ 代表赢得；$\Delta x < 0$ 代表损失；p 代表事件发生的客观概率；$\pi(p)$ 代表决策者的主观权重；γ 代表赢得时的权重函数参数值；δ 代表损失时的权重函数参数值，γ、$\delta < 1$，即小概率时主观权重大于客观概率，中、大概率时主观权重小于客观概率。

3. 基本假设

在《管理行为》一书中，Simon 通过研究得出：决策的过程是无法由理性和经济的标准来说明的，理性人是在估算自己知识和财富的情况下，综合考虑经济因素和个人社会属性及出行特征进行的合理决策。进而提出"有限理性"和满意度原则，其中关键思想为，相对于最优决策来说，有限理性人更倾向于采取满意度原则进行决策。

因此，本章基于前景理论建立模型及实例分析，基于以下假设：人是有限理性的，介于理性和非理性之间；决策者进行决策时，受自身知觉偏差的影响，相对于逻辑分析其实更偏向于直觉的感受；考虑到影响旅客决策的限制条件即决策时间和可利用资源等，认为决策者的选择相对理性；在不确定条件时，决策者是喜欢冒险还是规避风险的倾向对决策有重要影响；决策者更关注的是自身的满意程度，更倾向于寻求满意的结果而非绝对理性下的最佳结果。

4. 模型建立

在基于前景理论的延误服务价值模型中，引入概率估计函数 p 和不确定源的概念，将有效信息量 i 和心理权重函数 $\pi(p(i))$ 统一定义为不确定源，它代表影响旅客满意度的所有不确定性因素，既包括客观的外部环境因素，如延误信息通报的及时性、延误措施的实施，也指这些因素作用于旅客而产生的认知因素及旅客根据自身属性而对各种延误服务的需求程度。

将概率估计函数 p 融入权重函数 $\pi(p)$ 中，重新定义为心理权重函数，则基于前景理论的旅客延误服务价值模型拟构建为

$$U = V(y_0, y) + \pi(p(i))[V(x_0, x) - V(y_0, y)] \tag{6-9}$$

其中，U 为机场或航空公司采取不同服务措施 x, y（式(6-9)是指由服务措施 y 变化到 x）时由于旅客群体针对机场或航空公司的满意度差异而产生的收益；i 为有效信息量，$\pi(p(i))$ 为决策权重函数，p 为概率估计函数，代表旅客满意度的变化是在不确定概率的不确定事件影响下进行的不确定变化；$V(x_0, x)$、$V(y_0, y)$ 分别表示采取不同服务措施 x、y 后旅客群体满意度变化所对应的价值函数（机场和不同航空公司自身对满意度的期望不同导致它们的各种服务措施价值函数曲线也不相同），x_0, y_0 分别为两种服务措施对应的各自价值函数曲线中的基准点（设各项服务措施价值的基准点 x_0 为 0 元）。

6.3.2 基于动态博弈的航班延误处置策略模型

1.博弈相关理论

博弈论(Game Theory)又称对策论。最初应用于象棋、桥牌、赌博等活动中，它是通过研究激励结构之间的相互作用，考虑游戏场景中个体的预测行为和实际行为，并研究其优化策略的方法。中国古代的军事著作《孙子兵法》就是一部博弈论。1928 年，冯·诺依曼

证明了博弈论的基本原理并宣告博弈论的诞生，1944 年，《博弈论与经济行为》不仅促使博弈论广泛应用于经济领域，而且本章也首次将二人博弈推广至 n 人博弈。1950～1951 年，不动点定理的提出、均衡点的存在为博弈论奠定了坚实的基础。此外，纳什的《n 人博弈的均衡点》《非合作博弈》等论文中，纳什均衡和均衡存在定理被首次提出，更加完善了博弈这一系统理论。时至今日，博弈论已广泛应用于各个领域。

博弈论是指相互作用的主体之间进行决策或均衡，主体一般代指企业或个人，相互作用是指企业或个人的选择会受其他企业或个人的影响，同时该企业或个人的选择也能反作用于其他主体或个人，总的来说就是受制于人并限制他人。博弈论区别于其他决策理论的四点为：①博弈的参与者存在利益冲突；②参与者均会倾向于制定符合自身最大化利益的决定；③参与者之间的决策互相影响；④假设决策者均是理智的。

1）博弈的基本要素

博弈的四大基本要素：一是参与者，二是策略集合，三是局势，四是收益值。

参与者：博弈过程中行使决策权的个体。

决策集合：参与者的可行方案集合。

局势：任意博弈过程中，各个参与者随机选择某一策略，此时生成的策略组合称为局势。

收益值：各局势下各个参与者的收益。

2）博弈的类型

（1）合作博弈和非合作博弈。相对于非合作博弈，合作博弈更加复杂棘手。两者分类标准为博弈参与者是否合作。博弈中存在一份协议，对参与者具有约束力，若各参与者之间存在此协议，则为合作博弈，若不存在，则为非合作协议。现阶段对非合作博弈的研究比较集中，本章亦如是。

（2）静态博弈和动态博弈。两者分类标准为参与者决策的顺序，是同时进行决策还是先后进行决策。静态博弈中无法知道先决策者的决策，不存在决策的先后顺序，如案例囚徒困境；动态博弈中后面决策的参与者可看到前面决策参与者的策略，是有先后顺序的，如案例田忌赛马。

（3）完全信息博弈和不完全信息博弈。两者分类标准为参与者对其他参与者的信息是否完全了解。完全信息博弈是指所有参与者均了解其他所有博弈者的行动方案等，而不完全信息博弈则与之大相径庭。

2. 系统稳定性理论

Routh-Hurwitz 稳定判据适用于比较复杂的连续系统。当一个系统的阶次超过 3 时，将会很难求解到特征值，此时，利用直接求取特征值的方法来判定较高阶次系统的稳定性是行不通的。因而出现了首先通过特征方程式的根确定特征值，进而确定特征值是否有负实部的方法来判断系统的稳定性。此方法即是 Routh-Hurwitz 稳定判据。

假设系统的特征方程式为

$$a_o \lambda_n + a_1 \lambda_{n-1} + \cdots + a_{n-1} \lambda + a_n = 0 \tag{6-10}$$

则由上述特征方程式的各项系数形成的 Routh 表为

$$
\begin{array}{cccccc}
\lambda^n & a_0 & a_2 & a_4 & a_6 & a_8 & \cdots \\
\lambda^{n-1} & a_1 & a_3 & a_5 & a_7 & a_9 & \cdots \\
\lambda^{n-2} & b_1 & b_2 & b_3 & b_4 & & \\
\lambda^{n-3} & c_1 & c_2 & c_3 & & & \\
& & \vdots & & & & \\
\lambda^2 & d_1 & d_2 & d_3 & & & \\
\lambda^1 & e_1 & e_2 & & & & \\
\lambda^0 & f_1 & & & & &
\end{array}
$$

其中

$$
b_1 = \frac{a_1 a_2 - a_0 a_3}{a_1}, \quad b_2 = \frac{a_1 a_4 - a_0 a_5}{a_1}, \quad b_3 = \frac{a_1 a_6 - a_0 a_7}{a_1}, \quad b_4 = \frac{a_1 a_8 - a_0 a_9}{a_1}
$$

$$
c_1 = \frac{b_1 a_3 - a_1 b_2}{b_1}, \quad c_2 = \frac{b_1 a_5 - a_1 b_3}{b_1}, \quad c_3 = \frac{b_1 a_7 - a_1 b_4}{b_1}
$$

$$
\cdots
$$

由此解出所有系数, 共 $n+1$ 行 n 列。

判别系统稳定的充要条件为: ①Routh 表中的第一列元素全部大于 0; ②特征方程式中正实部根的数目等同于第一列元素的符号变化次数。条件①、②必须同时满足。

3. 模型建立

在基于前景理论的延误服务价值模型的基础上, 结合价格, 构建基于动态博弈的航空公司延误处置模型。

航空公司机票价格和服务优劣是影响旅客出行选择的重要因素, 考虑到当前航空运输市场竞争的长期性及旅客成分的复杂性, 假设同一航线航班仅由航空公司 A_i 提供 ($i=1$, 2, 3), 其中航空公司 A_1 代表由国家控股、资本强大、背景深厚的一类航空公司, 此类航空公司得到国家政策的大力扶持, 知名度优势明显, 机队规模强大, 航线、班次密集, 消费群体长期使用, 市场占有率高, 代表航空公司有中国国际航空股份有限公司(简称国航)、中国南方航空股份有限公司(简称南航)、中国东方航空股份有限公司(简称东航)、上海航空股份有限公司(简称上海航空)等; 航空公司 A_2 代表定位于中高端、中短途旅客的发展迅猛的新兴航空公司, 此类航空公司以品质追求为主、注重旅客体验服务, 从智能化、人文化、高端化、旅客体验一流化等方面推动航线产品, 力求打造独具特色的服务品牌, 由于顺应国际经济潮流主导的民航运输市场从位移服务转变到航空服务生态圈, 技术与模式创新驱动发展, 延伸航空服务价值等特点, 越来越受广大旅客认可, 市场份额逐年提升, 代表航空公司有厦门航空股份有限公司(简称厦航)、海南航空股份有限公司(简称海航)等; 航空公司 A_3 代表定位于中低端旅客的低成本航空公司, 此类航空公司以休闲旅客为主, 提供便捷的亮点服务和套餐式服务, 主要满足出行服务的经济、便利的需求, 代表航空公司有华夏航空股份有限公司(简称华夏)、春秋航空股份有限公司(简称春秋)、西部航空有限责任公司(简称西部)等。航空公司 A_i 在时期 t 的机票价格为 $p_i(t)$, 所提供延误服务价值为 $e_i(t)$, 旅客流量为 $q_i(t)$, 其中, 博弈周期 $t=0,1,2,\cdots$, 旅客类型 $j=0,1,2,\cdots$, 下同, 得到各航空公

司的需求函数为

$$\begin{cases} q_1(t) = a_1 - b_1 g_1(t) + \theta_1 g_2(t) + \kappa_1 g_3(t) \\ q_2(t) = a_2 - b_2 g_2(t) + \theta_2 g_1(t) + \kappa_2 g_3(t) \\ q_3(t) = a_3 - b_3 g_3(t) + \theta_3 g_1(t) + \kappa_3 g_2(t) \\ g_i(t) = \sum_{i,j=1}^n (\sigma_{ij} e_{ij}(t) + \tau_{ij} p_{ij}(t)) \end{cases} \tag{6-11}$$

其中，a_i，b_i，θ_i，$\kappa_i > 0$，a_i 表示航空公司 A_i 的最大需求旅客量；b_i 表示综合弹性系数，包括价格弹性系数和服务满足弹性系数，其取值大小与旅客的社会属性和出行特征有关，其中，$b_i = \sum_{i,j=1}^n b'_{ij} x_{ij}$，$b'_{ij}$ 代表航空公司 A_i 的旅客类型 j 的综合弹性系数，x_{ij} 代表航空公司 A_i 的旅客类型 j 的流量比例，考虑到同种类型旅客特征不失一般性，令 $b'_{1j} = b'_{2j} = b'_{3j}$；同时，定义不同旅客类型 j 的综合弹性系数 b'_{ij} 对应不同的基准，当 b'_{ij} 取值低于基准值时，令 $b'_{ij} = -b'_{ij} \cdot \theta_i$，$\kappa_i$ 为综合差异化系数，包括航线产品的差异化程度和旅客感知差异化程度，是航空公司在航线网络、航班班次、服务品牌等方面的绝对化差异与旅客对航空公司所提供服务的感知差异的综合差异，其中，旅客感知差异不仅由旅客自身社会属性或出行特征属性的不同而导致，也由不同航空公司延误服务的差别性造成。$\theta_i = \sum_{i,j=1}^n \theta'_{ij} x_{ij}$，$\kappa_i = \sum_{i,j=1}^n \kappa'_{ij} x_{ij}$，$\theta'_{ij}, \kappa'_{ij}$ 代表航空公司 A_i 的旅客类型 j 的综合差异化系数，x_{ij} 代表航空公司 A_i 的旅客类型 j 的流量比例，同理，令 $\theta'_{1j} = \theta'_{2j} = \theta'_{3j}$，$\kappa'_{1j} = \kappa'_{2j} = \kappa'_{3j}$；更进一步，$\theta_1$，$\kappa_1$ 代表航空公司 A_2 和航空公司 A_3 对航空公司 A_1 的综合差异，θ_2，κ_2 代表航空公司 A_1 和航空公司 A_3 对航空公司 A_2 的综合差异，θ_3，κ_3 代表航空公司 A_1 和航空公司 A_2 对航空公司 A_3 的综合差异；θ_i，κ_i 取值越小表示感知差异越大，替代性越小；同理，定义不同旅客类型 j 的综合差异化系数 $\theta'_{ij}, \kappa'_{ij}$ 对应不同的基准，当 $\theta'_{ij}, \kappa'_{ij}$ 取值低于基准值时，令 $\theta'_{ij} = -\theta'_{ij}$，$\kappa'_{ij} = -\kappa'_{ij} \cdot g_i(t)$ 代表由机票价格和延误服务价值组成的综合价值函数，σ_{ij}、τ_{ij} 分别代表机票价格 $p_{ij}(t)$ 和延误服务价值 $e_{ij}(t)$ 在航空公司 A_i 的旅客类型 j 的权重值，设航空公司的基准价格为 p_s，定义当 $p_{ij}(t) > p_s$ 时，$q_i(t) = -q_i(t)$，即 $q_i(t) < 0$，旅客流出，表示当机票价格无限增长至越过某一界限时，不考虑综合弹性系数及综合差异化系数等的影响，机票价格成为影响旅客选择的决定因素，旅客将大量流失。

根据博弈系统中航空公司间竞争的复杂性，提高延误服务质量往往导致成本的非线性增加，因此假设航空公司的成本函数为二次线性函数，即 $C_i = c_i q_i^2$，c_i 为各航空公司的边际成本，与价格调整速度 α_i、延误服务的更新均有关，则航空公司的利润函数为

$$\pi(g_1, g_2, g_3) = g_i(t) q_i(t) - c_i q_i^2(t) \tag{6-12}$$

公式两边同时对综合价值函数 $g_i(t)$ 求偏导数，则航空公司 i 在时期 t 的边际利润为

$$\frac{\partial \pi_i(t)}{\partial g_i(t)} = q_i(t) + \frac{\partial q_i(t)}{\partial g_i(t)} g_i(t) - 2 c_i q_i \frac{\partial q_i(t)}{\partial g_i(t)} \tag{6-13}$$

则航空公司各自的边际利润 ζ 为

$$
\begin{cases}
\zeta_1 = \dfrac{\partial \pi\left(g_1(t), g_2(t), g_3(t)\right)}{\partial g_1(t)} = \left(2b_1 c_1 + 1\right)\left(a_1 - b_1 g_1(t) + \theta_1 g_2(t) + \kappa_1 g_3(t)\right) - b_1 g_1(t) \\[2mm]
\zeta_2 = \dfrac{\partial \pi\left(g_1(t), g_2(t), g_3(t)\right)}{\partial g_2(t)} = \left(2b_2 c_2 + 1\right)\left(a_2 - b_2 g_2(t) + \theta_2 g_1(t) + \kappa_2 g_3(t)\right) - b_2 g_2(t) \\[2mm]
\zeta_3 = \dfrac{\partial \pi\left(g_1(t), g_2(t), g_3(t)\right)}{\partial g_3(t)} = \left(2b_3 c_3 + 1\right)\left(a_2 - b_2 g_3(t) + \theta_2 g_1(t) + \kappa_3 g_2(t)\right) - b_3 g_3(t)
\end{cases} \quad (6\text{-}14)
$$

在大面积航班延误发生时，各航空公司制定的价格策略和依据不同延误情况所提供的延误服务是动态变化的，所导致的各航空公司之间的竞争态势也是动态变化的。因而要考虑边际利润随延误时间变化的情况，即

$$
\begin{cases}
g_i(t+1) = \displaystyle\sum_{i,j=1}^{n} \left(\sigma_{ij} e_{ij}(t+1) + \tau_{ij} p_{ij}(t+1)\right) \\[3mm]
p_i(t+1) = p_i(t) + \alpha\, p_i(t) \dfrac{\partial \pi_i\left(g_1(t), g_2(t), g_3(t)\right)}{\partial g_i(t)}, \quad i = 1, 2, 3 \cdots \\[3mm]
e_i(t+1) = U
\end{cases} \quad (6\text{-}15)
$$

其中，$\alpha_i \geqslant 0$ $(i=1,2,3)$ 表示价格调整速度；U 为延误服务价值函数，代表不同延误时间节点所对应的延误服务价值的值。调整规则为：当第 t 期航空公司 A_i 的边际利润 ζ 为正（负）时，则 $t+1$ 时，航空公司的价格是提高（降低）的。

在上述模型的博弈过程中，随着延误时间的增长，博弈结果及其均衡稳定性受航空公司对价格的调整速度和延误服务组合更新的影响。

4. 模型分析

在式 (6-15) 中使 $g_i(t+1) = g_i(t)$，得到 $G_0 = (0,0,0)$ 等 9 个非负解，但其中的 8 个解均在决策临界区域上，因而是博弈系统的有界均衡点，$G^* = \left(g_1^*, g_2^*, g_3^*\right)$ 是唯一纳什均衡解。其中，其 Jacobian 矩阵为

$$
J = \begin{cases}
A_{11} & \left(2b_1 c_1 + 1\right)\theta_1 \varepsilon_1 g_1^* & \left(2b_1 c_1 + 1\right) f_1 \varepsilon_1 g_1^* \\[2mm]
\left(2b_2 c_2 + 1\right)\theta_2 \varepsilon_2 g_2^* & A_{22} & \left(2b_2 c_2 + 1\right) f_2 \varepsilon_2 g_2^* \\[2mm]
\left(2b_3 c_3 + 1\right)\theta_3 \varepsilon_3 g_3^* & \left(2b_3 c_3 + 1\right) f_3 \varepsilon_3 g_3^* & A_{33}
\end{cases} \quad (6\text{-}16)
$$

其中，$A_{ii} = 1 + \varepsilon_i\left(\zeta_i - 2b_i\left(b_i c_i + 1\right)\right)$。

将 G^* 代入 Jacobian 矩阵，其特征矩阵表示为

$$
f(\chi) = \chi^3 + \mu_2 \chi^2 + \mu_1 \chi^1 + \mu_0 \quad (6\text{-}17)
$$

其中，$\mu_2 = -\displaystyle\sum_{i=1}^{3} A_{ii}$；$\mu_1 = -\displaystyle\sum_{\substack{i=1,2,3 \\ i \neq j}} h_{ij} \varepsilon_i \varepsilon_j + \sum_{\substack{i=1,2,3 \\ i \neq j}} A_{ii} A_{jj}$；$\mu_0 = J$。

$$
h_{ij} = 3 c_i c_j b_i b_j \theta_i k_j p_i^* p_j^*
$$

根据 Routh-Hurwitz 稳定判据可知，该博弈系统的稳定点渐近稳定的充分必要条件为

$$\begin{cases} 1+\mu_2+\mu_1+\mu_0>0 \\ 1+\mu_2-\mu_1+\mu_0>0 \\ |\mu_0|<1 \\ |\delta_0|<|\delta_2| \\ |\gamma_0|<|\gamma_1| \end{cases} \tag{6-18}$$

其中，$\delta_2=1-\mu_0{}^2$；$\delta_0=\mu_1-\mu_2\mu_0$；$\gamma_1=\delta_2{}^2-\delta_0{}^2$；$\gamma_0=\delta_2\delta_0-\delta_1{}^2$。

6.4 案例分析

1. 实验场景及参数设置

本章运用 MATLAB 软件，选取上海至广州航线，起飞机场及目的地机场分别为上海虹桥国际机场和广州白云机场，三家代表性的航空公司为东航、上海吉祥航空有限公司(简称吉祥)、春秋，构建航班延误场景下延误处置策略对平均利润影响的研究。

针对旅客在航班延误时对服务态度、延误信息、饮食发放、更换交通工具、现金赔偿以及退、改签的特定服务需求进行调查，发放问卷 2000 份并进行数据分析。根据实际情况，航班延误发生后航空公司会采取一系列组合措施而非单一措施来缓解旅客的焦虑情绪。因此，本实验主要考虑某些延误服务缺失(为了便于表述，以下将各种服务措施的组合称为主要服务措施的缺失，如延误信息的缺失即为除延误信息外其他服务措施的组合)对旅客满意度的影响。本实验分别考虑延误信息缺失，服务态度恶劣，退、改签服务不完善的条件下旅客的满意度变化，设定服务人员积极良好的态度、延误信息及时通报和便捷的退、改签这三项服务措施($n=3$)为最根本的保障措施。

本章实验流程如下。

(1)运用旅客满意度动力学模型和延误服务价值模型，结合问卷调查结果，研究上海至广州航线，航空公司 A_1(东航)、A_2(吉祥)、A_3(春秋)商务、旅行、其他类型旅客在航班延误情景下面对各延误服务措施组合时的满意度变化，进而分析对应的延误服务价值。

(2)选取航空公司 A_3 为例，基于动态博弈方法，分析其在"小周期"延误下的旅客流量变化和航空公司平均利润。

(3)以步骤(2)中航空公司 A_3 最优策略为基准，分析比较"大周期"博弈时，采取不同延误策略(价格策略和延误服务策略)时，航空公司 A_1、A_2 与航空公司 A_3 的最优策略。

其中，"小周期"：将某航班的某次延误看成一个整体，以特定延误时间为一个周期，即每次延误可根据延误时间划分为无数个周期。此时的延误服务更新速度等同于每个延误周期节点的平均延误服务价值，价格更新速度为 0，即不更新，因为所有周期变化均发生在一次延误内。

"大周期"：将某航班每天延误作为博弈的一个周期。此时的价格调整速度、延误服务更新速度的概念换为任意分段延误时间节点的平均值，是固定的。

2. 相关参数设置

假设旅客的初始满意度随机产生且符合正态分布，实验中旅客的相关参数设置如表 6.1

所示。个体 r 的满意度不稳定性 P_N^r =0.5，场合调节因子 λ =0.1，旅客的出行状态 p_o^r =0.5，个体对特殊个体的关注度 ϖ =0.7，调节因子 i_range = 0.5、p_range = 0.5，满意度感染力 ∂ =0.5。依据 Kahneman 和 Tversky 的实验测定，取 $\alpha = \beta = 0.88$，$\theta = 2.25$，$\gamma = 0.61$，$\delta = 0.66$，本实验场景中将提供各种服务组合措施与不提供任何服务措施作比较，因此 $V(y_0, y)$ =0。满意度增长参数 ρ 与概率估计函数 p 为服务措施组合的权重均值，满意度衰减参数 $1+\zeta$ 的取值规定如下：当 $n<3$ 时，$1+\zeta = \zeta$；当 $n=0$ 时，$1+\zeta=1$。当 $n=3$ 时，表明三项服务措施全部提供，没有对比意义，此处不作讨论。

表 6.1 不同延误服务组合下旅客相关参数设置

延误服务组合		延误信息缺失			服务态度恶劣			退、改签服务不完善		
航空公司类型		A_1	A_2	A_3	A_1	A_2	A_3	A_1	A_2	A_3
出行属性调节因子 ρ	商务	0.747	0.741	0.731	0.765	0.75	0.741	0.758	0.751	0.740
	旅行	0.745	0.742	0.755	0.770	0.761	0.780	0.74	0.742	0.757
	其他	0.694	0.690	0.721	0.685	0.671	0.709	0.679	0.671	0.731
服务效果调节因子 ζ	商务	0.780	0.785	0.791	0.682	0.721	0.705	0.745	0.749	0.761
	旅行	0.768	0.770	0.781	0.667	0.680	0.652	0.758	0.750	0.731
	其他	0.705	0.717	0.685	0.642	0.628	0.611	0.668	0.673	0.644

资料来源：600 份问卷调查发放及数据分析。

3. 基于动态博弈的航班延误处置策略模型参数

假设航空公司 A_i $(i=3)$ 依据出行目的将旅客分为三类 $(j=3)$：商务、旅行、其他。不同类型旅客的综合弹性系数基准、综合差异化系数基准及实验各仿真参数设置如表 6.2～表 6.4 所示。

表 6.2 与旅客出行特征及社会属性相关的参数设置

参数类型	综合弹性系数				综合差异化系数						
符号	b'_{ij}			基准	θ'_{ij}			κ'_{ij}			基准
航空公司类型	$i=1$	$i=2$	$i=3$	—	$i=1$	$i=2$	$i=3$	$i=1$	$i=2$	$i=3$	—
商务（$j=1$）	1.90	1.80	1.70	1.00	1.60	1.50	1.40	1.40	1.30	1.20	1.00
旅行（$j=2$）	1.00	1.10	0.90	0.80	0.90	1.00	0.80	0.90	1.00	0.80	0.80
其他（$j=3$）	0.30	0.40	0.20	0.60	0.40	0.50	0.30	0.40	0.30	0.20	0.60

表 6.3 不同旅客类型的价格与延误服务价值权重

参数类型	价格权重		延误服务价值权重	
符号	σ_{ij}		τ_{ij}	
商务	σ_{i1}	0.65	τ_{i1}	0.35
旅行	σ_{i2}	0.75	τ_{i2}	0.25
其他	σ_{i3}	0.85	τ_{i3}	0.15

表 6.4 其他参数设置

参数类型	最大需求旅客量	边际成本	价格调整速度	延误服务更新速度	依据出行目的划分的旅客类型比例		
					商务	旅行	其他
符号	a_i	c_i	α_i	β_i	x_{i1}	x_{i2}	x_{i3}
航空公司 A1	2.50	0.13	0.025	0.015	45.61%	27.32%	27.07%
航空公司 A2	2.10	0.15	0.055	0.045	49.80%	27.80%	22.40%
航空公司 A3	1.60	0.09	0.085	0.075	37.20%	30.45%	32.35%

4. 实验结果及数据分析

1) 同航线不同航空公司不同旅客类型的满意度及延误服务价值研究

针对上海至广州航线，东航、吉祥、春秋三家航空公司的商务、旅行及其他类型旅客进行随延误时间变化的旅客满意度分析，在此基础上，结合不同航空公司相应的旅客类型比例，对三类航空公司进行不同延误服务组合时的延误服务价值分析。

(1) 不同时机各项服务措施的提供对旅客满意度的影响。图 6.5～图 6.13 中，线条 1 表示缺失退、改签服务，线条 2 表示服务态度恶劣，线条 3 表示缺失延误信息通报服务，线条 0 表示无任何服务。

图 6.5 代表航空公司 A1 商务旅客面对退、改签服务缺失，服务态度恶劣，延误信息通报服务缺失等三种延误服务组合的满意度变化，图 6.6 和图 6.7 分别代表航空公司 A1 旅行类旅客和其他类旅客面对三种延误服务组合的满意度变化。同理，图 6.8～图 6.13 分别代

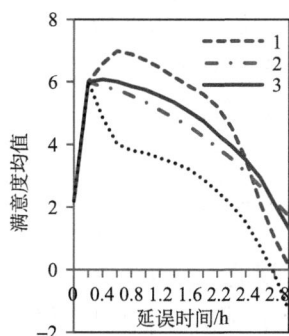

图 6.5 航空公司 A1 商务类旅客满意度均值趋势图

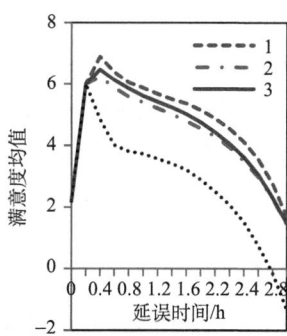

图 6.6 航空公司 A1 旅行类旅客满意度均值趋势图

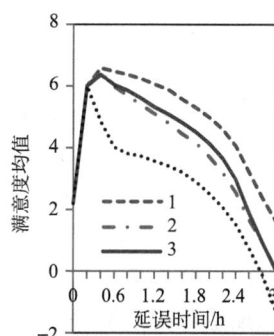

图 6.7 航空公司 A1 其他类旅客满意度均值趋势图

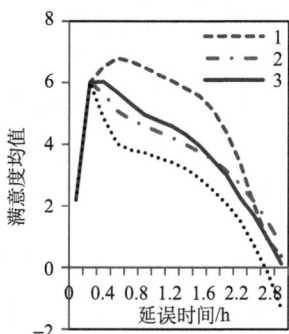

图 6.8 航空公司 A2 商务类旅客满意度均值趋势图

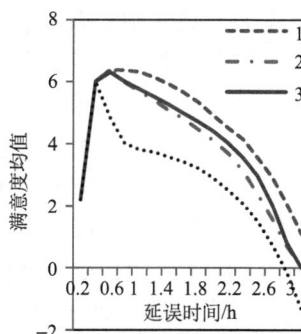

图 6.9 航空公司 A2 旅行类旅客满意度均值趋势图

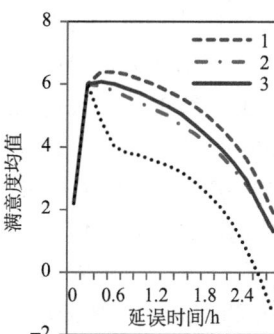

图 6.10 航空公司 A2 其他类旅客满意度均值趋势图

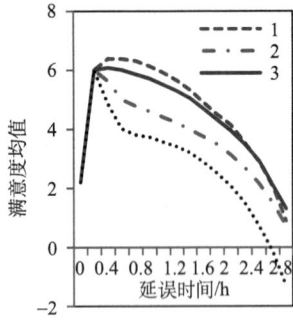 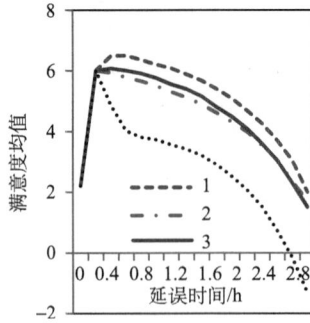 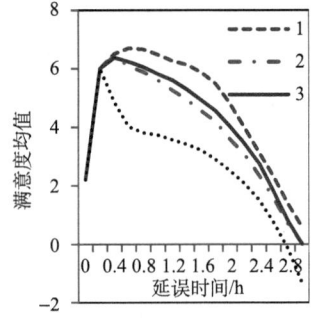

图6.11 航空公司 A3 商务类旅客 图6.12 航空公司 A3 旅行类旅客 图6.13 航空公司 A3 其他类旅客
　　满意度均值趋势图　　　　　　满意度均值趋势图　　　　　　满意度均值趋势图

表航空公司 A2、A3 商务、旅行、其他类型旅客面对三种延误服务组合的满意度变化。参数选取表 6.1 不同延误服务组合下旅客相关参数设置。

图 6.5～图 6.13 展现了在航班延误 0～3h 内，一、二、三类航空公司不同类型旅客在面对不同延误措施组合时的满意度变化。可知，旅客满意度变化总体趋势有以下两个特点：①初始延误即当延误时间 $t<1h$ 时，相对于延误信息通报服务缺失 $S'_x=5.87$ 和服务态度恶劣 $S'_t=5.15$，退、改签服务的满意度 $S'_g=6.28$，是最高的，当延误时间超过 2h 时，旅客满意度下降率变大，尤其是商务类旅客的满意度下降率 $\Delta E=6.67/h$ 最为显著，满意度值 E 均小于 1，且明显低于其他类型旅客；②各类旅客对延误信息的敏感程度高于服务态度，且同类型航空公司的同类型旅客，不同类型航空公司的同类型旅客之间相同延误服务措施组合对旅客满意度提升的影响具有细微差别，这是由于旅客自身的特征属性和对航空公司的期望与实际所得服务的感知落差造成的，如相同延误时刻 $t=2h$ 时，二类航空公司的商务类旅客延误信息通报服务缺失满意度 $S_x=3.92$，服务态度恶劣满意度 $S_t=3.83$，明显低于旅行类旅客 $S_x=4.15$，$S_t=3.98$，这是不同旅客类别对特定服务的需求程度不同造成的；相同延误时刻，二类航空公司与三类航空公司的商务类旅客对延误信息通报服务缺失的满意度具有差别性，前者明显低于后者，这是旅客事先对航空公司的服务能力预期的不同导致的，当旅客认为期望获得的服务与所支付的费用价值不对等时，满意度便会急剧降低，同时，旅客也往往更倾向于对期望比较低的航空公司抱以更宽容的态度。

(2) 不同服务组合时航空公司 A1、A2、A3 旅客延误服务价值趋势分析(图 6.14～图 6.16)。图 6.14～图 6.16 中线条 1 表示缺失退、改签服务，线条 2 表示服务态度恶劣，线条 3 表示缺失延误信息通报服务，线条 0 表示无任何服务。

此航线上航空公司 A1、A2、A3 中商务、旅行和其他类型旅客的比例分别为45.61%、27.32%和27.07%。航空公司 A2 商务、旅行和其他类型旅客的比例分别为49.80%、27.80%和22.40%。航空公司 A3 商务、旅行和其他类型旅客的比例分别为37.2%、30.45% 和32.35%。参数选取表 6.1 中不同延误服务组合下旅客相关参数设置。

如图 6.14～图 6.16 所示，航空公司 A1、A2、A3 的延误服务价值均满足一个趋势：延误在 2h 之内时，缺失退、改签服务的服务组合的延误服务价值 $U'_g=5.98$ 是较高的，缺失延误信息通报服务和服务态度恶劣的延误服务价值分别为 $U'_x=5.71$，$U'_t=5.82$，两者大致处于同等水平且值较小；当延误时间超过 2h 时，三种延误服务组合均显著下降。

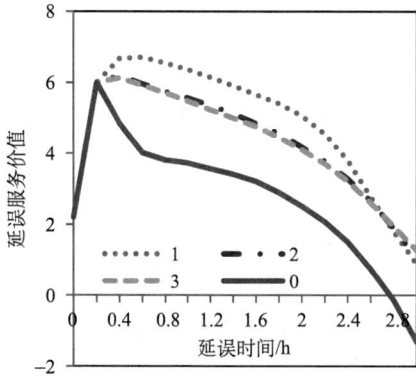

图 6.14　航空公司 A1 不同服务组合时延误服务价值趋势图

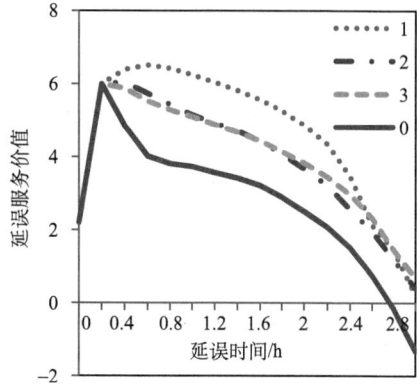

图 6.15　航空公司 A2 不同服务组合时延误服务价值趋势图

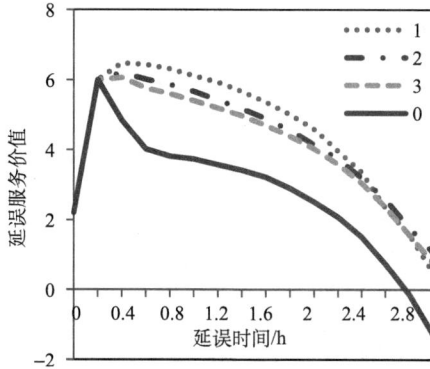

图 6.16　航空公司 A3 不同服务组合时延误服务价值趋势图

　　短时间延误时，鉴于退、改手续的便捷性和退、改签成功后等待下一个航班的时间与现阶段等待的时间的未知差别，旅客基本上较少考虑；航班延误初始，缺失延误信息通报服务与服务态度恶劣直接影响着旅客的出行体验，旅客面对航班延误时首要目标是及时成行，首要需求是及时获取延误信息，盲目而无信息沟通的等待会使旅客及时成行、及时获取信息的心理无法得到满足，同时随着延误给旅客带来的时间成本损失越来越大，旅客对航空公司无良好服务态度的不满会越来越强烈，旅客寻求自我尊重的心理无法被满足，会变得更加焦躁不安甚至愤怒。因此，缺失延误信息通报服务与服务态度恶劣的延误服务价值较低。

　　2)"小周期"博弈下，同航线不同航空公司旅客流量及平均利润的变化

　　以实验 1)中不同类型航空公司提供不同延误服务措施时的延误服务价值为基础，　以航空公司 A3 为例,针对单次延误情况(即价格 p 不变,旅客延误服务价值随延误时间变化)，且假设每一种延误措施的服务时长贯连整个延误过程，单次延误中任意时间节点延误服务措施不更换，研究不同延误措施组合时旅客流量和平均利润的变化情况，确定单次延误时

最优策略组合。此时，由时间变量确定的边际利润为

$$
\begin{cases}
g_i(t+1) = \sum_{i,j=1}^{n} \left(\sigma_{ij} e_{ij}(t+1) + \tau_{ij} p_{ij}(t+1) \right) \\
p_i(t+1) = p_i(t) + \alpha p_i(t) \dfrac{\partial \pi_i \left(g_1(t), g_2(t), g_3(t) \right)}{\partial g_i(t)}, \quad i = 1,2,3 \cdots \\
e_i(t+1) = U
\end{cases}
\tag{6-19}
$$

取值规则为 $\alpha_i = 0\ (i = 1,2,3)$ 表示第 t 期的价格调整速度为 0，即单次延误中，价格已确定 $p = 2.4$，在单次延误的过程中不会更改；延误服务价值函数 U 的值选取实验 1) 的 (2) 中航空公司 A3 不同延误时间节点所对应的延误服务价值的值，此时取每 5min 为一个延误时间节点，即延误时间 $t = 5T$，T 为博弈周期。

（1）p 相同时不同类型旅客的流量随博弈周期的变化。

图 6.17 为初始值 p 相同时，航空公司 A3 商务旅客、旅行旅客及其他类型旅客流量变化的影响研究。参数选取：选取表 6.2 中航空公司类型 $i = 3$ 时不同旅客类型所对应的综合弹性系数和综合差异化系数、表 6.3 中不同旅客类型的价格与延误服务价值权重及表 6.3 中航空公司 A3 的最大旅客需求量、边际成本和价格调整速度，旅客类型比例此处不作考虑。

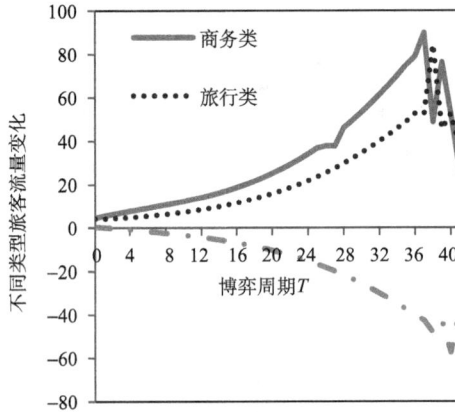

图 6.17 不同类型旅客的流量随博弈周期的变化

各类型旅客流量的增减变化受参数影响。图 6.17 表明，当延误时间从 $t = 0$ 增加至 $t = 3$h 时，商务旅客、旅行旅客、其他类型旅客的流量变化分别为 $\Delta q'_s = 38$，$\Delta q'_l = 25$，$\Delta q'_o = 21$，可知商务类旅客的流量变化最为显著，其次是旅行类型的旅客，当博弈周期 $T = 37$ 即延误时间约达到 3h 时 (假设每 5min 为一个博弈周期)，系统进入无序状态。相对于商务、旅行两种旅客类型，属性特征不明显的其他类型旅客也出现旅客减少的态势，表明旅客出行特征与社会属性决定了旅客的流动性的大小，综合弹性系数和综合差异化系数越大的旅客，对价格和服务的弹性需求范围越大，对航线产品和服务的感知差异越敏感，因而他们的流动性越大。航空公司可以依据自身发展定位，结合不同旅客类型群体流量变化特点，采取适当措施吸引目标旅客群体。

（2）同航线同航空公司不同延误服务措施组合时旅客流量和平均利润的变化。图 6.18

和图 6.19 中，线条 1 表示缺失退、改签服务，线条 2 表示服务态度恶劣，线条 3 表示缺失延误信息通报服务。

图 6.18、图 6.19 分别为不同延误措施组合时航空公司 A3 的旅客流量变化和平均利润变化。参数选取：选取表 6.2 中航空公司类型 $i=3$ 时不同旅客类型所对应的综合弹性系数和综合差异化系数、表 6.3 中不同旅客类型的价格与延误服务价值权重及表 6.4 中航空公司 A3 对应的最大需求旅客量、边际成本、价格调整速度和旅客类型比例。

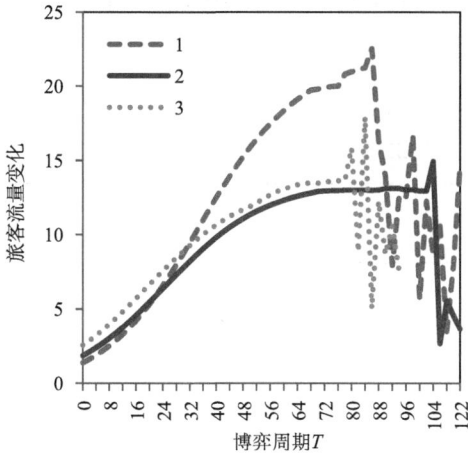

图 6.18 航空公司 A3 旅客流量变化

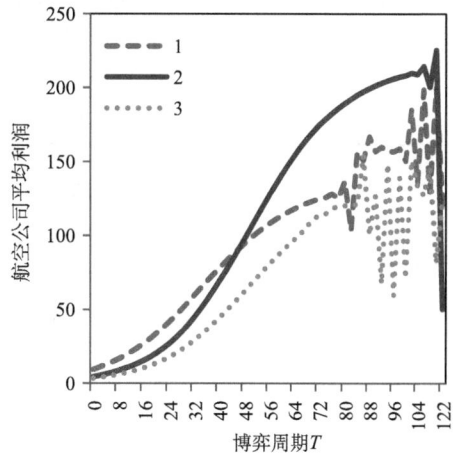

图 6.19 航空公司 A3 平均利润变化

由图 6.18 知，当博弈周期小于 $T=24$ 即延误时间小于 120min 时，缺失退、改签服务所导致的旅客流量变化最小，$\Delta q'_g = 2.8 < \Delta q'_t < \Delta q'_x$，当博弈周期超出 $T=32$ 即延误时间大于 160min 时，缺失退、改签服务所导致的旅客流量急剧增加，结合图 6.19，旅客流量急剧变化导致航空公司平均利润增长趋势缓慢，博弈周期 $T=46$ 时即延误时间达到 230min 时，航空公司平均利润增长趋势明显减缓，表明旅客流量变化对平均利润的影响具有滞后性，航空公司一旦发现不利情况，应该抓住时机，果断采取措施，避免造成更大的损失。同时，缺失延误信息通报服务时 $\Delta q'_x = 11.2$，$\Delta \pi'_x = 100$，相对于其他两项服务措施组合，航空公司旅客流量变化相对较大，平均利润最低，因而延误信息通报服务对航空公司的影响也不容忽视。

结论：航空公司应依据延误时间选择最优措施，根据图 6.18 的旅客流量变化，最佳措施组合为：以博弈周期 $T=24$ 即延误时间 120min 为分界点，小于 $T=24$ 时，提供缺失退、改签服务的延误措施组合，大于 $T=24$ 时，提供缺失良好服务态度的延误措施组合；根据图 6.19 的航空公司平均利润变化，最佳措施组合为：当博弈周期小于 $T=46$ 时，提供缺失退、改签服务的延误措施组合，大于 $T=46$ 时，提供缺失良好服务态度的延误措施组合。航空公司也应依据自身条件限制或发展定位，选择适合自身发展的最优措施组合。

3) "大周期" 博弈下，同航线不同航空公司旅客流量及平均利润的变化

以实验 2) 中航空公司 A3 所确定的最优策略组合（平均利润最优）为出发点，博弈过程中信息公开，假设已知航空公司 A1、A2 均有两种固定的延误处置策略，价格策略初始值

已确定，$p_1 = 3.2$，$p_2 = 3.8$，如表 6.5 所示，则将三类航空公司不同策略组合的旅客流量及平均利润变化进行对比，其中共有 4 种策略组合，如表 6.6 所示。其他参数选取：表 6.2 中航空公司类型 $i = 3$ 时不同旅客类型所对应的综合弹性系数和综合差异化系数、表 6.3 中不同旅客类型的价格与延误服务价值权重及表 6.4 中航空公司 A1、A2、A3 的最大旅客需求量、边际成本、价格调整速度和旅客类型比例。此处服务措施组合的先后顺序具有实际意义，其措施更换时间依据实验 2) 中平均利润的交点变化时间。如服务措施组合 2，3 则表示从航班延误初始至博弈周期 $T=46$（即延误时间 230min），选取措施 2，其后，更改为措施 3。

表 6.5　航空公司现有策略

航空公司	现有的策略
A1	价格 p_1+服务措施组合 3
	价格 p_1+服务措施组合 3，1
A2	价格 p_2+服务措施组合 2，3
	价格 p_2+服务措施组合 3，2
A3	已知最优组合:价格 p_3+服务措施组合 1，2

表 6.6　航空公司策略组合

航空公司	策略组合①	策略组合②	策略组合③	策略组合④
A1	价格 p_1+服务措施组合 3	价格 p_1+服务措施组合 3，1	价格 p_1+服务措施组合 3	价格 p_1+服务措施组合 3，1
A2	价格 p_2+服务措施组合 2，3	价格 p_2+服务措施组合 3，2	价格 p_2+服务措施组合 3，2	价格 p_2+服务措施组合 2，3
A3	价格 p_3+服务措施组合 1，2			

(1) 策略组合①时三类航空公司旅客流量与平均利润对比研究。

对于策略组合①，针对旅客流量变化，如图 6.20 所示，求得博弈系统中旅客流量变化的均衡解 $q_{A1}^* = 13.38$，$q_{A2}^* = 15.49$，$q_{A3}^* = 12.80$。对比航空公司 A3 与航空公司 A1、A2，在博弈初始阶段，缺失退、改签服务对旅客流量变化影响较小，当博弈周期达到 $T=22 \sim 57$ 时，由于博弈周期的增加对旅客满意度的累积效应，$q'_{A3} = 8.3$，$q'_{A1} = 7.2$，$q'_{A3} > q'_{A1}$，旅客流量的对比情况发生变化，缺失延误信息导致旅客流失的变化越来越明显，当博弈周期超过 $T=57$ 时，退、改签服务对抑制旅客流量变化起到显著作用。针对平均利润整体变化趋势，如图 6.21 所示，博弈系统中平均利润变化的均衡解 $\pi_{A1}^* = 163.38$，$\pi_{A2}^* = 181.49$，$\pi_{A3}^* = 218.40$。博弈周期 $T=0 \sim 89$ 内各航空公司平均每周期平均利润 $\pi'_{A1} = 101$，$\pi'_{A2} = 94$，$\pi'_{A3} = 125$，$\pi'_{A3} > \pi'_{A1} > \pi'_{A2}$。结合各航空公司所提供的服务措施可知，旅客在博弈初始阶段对延误信息通报服务的需求度更高，当博弈周期增长时，航空公司由于提供退、改签服务而导致平均利润持续居高不下。此策略组合综合比较，航空公司 A3 最优。

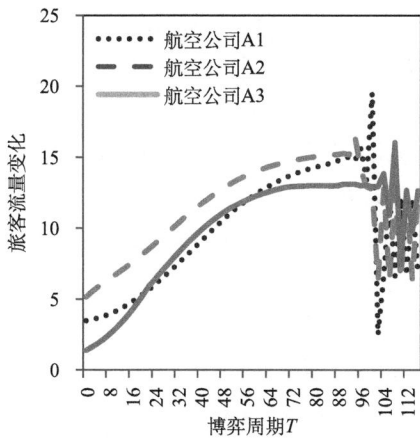

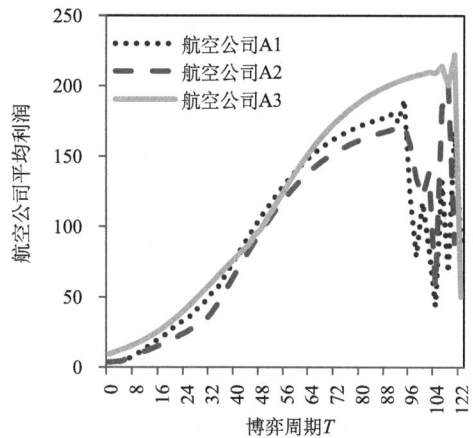

图 6.20　策略组合①时三类航空公司旅客流量变化　图 6.21　策略组合①时三类航空公司平均利润变化

（2）策略组合②时三类航空公司旅客流量与平均利润对比研究。

对于策略组合②，针对旅客流量变化，如图 6.22、图 6.23 所示，博弈系统中旅客流量变化的均衡解 $q_{A1}{}^{*}=14.98$，$q_{A2}{}^{*}=15.01$，$q_{A3}{}^{*}=12.80$，平均利润变化的均衡解 $\pi_{A1}{}^{*}=133.18$，$\pi_{A2}{}^{*}=221.49$，$\pi_{A3}{}^{*}=218.40$。三类航空公司平均每周期平均旅客流量变化分别为 $q'_{A1}=12.46$，$q'_{A2}=10.57$，$q'_{A3}=9.48$，航空公司 A1 所提供的缺失延误信息通报和缺失退、改签服务对航空公司旅客流量和对平均利润的影响相当大，且随着博弈周期的增长，这种累积效应越来越明显，十分不利于公司的发展。比较航空公司 A2 与 A3，在博弈初始阶段，$\pi'_{A2}=42$，$\pi'_{A3}=46$，表明相对于服务态度，延误信息通报服务对旅客流量变化影响较小，对平均利润的贡献有细微优势，随着博弈周期的增长，退、改签服务对抑制旅客流量变化起到显著作用，同时对提升航空公司平均利润具有重大贡献。此策略组合，当博弈周期 $T<48$ 时，各航空公司平均每周期平均利润 $\pi'_{A1}=44.35$，$\pi'_{A2}=42.34$，$\pi'_{A3}=46.65$，$\pi'_{A3}>\pi'_{A1}>\pi'_{A2}$，航空公司 A3 平均利润最优；当博弈周期 $T>48$ 时，$\pi'_{A1}=115.87$，$\pi'_{A2}=175.49$，$\pi'_{A3}=174.37$，$\pi'_{A2}>\pi'_{A3}>\pi'_{A1}$，航空公司 A2 平均利润最优。

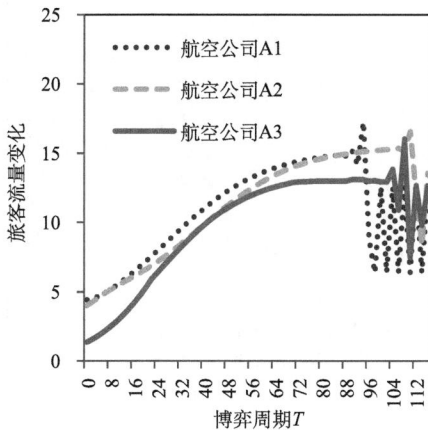

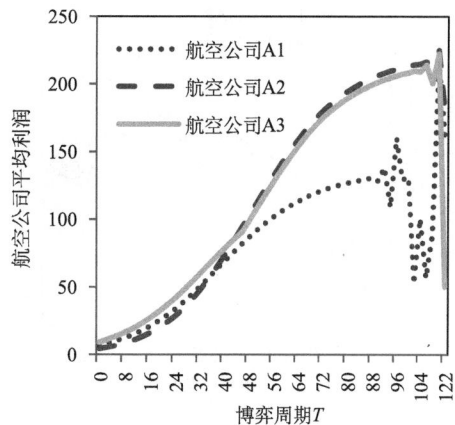

图 6.22　策略组合②时三类航空公司旅客流量变化　图 6.23　策略组合②时三类航空公司平均利润变化

（3）策略组合③与策略组合④时三类航空公司旅客流量与平均利润对比研究。

对于策略组合③，如图 6.24、图 6.25 所示，博弈系统中旅客流量变化的均衡解 q_{A1}^* = 14.98，q_{A2}^* = 14.96，q_{A3}^* = 12.80，平均利润变化的均衡解 π_{A1}^* = 163.38，π_{A2}^* = 222.49，π_{A3}^* = 218.40。三类航空公司的每周期平均旅客流量：当博弈周期 T<22 或 T>53 时，q_{A2}' > q_{A1}' > q_{A3}'；当博弈周期 22<T<53 时，q_{A2}' > q_{A3}' > q_{A1}'。每周期平均利润：当博弈周期 T<53 时，π_{A1}' =73.25，π_{A2}' =71.46，π_{A3}' =75.58，π_{A3}' > π_{A1}' > π_{A2}'；当博弈周期 T>53 时，π_{A1}' =119.46，π_{A2}' =178.57，π_{A3}' =176.32，π_{A2}' > π_{A3}' > π_{A1}'。

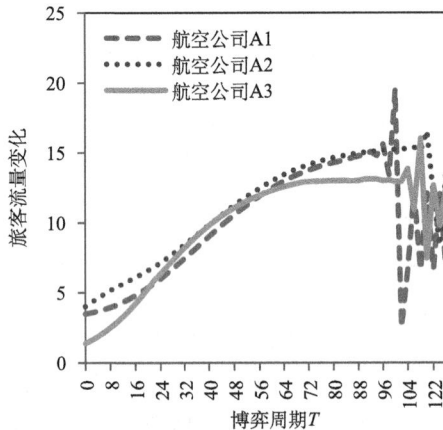

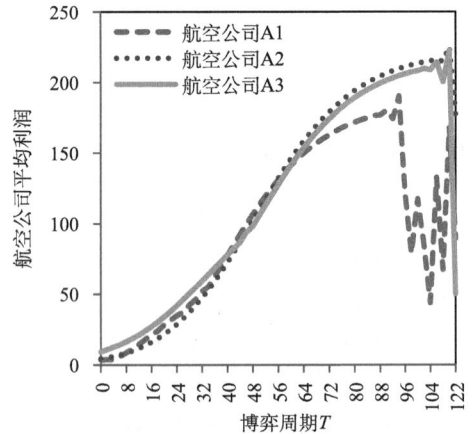

图 6.24　策略组合③时三类航空公司旅客流量变化　图 6.25　策略组合③时三类航空公司平均利润变化

对于策略组合④，如图 6.26、图 6.27 所示，博弈系统中旅客流量变化的均衡解 q_{A1}^* = 14.98，q_{A2}^* = 15.06，q_{A3}^* = 12.80，平均利润变化的均衡解 π_{A1}^* = 133.18，π_{A2}^* = 178.49，π_{A3}^* = 218.40。三类航空公司的每周期平均旅客流量：q_{A1}' =12，q_{A2}' =11，q_{A3}' =8，q_{A1}' > q_{A2}' > q_{A3}'。

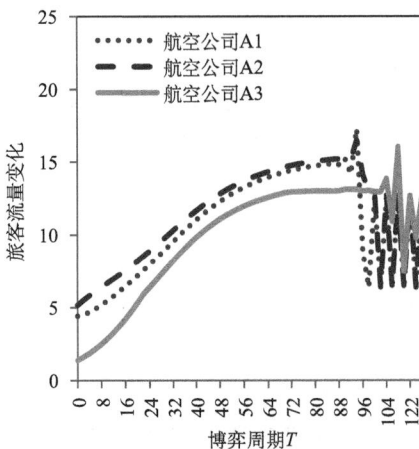

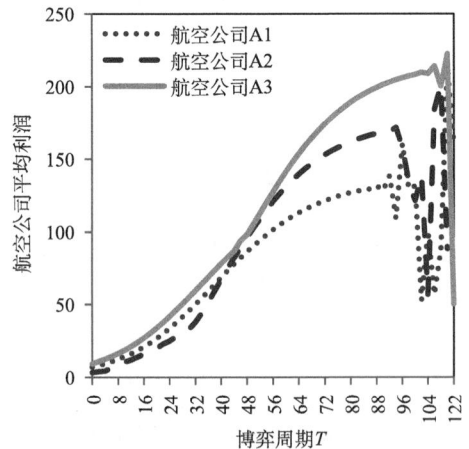

图 6.26　策略组合④时三类航空公司旅客流量变化　图 6.27　策略组合④时三类航空公司平均利润变化

每周期平均利润：当博弈周期 $T<48$ 时，$\pi'_{A1}=44.35$，$\pi'_{A2}=40.34$，$\pi'_{A3}=46.45$，$\pi'_{A3}>\pi'_{A1}>\pi'_{A2}$；当博弈周期 $T>48$ 时，$\pi'_{A1}=115.87$，$\pi'_{A2}=149.68$，$\pi'_{A3}=174.47$，$\pi'_{A3}>\pi'_{A2}>\pi'_{A1}$。

因此，航空公司 A1、A2 的策略选择如表 6.7 所示。

表 6.7　航空公司 A1、A2 的平均利润最优策略选择

前提		航空公司 A2 平均利润最优策略选择	
		博弈周期 $T<53$	博弈周期 $T>53$
A3:价格 p_3+服务措施组合 1, 2	A1:价格 p_1+服务措施组合 3, 1	选择价格 p_2+服务措施组合 2, 3	
	A1:价格 p_1+服务措施组合 3	选择价格 p_2+服务措施组合 2, 3	选择价格 p_2+服务措施组合 3, 2
前提		航空公司 A1 策略选择	
		博弈周期 $T<48$	博弈周期 $T>48$
A3:价格 p_3+服务措施组合 1, 2	A2:价格 p_2+服务措施组合 3, 2	价格 p_1+服务措施组合 3	
	A2:价格 p_2+服务措施组合 2, 3	价格 p_1+服务措施组合 3, 1	价格 p_1+服务措施组合 3

当博弈系统达到均衡解后，随着博弈周期的增加，系统并未一直稳定在均衡状态，而是出现无序波动。因此，综合策略①、②、③、④，航空公司应根据博弈周期的长短来选择符合自身利益的最优延误策略，根据竞争对手的策略情况，及时调整价格策略和延误服务策略，避免陷入竞争不利的局面。

6.5　小　　结

本章首先对上海至广州航线上三类航空公司旅客满意度变化和延误服务价值进行定量动态刻画，其次针对航空公司 A3 进行单次延误的最优策略博弈，得出最优策略组合，最后以航空公司 A3 最优策略更换时间为基准，应用 MATLAB 软件对比分析不同类型航空公司价格策略与延误服务策略组合对航空公司旅客流量变化和平均利润的影响，分别针对航空公司 A1 和航空公司 A2 提出其最优策略，为航空公司延误处置提供一种最优的策略博弈方法。

第7章 总结与展望

7.1 总 结

不正常航班及其引发的旅客群体性事件对机场的运行秩序和安全管理造成严重威胁。本书在充分调研和总结现有研究工作的基础上，针对不正常航班及其引发的旅客群体性事件的演化、预警和防控的理论方法与应用进行了研究，以下是主要研究成果。

(1)航班延误波及及其次生衍生事件链式效应研究。本书首先研究了不确定性因素下单机场航班延误波及分析问题，建立基于有色-时间 Petri 网的航班延误波及分析模型。其次，构建航空网络中不确定性因素对航班延误波及影响模型，基于信息共享原则构建航空运输网络中航班动态调度优化模型，以有效缓解不确定性因素带来的航班延误波及问题。在此基础上，进一步研究航班延误次生衍生事件的链式波及效应，建立了航班延误次生衍生事件链及其链式效应解析模型，通过判定次生衍生事件的触发条件，综合阐述了航班延误次生衍生事件的链式波及效应。最后，基于 AnyLogic 仿真软件分别从航空网络视图和机场内部视图两个角度模拟了航班延误次生衍生事件的链式波及效应，通过模拟航班延误可能引发的一系列次生衍生事件，分析了航班延误及其次生衍生事件对后序航班运行的波及影响。

(2)不正常航班引发旅客群体性事件行为演化分析研究。本书首先对情绪感染模型进行改进，提出外界事件刺激下的情绪感染模型，引入了群体角色、亲疏关系等社会属性，模拟了单个航班延误情境下的情绪感染过程。其次，引入能量分布函数和社会属性来表征群体性事件中的个体差异性，基于干预措施作用机理，将事件处置人员作为一类特殊的理性者嵌入模型中，提出了改进的 SEIR 谣言传播模型和个体情绪增长模型。最后，提出多智能体仿真模型，应用 AnyLogic 构建了旅客暴力行为仿真原型系统，根据仿真实验的结果分析及国内外的旅客群体性事件的研究成果，建立了航站楼旅客群体性事件预警体系，提出了旅客群体性事件的预警及应急处理策略。

(3)不正常航班引发的群体性事件预警研究。本书从基于成因指标体系与基于视频特征数据挖掘两个角度进行了研究。一方面，在国内外的旅客群体性事件的研究成果基础上，提出了航站楼旅客群体性事件预警体系。另一方面，从视频监控的视角研究航站楼敏感区域内旅客群体行为。提出了一种基于 YCbCr 颜色空间和拓扑切割的阴影去除算法，实现了目标前景空洞填补以及边缘优化；随后针对航站楼监控画面差异性，分别基于人头特征与纹理特征获取旅客位置信息，并完成旅客群体特征数据的提取；最终通过发现特征数据与行为模式的深度关联实现群体性事件预警。

(4)基于旅客满意度分析的航班延误处置策略研究。首先，通过分析职业、年龄、学历、性别等社会属性以及出行目的、航程、航班类别等出行特征，研究旅客在面对航班信息变更和外部环境变化时的不同的心理反应和行为特征，构建了不同社会属性和出行特征旅客群体的满意度动力学演化模型和满意度交互影响模型，实现了旅客满意度动态实时刻画。

其次，在旅客满意度动态变化输出和不同措施组合对满意度提升效果输出的基础上，基于前景理论建立了延误服务价值模型，探究了旅客满意度的提升与航空公司延误服务收益的内在关系机理，定量刻画了旅客满意度的提升效果对航空公司延误服务价值的影响。最后，综合考虑航班延误情景中航空公司的价格策略和延误服务策略，构建了基于动态博弈的航空公司延误处置模型，分析了不同策略组合对航空公司旅客流量及平均利润的影响，最终针对不同类型的航空公司，提出最优策略建议。

7.2 展　　望

针对本书的研究工作，还可以从以下四方面进行深入研究。

(1)进一步优化和完善航空网络不确定性因素集合和次生衍生事件集合。本书在研究航班延误波及过程中，考虑到的不确定性因素对航班延误波及的影响不够全面，在今后的研究中需要进一步扩充可能引发航班延误的不确定性因素集合。实际运行中由航班延误可能引发的次生衍生事件种类繁多，在今后研究中需要扩充航班延误次生衍生事件链，使航班延误预测预警结果更加准确。本书在模拟航班延误次生衍生事件的链式传播效应时，未分别考虑每个延误因素对后序航班延误的作用程度，且在仿真系统中未模拟出航站楼内可能引发的次生衍生事件，因此需要进一步完善航班延误次生衍生事件链式波及效应仿真系统，获取更加全面的分析结果。

(2)进一步完善旅客群体性事件仿真场景设置以更接近于真实情况。本书对旅客群体性事件的仿真实验仅考虑了单个航班延误的虚拟场景，仍需对多航班延误引发的旅客群体性事件进行仿真实验。对于仿真实验中的人员运动参数，本书虽然考虑到了旅客之间的社会关系、情绪状态对人员流动的影响，但是仍需考虑年龄、性别、体型等对旅客聚集行为的影响。此外，还需要进一步考虑机场航站楼候机厅的不同区域不同延误时间的航班之间旅客的相互影响机制，从而为机场运行控制中心对旅客群体性事件态势评估及应急资源分配提供依据，同时，尽可能多地考虑影响旅客局部移动的参数，使仿真实验场景更贴近实际情况。

(3)监控视频目标检测和特征提取方法还需要进一步优化。目标检测作为一切视频数据的研究基础，尽管前人以及本书均对现有前景检测方法的缺点进行了改进，但当航站楼内旅客遮挡情况过于严重时，基于纹理特征的目标数估算易出现偏差，因此目标检测问题仍需持续研究下去。其次，本书基于聚类体 4 类聚集特征进行训练得到 BP 神经网络分类器，但仍存在一些其他与群体性事件相关联的群体特征数据，如高密度人群比例等特征，仍有待后续研究。

(4)基于旅客满意度的航班延误处置模型参数精度不足。模型中的旅客出行属性调节因子与服务效果调节因子通过问卷调查设置，但问卷调查的样本数量存在不足，需要增加样本数量，提高参数精度。此外，在本书基于博弈理论对不同类型航空公司的延误策略对比分析中，每类航空公司只选取了三种策略组合，每种策略组合的延误服务更新时间也只依照"小周期"博弈中航空公司 A3 的最优策略中延误服务更新时间，局限了航空公司更新策略的机动性，对最终的实验结果也会产生一定影响。后续研究应增加每种策略中延误服务的更新时间及策略组合的多样性，更贴合实际情况。

参 考 文 献

[1] 中国民用航空局. 中国民用航空旅客、行李国内运输规则[S]. 北京: 中国民用航空局, 1996.

[2] 中国民用航空局. 关于印发民航航班正常统计办法的通知[S]. 北京: 中国民用航空局, 2007.

[3] 杨秀云, 王全良, 何建宝. 航班延误问题的研究动态、演化趋势及启示[J]. 经济经纬, 2013(4): 76-82.

[4] 中国民用航空发展第十二个五年规划[Z]. 北京: 中国民用航空局, 2011.

[5] 隋东. 空中交通管制安全评估方法与模型[D]. 南京: 东南大学, 2007.

[6] 中国民用航空局, 国家发展和改革委员会, 中华人民共和国交通运输部. 中国民用航空发展第十三个五年规划[S], 2016.

[7] 刘玉洁. 基于贝叶斯网络的航班延误与波及预测[D]. 天津: 天津大学, 2009.

[8] 刘晨. 基于航班延误的民航安全风险管理研究[D]. 南京: 南京航空航天大学, 2011.

[9] 胡晓江, 肖练军. 美国的航班延误统计管理及启示[J]. 综合运输, 2007(8): 77-79.

[10] 石丽娜. 多等级模糊综合评价方法在航班延误中的应用[J]. 上海工程技术大学学报, 2006, 20(3): 276-279.

[11] 赵巍飞, 张亮. 航班延误统计指标体系及延误等级评估研究[J]. 交通运输工程与信息学报, 2009, 7(2): 9-15.

[12] 刘玉洁, 何丕廉, 刘春波, 等. 基于贝叶斯网络的航班延误波及研究[J]. 计算机工程与应用, 2008, 44(17): 242-245.

[13] 姚韵. 航空公司不正常航班管理和调度算法研究[D]. 南京: 南京航空航天大学, 2006.

[14] 赵秀丽. 航空公司不正常航班恢复模型及算法研究[D]. 南京: 南京航空航天大学, 2010.

[15] 曾小舟, 唐笑笑, 江可申. 基于复杂网络理论的中国航空网络抗毁性测度分析[J]. 系统仿真技术, 2012, 8(2): 111-116.

[16] 曾小舟. 基于复杂网络理论的中国航空网络结构实证研究与分析[D]. 南京: 南京航空航天大学, 2011.

[17] Parsons T, Smelser N. Economy and society: a study in the integration of economic and social theory [M]. Routledge, Taylor & Francis, 2005.

[18] Gurr T R. Why men rebel[J]. American Political Science Association, 1970, 5(2).

[19] Tilly C. From mobilization to revolution[M]// From mobilization to revolution /. Addison-Wesley Pub. Co. 1978.

[20] 李瑞霞. 群体性事件所彰显的社会矛盾与冲突研究[D]. 太原: 太原理工大学, 2010.

[21] 王大伟. 群体性事件影响因素的实证研究[J]. 南京人口管理干部学院学报, 2010, 26(3): 76-77.

[22] 陈娴. 机场群体性事件处置对策研究[J]. 华章, 2011(33): 37.

[23] 杨磊. 航班延误引发旅客群体性事件处置策略研究[D]. 上海: 上海交通大学, 2010.

[24] 许红. 我国航班延误纠纷的现状、诱因及对策[D]. 长沙: 湖南大学, 2007.

[25] 赵斌. 社会燃烧理论框架下的航班延误引发群体性事件应对研究[D]. 长春: 吉林大学, 2012.

[26] 刘小平. 航班延误情境下旅客群体性突发事件致因机理及预警机制研究[D]. 武汉: 武汉理工大学, 2013.

[27] 于建嵘. 把握突发事件中的社会群体心理[J]. 学习文摘, 2010(09): 63.

[28] 肖浩, 王勇. 我国当前群体性事件的社会心理分析[J]. 学理论, 2010(20): 116.

[29] 全凤英, 罗毅华. 群体性事件的社会心理分析及对策[J]. 怀化学院学报, 2004(6): 17.

[30] 李智, 李慧平. 群体性事件社会心理因素分析[J]. 衡阳通讯, 2010(11): 46.

[31] 任龙, 王惠萍. 处置群体性事件要关注心理要素[J]. 河北公安警察职业学院学报, 2011, 11(4): 72-74.

[32] 许永勤. 情境性群体骚乱事件的社会心理分析及现场处置[J]. 北京政法职业学院学报, 2011(1): 106-110.

[33] 任延涛. 群体性事件中的集群行为研究[J]. 山西警官高等专科学校学报, 2011, 19(1): 55-58.

[34] 张书维, 王二平. 群体性事件集群行为的动员与组织机制[J]. 心理科学进展, 2011, 19(12): 1730-1740.

[35] 缪世玲. 基于群际情绪的群体事件羊群行为研究[J]. 中共南京市委党校学报, 2011(6): 77-80.

[36] Bouvier E, Cohen E, Najman L. From crowd simulation to airbag deployment: Particle systems, a new paradigm of simulation[J]. Journal of Electronic Imaging, 1997(1): 94-107.

[37] Reynolds C W. Flocks, herds, and schools: A distributed behavioral model [J]. Computer Graphics (S0097-8493), 1987, 2: 25-34.

[38] Tu X, Terzopoulos D. Artificial fishes: physics, locomotion, perception, behavior[J]. Computer Graphics(S0097-8493), 1987, 2: 14-19.

[39] Granovetter M. Threshold models of collective behavior[J]. American Journal of Sociology, 1978, 83(6): 1420 - 1443.

[40] Jager W, Popping R, van de Sande H. Clustering and fighting in two -party crowds: Simulating the approach-avoidance [J]. Journal of Artificial Societies and Social Simulation, 2001, 4(3): 43-57.

[41] Epstein J M. Modeling civil violence: A agent-based computational approach[R]. Arthur M. Sackler Colloquium of the National Academy of Sciences, Adaptive Agents, Intelligence, and Emergent Human Organization: Capturing Complexity through Agent- Based Modeling, Arnold and Mabel Beckman Center of the National Academies of Science and Engineering in Irvine, CA, 2001.

[42] 常宁宁. 基于多智能体的群体性事件仿真研究[D]. 长沙: 国防科技大学, 2008.

[43] 王丽新, 唐好选. 基于情绪传染模型的群体仿真技术研究[J]. 智能计算机与应用, 2012, 02(4): 81-85.

[44] 赵宇宁, 党会森. 基于 Agent 的群体性暴力事件的建模与仿真[J]. 中国人民公安大学学报: 自然科学版, 2012, 18(1): 73-77.

[45] Collins R, Lipton A, Kanadeand T. A system for video surveillance and monitoring. VSAM final report[R]. Robotic Institute Carnegie Mellon University, 2000.

[46] Collins R, Lipton A, Kanadeand T. Introduction to the special section on video surveillance[J]. IEEE Transaction on Pattern Analysis and Machine Intelligence, 2000, 22(8): 745-746.

[47] Abd-Almageed W, Larry D. Human detection using iterative feature selection and logistic principal component analysis[C]. Proceedings of International Conference Robotics and Automation, Pasadena: IEEE, 2008: 121-125.

[48] Vitaladevuni S N, Kellokumpu V, Davis L S. Action recognition using ballistic dynamics[C]. Proceedings of IEEE Conference on Computer Version and Pattern Recognition, Anchorage: IEEE, 2008: 23-28.

[49] Gupta A, Chen T, Chen F, et al. Context and observation driven latent variable model for human pose estimation[J]. Conference on Computer Vision and Pattern Recognition, 2008: 246-252.

[50] Huang T, Russell S. Object identification in a bayesian context[C]. Proceedings of IJCAI, Nagoya, 1997: 1276-1283.

[51] Kettnaker V, Zabih R. Bayesian multi-camera surveillance[C]. Computer Vision and Pattern Recognition, Fort Collins: IEEE, 1999: 117-123.

[52] Javed O, Shafique K, Shah M. Appearance modeling for tracking in multiple non-overlapping cameras[C]. Proceedings of IEEE International Conference on Computer Vision and Pattern Recognition, San Diego: IEEE, 2005: 26-33.

[53] Porikli F. Inter-camera color calibration using cross-correlation model function[C]. Proceedings of International Conference on Image Processing, Barcelona, IEEE, 2003: 133-136.

[54] Makris D , Ellis T J. Path detection in video surveillance[J]. Image and Vision Computing, 2002, 20(12): 895-803.

[55] Makris D, Ellis T J. Automatic learning of an activity-based semantic scene model[C]. IEEE International Conference on Advanced Video and Signal Based Surveillance, Miami, 2003: 183-188.

[56] Junejo I N, Javed O, Shah M. Multi feature path modeling for video surveillance[C]. 17th Conference of the International Conference on Pattern Recognition(ICPR), Cambridge, 2004: 716-719.

[57] Javed O, Rasheed Z, Shafique K, et al. Tracking across multiple cameras with disjoint views[C]. IEEE International Conference on Computer Vision, Nice: IEEE, 2003: 952-957.

[58] Doretto G, Sebastian T, Tu P, et al. Appearance-based person re-identification in camera networks: problem overview and current approaches[J]. Journal of Ambient Intelligence and Humanized Computing, 2011, 2: 127-151.

[59] Chae H U, Jo K H. Appearance feature based human correspondence under non-overlapping views[C]. Proceedings of 5th International Conference on Intelligent Computing, Emerging Intelligent Computing Technology and Applications. Ulsan: Springer, 2009: 635-644.

[60] Zeng F, Liu X, Huang Z, et al. Robust and efficient visual tracking under illumination changes based on maximum color difference histogram and min-max-ratio metric[J]. Journal of Electronic Imaging, 2013, 22(4): 043022.

[61] Lee S H. Real-time camera tracking using a particle filter combined with unscented Kalman filters[J]. Journal of Electronic Imaging, 2014, 23(1): 013029.

[62] Wu Y, Zhu L, Hao Y, et al. Edge detection of river in SAR image based on contourlet modulus maxima and improved mathematical morphology[J]. Transactions of Nanjing University of Aeronautics and Astronautics, 2014, 31(5): 478-483.

[63] Madden C, Piccardi M. A framework for track matching across non-overlapping cameras using robust shape and appearance features[C]. Proceedings of IEEE Conference on Advanced Video and Signal Based Surveillance. London: IEEE, 2007: 188-193.

[64] Zhang C, Wang D, Farooq M. Real time tracking for fast moving object on complex background[J]. Transactions of Nanjing University of Aeronautics and Astronautics, 2010, 4: 43-47.

[65] Hori T, Ohya J, Kurumisawa J. Identifying a walking human by a tensor decomposition based approach and tracking the human across discontinuous fields of views of multiple cameras[C]. Proceedings of Conference on Computational Imaging Ⅷ, San Jose: SPIE, 2010: 75330.

[66] Lin Y C, Yang B S, Lin Y T, et al. Human recognition based on kinematics and kinetics of Gait[J]. Journal of Medical and Biological Engineering, 2010, 31(4): 255-263.

[67] Montcalm T, Boufama B. Object Inter-camera Tracking with non –overlapping views: A new dynamic approach[C]. Proceedings of 2010 Canadian Conference Computer and Robot Vision, Ottawa: IEEE, 2010: 354-361.

[68] Prosser B J, Zheng W S, Gong S, et al. Person re-identification by support vector ranking[C]. Proceedings of British Machine Vision Conference. BMVA Press, 2010, 2(5): 6.

[69] Bazzani L, Cristani M, Perina A, et al. Multiple-shot person re-identification by chromatic and epitomic analyses[J]. Pattern Recognition Letters, 2012, 33: 898-903.

[70] Cbsr P. Center for biometrics and security research. [EB/OL] http: //www. cbsr. ia. ac. cn/china/Action%20Databases%20CH. asp. 2008, 5, 5.

[71] 吴金勇, 虞致国, 马国强, 等. 基于视频的入侵检测系统[J]. 电子测量技术, 2006, 29(1): 102-103.

[72] Naylor M, Attwood C. Annotated digital video for intelligent surveillance and optimized retrieval[R]. http: //www-so. inria. fr/orion/ ADVISOR. Advisor consortium, 2003.

[73] List T, Bins J, Fisher R, et al. Two approaches to a plug-and-play vision architecture-CAVIAR and psyclone[C]. AAAI-05 Workshop on Modular Construction of Human-like Intelligence, Pittsburgh, Pennsylvania, 2005: 16-23.

[74] Tweed D, Fang W, Fisher R, et al. Exploring techniques for behavior recognition via the CAVIAR modular vision framework[C]. Proceedings Workshop on Human Activity Recognition and Modeling, England: Oxford, 2005: 97-104.

[75] Robert F, Glenn M, Lothian B. Computer-assisted Prescreening of Video Streams for unusual Activities[M]. United Kingdom: Edinburgh University, 2004.

[76] Higashikubo M, Hinenoya T, Takeuchi K. Traffic queue length measurement using an image processing sensor[C]. Proceedings of the 3rd Annual World Congress on ITS, 1996.

[77] Fathy M, Siyal M Y. Real-time image processing approach to measure traffic queue parameters[J]. IEEE Proceedings of Vision, Image and Signal Processing, 1995, 142(5): 297-303.

[78] Rouke A , Bell M G H. Queue detection and congestion monitoring using image processing[J]. Traffic Engineering & Control, 1991: 412-421.

[79] Hoose N. Queue detection using computer image processing[C]. Proceedings of Second International Conference on Road Traffic Monitoring, London, IET, 1989: 94-98.

[80] Hoose N . Computer Image Processing in Traffic Engineering[M]. Taunton: Research Studies Press , 1991: 216-231.

[81] 李岩, 张学工. 应用图像处理方法自动检测路口车辆排队长度[J]. 计算机应用与软件, 2003, 20(12): 47-49.

[82] 贺晓锋, 杨玉珍, 陈阳舟. 基于视频图像处理的车辆排队长度检测[J]. 交通与计算机, 2006, 24(5): 43-46.

[83] 任慧. 基于视频图像处理的车辆排队长度的检测[J]. 福建电脑, 2011, 11: 99-100.

[84] 杨永辉, 黄磊, 刘昌平. 基于视频分析的车辆排队长度检测[J]. 计算机应用研究, 2011, 28(3): 1037-1041.

[85] Thengvall B G, Bard J F, Yu G. Balancing user preferences for aircraft schedule recovery during irregular operations[J]. IIE Transactions, 2000, 32(3): 181-193.

[86] Bratu S, Barnhart C. Flight operations recovery: New approaches considering passenger recovery[J]. Journal of Scheduling, 2006, 9(3): 279-298.

[87] Lubbe B, Victor C. Flight delays: towards measuring the cost to corporations[J]. Journal of Air Transport Management, 2012(19): 9-12.

[88] Billette de Villemeur, Etienne and Ivaldi, Marc and Quinet, Emile and Urdanoz, Miguel, The Social Cost of Air Traffic Delays (February 2015)[J]. CEPR Discussion Paper No. DP10386. Available at SSRN: https://ssrn.com/abstract=2559327.

[89] 顾欣. 非正常航班的成本研究与分析[D]. 南京: 南京航空航天大学, 2013.

[90] 顾欣, 李明楚, 徐淑珍. Research on indirect cost of irregular flight[J]. Procedia Computer Science, 2013, 19: 1053-1058.

[91] 鲍和映. 航空公司不正常航班调度研究[D]. 南京: 南京航空航天大学, 2013.

[92] Gorringe H, Stott C, Rosie M. Dialogue police, decision making, and the management of public order during protest crowd events[J]. Journal of Investigative Psychology and Offender Profiling, 2012, 9(2): 111-125.

[93] 刘国乾. 群体性事件中群众合理诉求的处置策略[J]. 学术探索, 2015(09): 45-50.

[94] 刘德海. 基于最大偏差原则的群体性事件应急管理绩效评价模型[J]. 中国管理科学, 2016(04): 138-147.

[95] 任新惠, 唐诗琦.基于情绪感染测量的群体性事件形成机理[J].安全与环境学报, 2018(03):1059-1064.

[96] Liu Y, Ma Y, Deng Q, et al. Public opinion analysis and crisis response in mass incidents: A case study of a flight delay event in China[C]. International Conference on Web-Age Information Management, 2014: 77-86.

[97] Yang L. Disposal strategy for mass incidents caused by flights delayed. international relations and public

affairs[D]. Shanghai : Shanghai Jiaotong University, 2010.

[98] 顾绍康, 张兆宁. 大面积航班延误的实时航班延误程度评估研究[J]. 航空计算技术, 2014, 44(4): 29-32.

[99] 张小莉. 郑州机场大面积航班延误应急处置策略研究[D]. 南京: 南京航空航天大学, 2015.

[100] 曾麒铭. 民用机场大面积航班延误问题预防及处置研究[D]. 昆明: 云南大学, 2016.

[101] 徐巧娜. 从航班延误处置论如何提升机场服务质量[J]. 中南林业大学学报, 2014, 8(6): 90-92.

[102] 谢泗薪, 李荣. 航班延误后服务改进与理赔方案设计[J]. 中国民用航空学报, 2014(4): 52-55.

[103] 胡荣, 张君. 航空公司价格竞争复杂性与调控政策有效性[J]. 交通运输系统工程与信息, 2014, 14(3): 22-27.

[104] 吴可菲. 基于延迟决策的多寡头价格博弈模型复杂性分析及混沌控制研究[D], 天津: 天津大学, 2012.

[105] 肖艳颖. 航空公司市场竞争定价博弈模型[J]. 中国民航大学学报, 2008, 26(6): 52-55.

[106] Aguirregabiria V, Ho C Y. A dynamic game of airline network competition: Hub-and-spoke networks and entry deterrence[J]. International Journal of Industrial Organization, 2010, 15(28): 377-382.

[107] 王锐兰. 航空公司价格竞争的博弈解释[J]. 技术经济与管理研究, 2004, 5(3): 81-82.

[108] Askar S. The rise of complex phenomena in Cournot duopoly games due to demand functions without inflection points[J]. Commun ications in Nonlinear Science and Numerical Simulation, 2014, 19(6): 1918-1925.

[109] 李天睿, 胡荣, 李东亚. 基于多寡头的航空公司动态价格博弈模型研究[J]. 武汉理工大学学报, 2016, 38(1): 551-555.

[110] 李天睿. 基于多寡头的航空公司动态价格博弈研究[D]. 南京: 南京航空航天大学, 2016.

[111] 乔建刚, 吴艳霞. 基于博弈论的专车与出租车协同定价机制[J]. 北京工业大学学报, 2018(1): 1-6.

[112] 费熹. 基于折减方法与博弈论的"拍照赚钱"任务 App 定价问题研究[J]. 科技传播, 2017(24): 107-108, 135.

[113] 张飞荣. 基于博弈论的机场竞争研究[D]. 广汉: 中国民用航空飞行学院, 2017.

[114] 谢英仪. 高速铁路与民航市场竞争博弈研究[D]. 北京: 北京交通大学, 2017.

[115] 郭文倩. 入境旅游与航空运输网络协同演化及差异分析[D]. 上海: 上海师范大学, 2014.

[116] 郭文炯, 白明英. 中国城市航空运输职能等级及航空联系特征的市政研究[J]. 人文地理, 1994, 14(1): 27-31.

[117] 刘宏鲲. 中国航空网络的结构及其影响因素分析[D]. 成都: 西南交通大学, 2007.

[118] 罗军. 机场管制[M]. 北京: 中国民航出版社, 2012.

[119] 中国民用航空局. 平行跑道同时仪表运行管理规定[S]. 北京: 中国民用航空局, 2004.

[120] 戚彦龙, 朱星辉. 航班延误分级和过站时间研究[D]. 南京: 南京航空航天大学, 2014.

[121] 冯程, 胡明华. 机场场面运行优化及容量评估技术研究[D]. 南京: 南京航空航天大学, 2013.

[122] 贾萌, 邵荃. 基于航空运输网络的航班延误次生衍生事件链式效应研究[D]. 南京: 南京航空航天大学, 2015.

[123] 董襄宁, 赵征, 张洪海. 空中交通管理概述[M]. 北京: 科学出版社, 2011: 10-11.

[124] Bennell J A, Mesgarpour M, Potts C N. Airport runway scheduling[J]. Quarterly Journal of Operations Research, 2011, 9: 115-138.

[125] 罗楠, 严隽薇, 刘敏. 一种基于有色 Petri 网的语义 Web 服务组合验证机制[J]. 计算机集成制造系统, 2007, 13(11): 2203-2210.

[126] 宗群, 窦立谦, 程义菊. 基于时间-有色 Petri 网的电梯系统的建模与分析[J]. 中国工程科学, 2004, 12(6): 51-55.

[127] 王莉莉, 张潇潇. 多机场协同决策进离场航班排序模型及算法研究[J]. 飞行力学, 2016, 34(1): 1-5.

[128] 周晓虹. 集群行为: 理性与非理性之辨[J]. 社会科学研究, 1994(5): 53-57.

[129] Hatfield E, Cacioppo J T, Rapson R L. Emotional contagion [J]. Current Directions in Psychological Sciences, 1993, 2(3): 96-100.

[130] 王丽新. 基于情绪传染模型的群体仿真技术研究[D]. 哈尔滨: 哈尔滨工业大学, 2012.

[131] Bispo J, Paiva A. A model for emotional contagion based on the emotional contagion scale[C]. 3rd International Conference on Affective Computing and Intelligent Interaction and Workshops, Amsterdam: IEEE, 2009: 1-6.

[132] Pereira G, Dimas J, Prada R, et al. A generic emotional contagion computational model [C]. 4th Bi-Annual International Conference of the Humaine Association on Affective Computing and Intelligent Interaction, Memphis: Springer-Verlag, 2011: 256-266.

[133] 殷雁君, 唐卫清, 李蔚清. 基于情绪感染的虚拟个体情绪模型[J]. 计算机仿真, 2013, 30(8): 216-220.

[134] 刘箴, 金炜, 黄鹏, 等. 人群拥挤事件中的一种情绪感染仿真模型研究[J]. 计算机研究与发展, 2013, 50(12): 2578-2589.

[135] Arnold M B. Emotion and Personality[M]. New York: Columbia University Press, 1960.

[136] Lazarus R S. Emotion and Adaptation[M]. New York: Oxford University Press, 1991.

[137] Izard C E. Basic emotions, relations among emotions, and emotion-cognition relations [J]. Psychological Review, 1992, 99 : 561-565.

[138] 卢家楣. 教材内容的情感生分析及其处理策略[J]. 心理科学, 2000, 23(1): 42-47.

[139] 赖安婷. 群体情绪传播途径及其影响因素[D]. 北京: 首都师范大学, 2013.

[140] Smith E R, Conrey F R. Agent-based modeling: A new approach for theory building in social psychology [J]. Personality and Social Psychology Review, 2007, 11: 87-104.

[141] Vijayalakshmi V, Bhattacharyya S. Emotional contagion and its relevance to individual behavior and organizational processes [J]. Journal of Business and Psychology, 2012, 27(3): 363-374.

[142] Hatfield E, Cacioppo J, Rapson R L. Emotional Contagion [M]. New York: Cambridge University Press, 1994.

[143] Stel M, Vonk R. Empathizing via mimicry depends on whether emotional expressions are seen as real [J]. Journal of Affective Disorders, 2009, 14(4): 342-350.

[144] Keysers C, Gazzola V. Towards a unifying neural theory of social cognition[J]. Progress in Brain Research, 2006, 156: 379-401.

[145] Jabbi M, Swart M, Keysers C. Empathy for positive and negative emotions in the gustatory cortex[J]. Neuroimage, 2007, 34(4): 1744-1753.

[146] Isen A M, Patrick R. The effect of positive feelings on risk taking: When the chips are down[J]. Organizational Behavior and Human Performance, 1983, 31(2): 194-202.

[147] 孟昭兰. 为什么面部表情可以作为情绪研究的客观指标[J]. 心理学报, 1987(2): 124-134.

[148] Hastie R. Problems for judgment and decision making.[J]. Annual Review of Psychology, 2001, 52(1):653.

[149] Yuen K S L, Lee T M C. Could mood state affect risk-taking decisions?[J]. Journal of Affective Disorders, 2003, 75(1): 11-18.

[150] 徐辉. 情绪对风险决策和判断的影响的实验研究[D]. 上海: 华东师范大学, 2005.

[151] 毕玉芳. 情绪对自我和他人风险决策影响的实证研究[D]. 上海: 华东师范大学, 2006.

[152] 周瑾. 论群体性事件中的信息传播与群体心理[J]. 科技创业月刊, 2011, 10: 111-112.

[153] Nekovee M, Moreno Y, Bianconi G, et al. Theory of rumour spreading in complex social networks[J]. Physica A: Statistical Mechanics and its Applications, 2007, 374(1): 457-470.

[154] 顾亦然, 夏玲玲. 在线社交网络中谣言的传播与抑制[J]. 物理学报, 2012, 61(23): 238701.

[155] Zhao L, Wang J, Chen Y, et al. SIHR rumor spreading model in social networks[J]. Physica A: Statistical Mechanics and its Applications, 2012, 391(7): 2444-2453.

[156] 王辉, 韩江洪, 邓林, 等. 基于移动社交网络的谣言传播动力学研究[J]. 物理学报, 2013 (11): 96-107.

[157] Nekovee M, Moreno Y, Bianconi G, et al. Theory of rumour spreading in complex social networks[J]. Physica A Statistical Mechanics & Its Applications, 2008, 374(1):457-470.

[158] Zhang Y, Zhou S, Zhang Z, et al. Rumor evolution in social networks[J]. Physical Review E, 2013, 87(3): 032133.

[159] 王雷. 基于系统动力学的群体情绪传播机制与影响因素研究[D]. 北京: 首都师范大学, 2013.

[160] 孟繁荣. 社交网络的谣言传播模型研究[D]. 南京: 南京邮电大学, 2013.

[161] Helbing D, Farkas I, Vicsek T. Simulating dynamical features of escape panic[J]. Nature, 2000, 407(6803): 487-490.

[162] 田小川. 改进的社会力模型在综合客运枢纽设施效率分析中的应用研究[D]. 长春: 吉林大学, 2012.

[163] 袁清梅. 模糊神经网络用于目标识别的研究[D]. 哈尔滨: 哈尔滨工程大学, 2007.

[164] 刘瑞. 模糊神经网络在火电厂锅炉主蒸汽温度控制系统中的应用[D]. 西安: 长安大学, 2013.

[165] 李国勇, 杨丽娟. 神经·模糊·预测控制及其 MATLAB 实现[M]. 北京: 电子工业出版社, 2013.

[166] Jang J S R. ANFIS: Adaptive-network-based fuzzy inference system[J]. IEEE Transactions on Systems, Man, and Cybernetics, 1993, 23(3): 665-685.

[167] 刘小平, 罗帆. 航班延误情境下旅客群体性突发事件生成机理与预警研究[J]. 软科学, 2013, 27(11): 136-139.

[168] 孔德磊. 基于计算机视觉的运动目标分析[J]. 电脑迷, 2017(12): 52.

[169] 龙腾. 运动目标检测算法研究[D]. 武汉: 武汉科技大学, 2013.

[170] 邢延超, 皇甫伟. 数字视频处理原理及 DSP 实现[M]. 北京: 电子工业出版社, 2011.

[171] Barron J L, Fleet D J, Beauchemin S S. Performance of optical flow techniques[J]. International Journal of Computer Vision, 1994, 12(1): 43-77.

[172] Haritaoglu I, Harwood D, Davis L S. W4: Real-time surveillance of people and their activities[J]. IEEE Transactions on Pattern Analysis & Machine Intelligence, 2000 (8): 809-830.

[173] Kim J B, Kim H J. Efficient region-based motion segmentation for a video monitoring system[J]. Pattern Recognition Letters, 2003, 24(1-3): 113-128.

[174] Elgammal A, Harwood D, Davis L. Non-parametric model for background subtraction[C]. European Conference on Computer Vision, 2000: 751-767.

[175] Oliver N M, Rosario B, Pentland A P. A Bayesian computer vision system for modeling human interactions[J]. IEEE Transactions on Pattern Analysis and Machine Intelligence, 2000, 22(8): 831-843.

[176] Boykov Y, Kolmogorov V. An experimental comparison of min-cut/max-flow algorithms for energy minimization in vision[J]. IEEE Transactions on Pattern Analysis and Machine Intelligence, 2004, 26(9): 1124-1137.

[177] Zeng Y, Samaras D, Chen W, et al. Topology cuts: A novel min-cut/max-flow algorithm for topology preserving segmentation in N-D images[J]. Computer Vision and Image Understanding, 2008, 112(1): 81-90.

[178] Test Images for Wallflower Paper [Online].

[179] Freund Y, Schapire R E. Experiments with a new boosting algorithm[C]. Machine Learning Proceeding of the Thirteenth International Conference, Bari, Italy 1996. USA: Morgan Kaufmann Publishers, 1996: 148-156.

[180] Vapnik V N. The Nature of Statistical Learning[M]. Berlin: Springer-Verlag, 1995.

[181] 蒋艳凰, 赵强利. 机器学习方法[M]. 北京: 电子工业出版社, 2009.

[182] Viola P, Jones M. Rapid object detection using a boosted cascade of simple features[C]. IEEE Computer Society Conference on Computer Vision and Pattern Recognition, 2001, 1: 511-518.

[183] Chen M, Ma G, Kee S C. Multi-view human head detection in static images[C]. IAPR International Conference on Machine Vision Application, 2005: 100-103.

[184] 牛胜石. 基于 AdaBoost 和 SVM 的人头检测[D]. 武汉: 中南民族大学, 2010.

[185] Dalal N, Triggs B. Histograms of oriented gradients for human detection[C]. IEEE Computer Society Conference on Computer Vision and Pattern Recognition, 2005, 1: 886-893.

[186] 刘丽, 匡纲要. 图像纹理特征提取方法综述[J]. 中国图象图形学报, 2009, 4: 622-633.

[187] 薄华, 马缚龙, 焦李成. 图像纹理的灰度共生矩阵计算问题的分析[J]. 电子学报, 2006, 34(1): 155-158.

[188] Ester M, Kriegel H P, Sander J, et al. A density-based algorithm for discovering clusters in large spatial databases with noise[C]. Proceedings of International Conference Knowledge Discovery and Data Mining, 1996: 226-231.

[189] Piegl L A, Tiller W. Algorithm for finding all k nearest neighbors[J]. Computer-Aided Design, 2002, 34(2): 167-172.